秀華文創
卓越文庫 EB012

愛國作家林語堂

林語堂政治態度轉變之研究（1895-1945年）

蔡元唯 著

推薦序

林語堂在近代中國不是焦點人物，唯其如此，他更能反映出近代中國普通知識分子的心路歷程。近代中國的進程最主要在應付西方文化的挑戰，同時把傳統文化融合到現代社會裡。在這方面，林語堂可以說是既普通又特殊。說普通，雖然林語堂一直有參與國內各種文化活動，但只作為參與者，在近代思想界中從沒有領導過任何主要思潮或文化運動。原因也許是他本人的個性使然，也許是他長時間生活在國外，與國內主流文化有點疏離。說特殊，與同時代人比較，他有深厚西方文化訓練，他父親是牧師，自小深受基督教文化影響，基督教文化是西方文明的基礎，與教會的親近，使他能由內部觀察西方文化，此後他從小學到中學均受教會學校教育，畢業後進入當時中國最西化的聖約翰大學讀書，其後更到美國進修，無論語言及學習內容，都是面向西方。根據本書介紹，林語堂是 1916 年畢業於聖約翰大學，到清華教書，受到北京傳統文化氛圍影響，才重新閱讀中國典籍，當時林語堂已經 22 歲。亦由於重拾中國文化，他便決意放棄基督教，成為一個無宗教信仰者。也許是這種反思的過程，使他真的能游刃在中西兩種文化之間，從他在 1935 年出版《吾國與吾民》一書開始，他便出版一連串英文作品，向西方介紹中國文化。

林語堂介紹中國文化的作品十分成功，本書指出該年 4 個月內發行了 7 版，成為美國暢銷書之一。在林語堂之前，由中國人寫的介紹中國的書籍不多，比較著名是辜鴻銘，但辜氏對西方批評太多，有點負氣，故真正流行有關中國書籍仍以西人所寫暢銷書為主，如明恩溥（Arthur H. Smith）的《中國人的性格》便是其中佼佼者，但他們的缺失是用外來者眼光討論，有點隔靴搔癢的感覺。林語堂可以說是第一位中國人以英文書寫，向外人介紹中國文化。

林語堂的介紹中國有兩個特點，首先是他對中西兩個文化，都有相當深入的掌握。有人曾語帶諷刺指林語堂的工作是向中國人談西洋文化，向西洋人談中國文化，有點鑽兩邊空檔的味道。林語堂並不以此為忤，反而有點欣然自喜，承認這就他的工作，反映出他對掌握兩者文化有相當自信。事實上林語堂的著作不只談論中國文化，而是經常拿兩者比較。林語堂對西方文化熟悉，尤其是教會中的神學訓練，更是西方文化精粹，他經常比較兩者特點，指出西方一神宗教觀念，無法移植到中國，亦是兩者格格不入的原因。林語堂亦承認他與其他中國人不同之處是對西洋文化抱有同情心，不會因為民族主義而絕對反對。這些都使得林語堂真正能客觀對待兩個文化，指出各有優劣的地方。

其次林語堂另一個特點是對中國文化的反省，他介紹中國文化的特點是不忌諱談它的缺點。林語堂只是一個作家，並非思想家，也非學術界人，他介紹的中國文化不能說有深度，只能說反映出中國社會一般對自我文化的認識。但林語堂生活於五四時代，受新文化運動影響，因此對舊文化持批判態度，亦關心時局，他在 1924 年加入《語絲》雜誌作家群，1927 年參加國民革命，擔任國民政府外交部長陳友仁的英文秘書，到 1930 年代，仍辦《論語》及《人間世》等雜誌，對時政及社會多所批評。在這種情況下，他談論中國文化經常指出他的缺點，林語堂曾談及中國無法發展出科學，因為中國人做事多憑直覺，不像西方人，願意下死功夫作實證工作；同時不願用邏輯分析方法，無法精密處理。

因此林語堂的著作及人生經歷，可以說是徘徊在中西文化之間，元唯以他為課題，是瞭解近代中西文化交流很好的一個切入點。以他的經歷，亦可以反映當時一般知識分子在文化衝突、政局動盪情況下普遍反映，有時比著名人物更來得真實。我對林語堂所知不多，在拜讀其大作過程，實在獲益良多。謹以此閱讀心得為序，更希望元唯不以本書為止，以後百尺竿頭，更進一步。

香港樹仁大學歷史學系教授兼主任
李朝津
2018 年 1 月 1 日序於香港

自序

2013年7月，在結束雲林縣一所國中的歷史代理教師工作後，我立即在臺北中央研究院旁賃屋而居，開始為期2年的撰寫博士論文生活。之所以選擇租屋在南港區中研院旁，為的就是方便利用中研院豐富的藏書，但更重要的是為了利用其購買的電腦線上資料庫。

撰寫過程中值得一提的是《林語堂時事述譯彙刊》(*Letters of a Chinese Amazon and War-Time Essays*)這本書。此書是林語堂於1927年發表於*People's Tribune*（漢口）期刊上的文章合集，可顯示出林語堂對當時政局的態度。可惜臺灣並無此書，令我驚訝的是甚至臺北陽明山上的「林語堂故居」也沒有這本書。(「林語堂故居」保存有林語堂自己的藏書）我只好透過我就讀的中國文化大學圖書館向「國研院科技政策研究與資訊中心」(原科資中心）申請海外資料，獲得的回覆是中國大陸的「中國科學院國家科學圖書館」以及「中國國家圖書館」兩單位皆可代為複印此書寄至臺灣，每頁要價新臺幣54元。（攤開印，故精確說是每兩頁要價新臺幣 54 元）過了月餘資料寄到，共51張A4大小的影本共索價新臺幣2750元，但這51張影本只是全書三分之一。中國文化大學圖書館方解釋說，原本其中答應複印全書的單位正逢整修閉館數月，另一單位只同意複印全書三分之一。為了其餘三分之二的篇幅，我只好轉向當時正就讀北京大學歷史博士班的臺灣友人楊瑞春先生求助，楊先生答以此書為稀珍圖書不可外借，但他會想辦法。過不多久我竟收到他用相機拍攝整本書籍內容的照片，真是感激莫名。另方面，任職臺灣靜宜大學的表姊林淑雅助理教授也透過朋友自美國加州大學圖書館帶回臺灣此書，在閱讀上更加方便了。

本書之完成要感謝許多人。首先要感謝論文指導教授王綱領博士的悉心批改，論文口考委員李朝津、張瑞德、林桶法、陳立文等諸位教授的指正。另外，在撰寫論文那兩年為我加油打氣的人，魏綵瑩、詹景雯、林美香、宋昱輝、張家禎、塩卓悟（Shio Takugo）等朋友我衷心感謝。我還要感謝我的父母，在論文撰寫期間提供經濟援助。最後，要感謝元華文創股份有限公司願意出版本書，讓筆者對林語堂的研究隨此書之出版而讓更多人知道。

於雲林縣斗南鎮

2018 年 6 月 30 日

摘 要

本論著想探討的是林語堂最後選擇國民黨的心路歷程，這其間他對北洋政府的看法、對南京政府的看法、對中國共產黨的態度，都是本論著所探討的重點。論著第二章敘述林語堂的生平，並對其在 1930 年代政治傾向的爭議做研究史的回顧。論著第三章敘述林語堂在北洋政府時期的活動，包括加入語絲社，參與語絲社對北洋政府的抗爭，以反映其對北洋政府的態度。論著第四章敘述林語堂在國民政府時期的活動，包括創辦《論語》雜誌，提倡幽默小品文，加入中國民權保障同盟等。在這章節中試圖釐清林語堂提倡幽默的原因，並檢視林語堂對國民政府與左翼文學的看法，以便對林語堂於近代思想浪潮中安排一適當的位置。同時並對林語堂與其所仰慕的辜鴻銘進行思想比較，以釐清辜鴻銘真正影響林語堂的所在，與林語堂繼承了辜鴻銘思想中的哪些因子，進而解釋林語堂為何不會支持共產政權。論著第五章討論林語堂於中日戰爭期間所發表的兩部英文小說，找尋林語堂的思想邏輯理路，包括如何理解五四運動、五卅運動、三・一八慘案、國民革命軍北伐、南京政府十年統治等，這有助於理解林語堂的政治選擇。論著第六章討論林語堂《枕戈待旦》（*The Vigil of a Nation*）這部著作，他於此書中明確表明為何其支持國民政府。《枕戈待旦》是林語堂英文著作中極少數沒有翻譯為中文的，故討論者較少。此書出版於 1944 年，可充分表明其當時對國共兩黨的態度。就如他在書中所說的，國共兩黨間的內戰其實早已開打，而林語堂於當時已做了選擇。

關鍵詞：林語堂、語絲社、論語派、辜鴻銘、京華煙雲、風聲鶴唳、枕戈待旦

目 次

第一章　導言

一、研究動機

跟筆者同年紀的人一定都記得，在小時候曾收看過臺灣中華電視公司所播出，改編自林語堂小說的電視連續劇《京華煙雲》。[1]後來得知《京華煙雲》原著竟是林語堂以英文寫出，更是佩服萬分。不過重要的是，筆者在對林語堂生平不大了然的時候，曾讀過臺灣的評論家提到林語堂是「國民黨的諂媚者」，心中不免感到疑惑。因在青少年時對臺灣的真實政治處境了解的不完全，那時天真以為所謂的「正義」人士全都撤退來臺，林語堂「諂媚」之說要從何說起？在對歷史了解更多之後才知，1949 年之際，在中國選擇支持國民黨的作家實是少數。

如此一來，我們要問：林語堂為什麼會選擇支持國民黨？林語堂的前半生（1895-1945 年）是經歷過怎樣的心路歷程，以致於最終於 1949 年選擇了國民黨，這就是本論著所欲探討的重點。

林語堂在政府撤退來臺以前發表了不少文章鼓吹言論自由，但在中國大陸政權易手後對蔣介石政權便甚少批評，更不可能鼓吹當時臺灣的言論自由。他寫給蔣介石的祝壽詩似給人一種拍馬屁的印象，以他所具有的國際知名度大可不必如此。[2]所以近年耿雲志才說：

---

[1] 自 1988 年 3 月 30 日至 1988 年 5 月 25 日播出，共 40 集。見〈經典節目：京華煙雲〉，收錄於「中華電視公司臺史館」：http://web.cts.com.tw/ctsmuseum/c1-7701.htm（2014/12/1 點閱）。

[2] 林語堂：〈總統華誕與友人書〉，《無所不談合集》冊下（臺北：臺灣開明書店，1985 年 5 月，4

> 林語堂、胡適、趙元任等人……這些人物在選擇上，對思想、政治、文化的選擇上，大家是差不多，都希望民主和自由。但是，在擔當上又不太一樣，林語堂、趙元任他們只有選擇沒有擔當，胡適這個人是有擔當，有使命感。不但選擇自由和民主，而且終生為此奮鬥和抗爭，……[3]

林語堂被批評為「只有選擇沒有擔當」，大概出自於其在 1949 年後不再向蔣介石做民主抗爭。

本論著選擇林語堂的前半生（1895-1945 年）做為考察其政治選擇的時間範圍，原因正是在此。林語堂後半生的政治態度事實上只是在反覆譴責共產政權的不義，況且在當時以美國蘇聯兩大陣營對峙的冷戰氣氛下，只會讓人更堅持原有的選擇。

二、林語堂資料概說

研究林語堂最集中的資料自然是其文集，目前所出版的林語堂文集中最好的，似乎還是梅中泉主編於 1994 年由長春東北師範大學出版的《林語堂名著全集》30 卷最佳。[4]此全集除了收有林語堂的中文著作外，又收了過去林語堂英文著作的中譯本。尤其是編有《拾遺集》上下冊，細心收集林語堂在報

版），頁 707。此文末附有〈賀總統蔣公八秩大壽一首〉詩。

[3] 耿雲志、周質平：〈在周質平《現代人物與文化反思》出版座談會上的發言〉，《胡適研究通訊》，23 期（2013 年 8 月 25 日），頁 1。

[4] 中國大陸其他版本的林語堂文集如：陝西師範大學出版社、湖南文藝出版社、群言出版社、萬卷出版公司等，似乎全面性尚不及東北師範大學出版社。不過萬卷出版公司所出版林語堂英文著作的中譯本《美國的智慧》（*On the Wisdom of America*）及《中國印度之智慧》（*The Wisdom of China and India*）為東北師範大學出版社版本所未收，且臺灣從未出版過。

刊上所發表的中文文章。[5]不過此「名著全集」卻漏掉了兩本林語堂反共英文著作的中譯本——《匿名》（*The Secret Name*）和《逃向自由城》（*The Flight of the Innocents*），顯然是政治考量。[6]另外要注意的是，有些林語堂具政治敏感的詞句遭到刪除（只刪不改），故要參考臺灣所出版的林語堂文集。[7]還有，《成功之路》（《林語堂名著全集》卷 28）過去被認為是林語堂的英翻中作品，近來已被證明為誤，故應去除。[8]

至於林語堂的英文著作，出版為專書的約 40 本，大部分已被翻譯為中文。英文原本至關重要，因中譯版本難免偶爾與原文有些出入，（刻意刪除者尚不算在內）故本論著除特殊情況外不引用中譯本。這些英文著作在海外大多絕版，但在中國大陸近年卻已由「外語教學與研究出版社」重新出版。（當然具政治敏感的英文著作不予重印）不過遺憾的是，仍存在政治敏感字句刪除的

---

[5] 到目前為止並無所謂「林語堂全集」的編纂。林語堂有些散見各報刊的文章，在任何版本的文集皆無收錄。尤其是其在美國各報刊的英文文章，到目前少有專書編纂。

[6] 林語堂這兩本英文著作的中譯本在臺灣皆有發行。見林語堂：《匿名》，《林語堂經典名著》冊 29（臺北：金蘭文化出版社，1984 年 5 月）；林語堂：《逃向自由城》，《林語堂經典名著》冊 31。

[7] 目前筆者所發現的刪改部份，為《八十自敘》（《林語堂名著全集》卷 10）第 11 章〈論美國〉多處遭刪除。《吾國與吾民》（《林語堂名著全集》卷 20）第 2 章〈中國人之德行〉最後幾段談到共產黨部份遭刪除。《無所不談合集》（《林語堂名著全集》卷 16）有多篇文章遭刪除。《無所不談合集》中有些文章被刪除的原因，單純只是因為在別冊已有收錄，所以重複的文章刪除。但有些則明顯是政治原因遭到刪除，如以下幾篇：〈馬克斯為什麼唯物〉、〈打鼓罵毛小令〉、〈我看共匪的「文化大革命」〉、〈修正主義正名〉、〈總統華誕與友人書〉。

[8] 《成功之路》（*Training for Efficiency* 與 *Every Man a King* 二書合刊本）的作者為馬爾騰（Orison Swett Marden），中譯者為曹孚（1911-1968）而非林語堂。見賴慈芸，〈兩岸三地一起來：林語堂真的有翻譯勵志文集嗎？〉，收錄於其「個人網站」：http://tysharon.blogspot.tw/2013/08/blog-post_2202.html（2014/12/1 點閱）。林太乙在《林語堂傳》全書最後附有〈林語堂中英文著作及翻譯作品總目〉，其中林語堂「英譯中」的作品共 6 本，裏面並沒有《成功之路》，可見林太乙也知道非其父親所譯。根據筆者調查，《成功之路》的翻譯者掛上林語堂的名字出版可上溯自 1939 年，當時中國雜誌公司（上海）增訂再版了林語堂譯的《成功之路》，另有新月出版社的版本（出版時間不詳）。見北京圖書館編：《民國時期總書目（1911-1949）：哲學•心理學》（北京：北京圖書館出版社，1991 年 12 月，初版），頁 268；林太乙：《林語堂傳》，《林語堂名著全集》卷 29（長春：東北師範大學出版社，1994 年 11 月，初版），頁 327。

問題。[9]中譯版本刪除某些詞句尚有可說，更動作者英文原文的作法則令人無法苟同。（令人寬心的是「只刪不改」）

林語堂所發表的單篇中文文章，自然以《林語堂名著全集》（東北師範大學出版社）所收較為齊全。但按照林語堂自己的構想，他在臺灣所發表的文章收入《無所不談合集》（上下冊，臺灣開明書店），1949 年前在中國大陸發表的文章收入《語堂文集》（上下冊，臺灣開明書店）。[10]另外，在 1997 年時，北京九洲圖書出版社出版了《林語堂散文經典全編》共 4 卷，專門收集林語堂用中文發表，散見各報刊的文章。以上所述這 4 種（《林語堂名著全集》、《林語堂散文經典全編》、《無所不談合集》、《語堂文集》），當已涵蓋目前已出版林語堂的各種文集、選集，也涵蓋大部份林語堂所發表的中文文章。如果在上述 4 種文集中遍尋不著林語堂所發表的中文文章，只能回到當初他發表此篇文章的報刊中找尋。

林語堂於 1920、1930 年代所發表文章的刊物如《語絲》、《人間世》在臺灣本就收藏完整。《論語》半月刊本來頗有殘缺，但近年中國大陸已予以重刊。[11]英文《天下》月刊（*T'ien Hsia Monthly*）與英文《中國評論》週報（*The China Critic*）等林語堂在中國大陸時期發表英文文章的刊物近年也重新刊行。[12]不過更重要的是，民國時期的期刊文章已由中國大陸掃描並可在臺灣電

---

[9] 以《吾國與吾民》（*My Country and My People*）為例，經周質平核對過 1935 年與 2000 年兩版本後表示：「對共產黨稍帶批評，或僅僅是一個幽默的玩笑，在 2000 重印版中都被刪除」。據筆者研究，外研社在 2009 年重印的《吾國與吾民》中，竟又刪除了第 2 章最後幾句談到共產黨的部份，這幾句被刪除的部份在 2000 年版本中原是存在的。且原本在 2000 年版本〈出版說明〉中的這句話「我們對個別地方的刪節也請讀者理解」，在 2009 年版本中竟消失的無影無蹤。見《吾國與吾民》（北京：外語教學與研究出版社，2000 年 2 月，初版），〈出版說明〉，出版說明頁 2；周質平：〈胡適與林語堂〉，《光焰不熄：胡適思想與現代中國》（北京：九州出版社，2012 年 6 月，初版），頁 103。

[10] 林語堂：《無所不談合集》冊上，〈無所不談合集序言〉，序頁 ii。

[11] 全國圖書館文獻縮微複製中心編：《論語（全 20 冊）》（北京：全國圖書館文獻縮微複製中心，2005）。

[12] 張畝海、劉大鈞、桂中樞主編：《中國評論週報（全 24 冊）》（*The China Critic*, 1928-1946）（北京：國家圖書館出版社，2010 年 8 月，初版）；吳經熊、溫源寧等主編：《天下（全 11 冊）》（*T'ien*

腦線上閱讀，（當然須在有購買此資料庫的圖書館方能閱讀）替研究者提供不少便利。

林語堂在報刊所發表的英文文章（不含專書及小說）只部份結集成書出版，未結集成書的報刊文章較少為研究者所利用。這些文章詳細目錄可見 Arthur James Anderson 的"Lin Yutang: A Bibliography of His English Writings and Translations"，雖說有部份遺漏。[13]

在工具書方面，臺北市立圖書館於 1985 年編印有《林語堂先生著述資料目錄》，[14]後來又經過增加資料而成《林語堂先生書目資料彙編》。[15]後者收錄資料的時間範圍為 1923 至 1988 年，資料內容分「他人論著林語堂資料」、「林語堂期刊報紙論著」和「林語堂圖書論著」三部份。另外也可參考林秀嫻所寫的〈林語堂先生紀念圖書館藏林語堂著作目錄〉一文。[16]秦賢次與吳興文所編的〈「當代作家研究資料彙編」之一・林語堂卷（一～十一）〉，自 1985 年 12 月刊載於《文訊》第 21 期，直到 1987 年 8 月第 31 期刊畢。內容分「單篇作品編目」、「翻譯作品編目」、「中英著作編目」、「他人評介文章編目」、「年表」五大類，值得參考。在考訂林語堂於 1920 和 1930 年代於各期刊發表的文章時，最好的工具書是《中國現代文學期刊目錄匯編》。[17]

林語堂的傳記資料方面，朱傳譽編有《林語堂傳記資料》共 5 冊。[18]此資

Hsia Monthly, 1935-1941）（北京：國家圖書館出版社，2009 年 11 月，初版）。

[13] 比如林語堂於《華盛頓郵報》（*The Washington Post*）所發表的 3 篇文章就未收入。Arthur James Anderson 此文可見 Lin Yutang, *Memoirs of an Octogenarian* (Taipei: Mei Ya Publications, Inc., 1975), Appendix.

[14] 臺北市立圖書館編：《林語堂先生著述資料目錄》（臺北：臺北市市立圖書館，1985 年 5 月）。

[15] 郭碧娥、楊美雪編：《林語堂先生書目資料彙編》（臺北：臺北市立圖書館，1994 年）。

[16] 林秀嫻：〈林語堂先生紀念圖書館藏林語堂著作目錄〉，《全國新書資訊月刊》，23 期（2000 年 11 月），頁 27-45。

[17] 唐沅等編：《中國現代文學期刊目錄匯編（全 7 卷）》（北京：知識產權出版社，2010 年 3 月，初版）。

[18] 朱傳譽主編：《林語堂傳記資料（一～五冊）》（臺北：天一出版社，1979 年 11 月至 1981 年 1 月）。

料集影印了 1970 年代以前有關林語堂之中、港、臺三地報紙期刊、紀念文與回憶錄，類似 5 本剪貼簿，替研究者省去了許多蒐集資料的時間。另外，施建偉編有《幽默大師──名人筆下的林語堂‧林語堂筆下的名人》，[19]子通編有《林語堂評說七十年》，[20]都是類似的集子。以上這些資料集所含的英文材料極少，所幸近年來已有英文報紙資料庫可供電腦線上閱讀，故於臺灣南港中央研究院可閱讀《紐約時報》（*The New York Times*）、《華盛頓郵報》（*The Washington Post*）、英國《衛報》（*The Guardian*）、英國《觀察家報》（*The Observer*）、上海《北華捷報》（*The North-China Herald*）、上海《密勒氏評論報》（*The China Weekly Review*）等報紙中有關林語堂的報導，或者林語堂的專訪。林語堂於《紐約時報》發表的 21 篇文章、《華盛頓郵報》發表的 3 篇文章，皆可線上閱讀。（當然也可下載 pdf 檔，此為掃描檔）

林語堂未出版的私人信件、手稿等眾所周知存放於臺北「林語堂故居」，不過尚有兩地存放林語堂檔案。一是普林斯頓大學（Princeton University）圖書館所藏的「John Day 公司檔案」（Archives of John Day Company（1926-1969），收藏有林語堂與 John Day 公司的往來通信。（林語堂許多英文著作皆由 John Day 公司出版）[21]另一是美國賓州的「賽珍珠國際組織」（Pearl S. Buck International）所收藏的「賽珍珠與 Richard J. Walsh 文件」（Papers of Pearl S. Buck and Richard J. Walsh），[22]此文件分為 6 部份，第 6 部份即「林語堂文件」（Papers of Lin Yutang（Dates: 1933-1947）），收藏有林語堂與賽珍珠及 Richard J. Walsh 之間的通信。（Richard J. Walsh 為 John Day 公司的老闆，賽珍珠的丈夫）

---

[19] 施建偉編：《幽默大師──名人筆下的林語堂‧林語堂筆下的名人》（上海：東方出版中心，1998 年 11 月，初版）。

[20] 子通編：《林語堂評說七十年》（北京：中國華僑出版社，2003 年 1 月，初版）。

[21] 錢鎖橋的林語堂研究有利用這批資料。見 Suoqiao Qian 錢鎖橋, acknowledgments to *Liberal Cosmopolitan: Lin Yutang and Middling Chinese Modernity* (Leiden: Brill, 2011), p. x.

[22] "The Archives at Pearl S. Buck International," Pearl S. Buck International, accessed December 2, 2014, http://www.psbi.org/archivecollection/.

三、研究回顧

林語堂研究的重鎮可大致分為：臺灣、中國大陸、海外英語世界（主要是美國）等三地。

在臺灣，林語堂女兒林太乙於 1989 年出版的《林語堂傳》為研究林語堂必讀之作。[23]林太乙行文雖不以學術著作的方式，但所述事實筆者認為皆經過考證與核對（雖然都沒有註釋）。[24]尤其是一些林語堂家庭內部的事，外人不易得知，故極為珍貴。缺點是林太乙常用其父親的話來敘述事實，且沒有交代出自林語堂著作的哪些地方，往往讓人誤以為這是林太乙的看法。[25]此外，林太乙尚出版《林家次女》、《女王與我》二書。[26]林太乙所記雖是她自己的童年和少女時期的事，但提供了不少關於林語堂的資料。對林語堂 1920 和 1930 年代活動的研究，較嚴肅的是張世珍所著的《論語時期的林語堂研究》，這是臺灣第一本研究林語堂在《論語》時期的專著。張世珍廣泛利用臺灣和中國大陸的林語堂研究成果，又對《論語》、《人間世》、《宇宙風》等林語堂在 1930 年代所辦刊物在臺灣圖書館所藏情形作一說明。（當然如今已過時）[27]另外，邱華苓的碩士論文《林語堂《論語》時期幽默文學研究》以張世珍的研究成果為基礎，更進一步蒐集其他資料和新的著作。邱華苓的研究重點是林語堂的幽默文學，因對林語堂資料介紹頗詳細，又仔細考證了林語堂文章的出處，故十分值得參考。邱華苓之後繼續此專題，寫成博士論文《林語堂散文研

---

[23] 林太乙：《林語堂傳》（臺北：聯經出版事業公司，1989 年 11 月，初版）。本論著為統一起見，不用聯經的版本。

[24] 「林語堂故居」藏有林太乙寫給哈佛大學索取林語堂資料的信件，（林語堂在哈佛大學取得碩士）可見她蒐集資料之用心。

[25] 林太乙在〈序〉中就已經說她在寫這傳記時，「常借用〔林語堂〕他自己的文字來表達」。見林太乙：《林語堂傳》，《林語堂名著全集》卷 29，〈序〉，序頁 2。

[26] 林太乙：《林家次女》（上海：學林出版社，2001 年 6 月，初版）；林太乙：《女王與我》（武漢：湖北人民出版社，2006 年 1 月，初版）。

[27] 張世珍：《論語時期的林語堂研究》（臺北：文史哲出版社，1993 年 4 月，初版）。

究》。[28]此外，劉心皇在《現代中國文學史話》一書中，花了 3 章探討林語堂，對林語堂在 1930 年代中國的政治傾向有其看法。[29]論文集方面，1994 年曾出版《回顧林語堂：林語堂先生百年紀念文集》，[30]近年則有《林語堂的生活與藝術研討會論文集》、《閒情悠悠——林語堂的心靈世界》與《跨越與前進：從林語堂研究看文化的相融／相涵國際學術研討會論文集》。[31]

比起臺灣，中國大陸出版了多本林語堂的傳記。1987 年，萬平近出版《林語堂論》一書，這是大陸第一本林語堂研究的學術著作，為林語堂一完整的傳記。[32]1991 年，施建偉出版《林語堂在大陸》一書，隔年又出版《林語堂在海外》一書。[33]《林語堂在大陸》敘述自林語堂出生，直到其 1936 年至美國前夕；《林語堂在海外》敘述自林語堂初到美國寫作，直到其逝世為止。施建偉這兩部書廣泛蒐集原始史料及第一手資料，受到各界的讚揚。萬平近繼《林語堂論》一書後，又重寫了一部《林語堂評傳》。[34]2005 年則有李勇的《本真的自由：林語堂評傳》。[35]在非傳記方面，1998 年王兆勝出版其博士論文改編的《林語堂的文化情懷》一書。[36]書中探討了林語堂的思維方式、人生哲學、女性崇拜思想、文化理想和文體模式等。此後並無令人印象深刻的林語堂傳

---

[28] 邱華苓：〈林語堂《論語》時期幽默文學研究〉（中正大學中國文學研究所，碩士論文，2003 年 6 月）；邱華苓：〈林語堂散文研究〉（中國文化大學中國文學研究所，博士論文，2012 年 6 月）。

[29] 劉心皇：《現代中國文學史話》（臺北：正中書局，1971 年 8 月，初版），頁 571-613。

[30] 正中書局編：《回顧林語堂：林語堂先生百年紀念文集》（臺北：正中書局，1994 年，初版）。

[31] 龔鵬程、陳信元主編：《林語堂的生活與藝術研討會論文集》（臺北：臺北市政府文化局，2000 年 12 月）；林明昌主編：《閒情悠悠——林語堂的心靈世界》（臺北：遠景出版事業有限公司，2005 年 8 月，初版）；林語堂故居編：《跨越與前進：從林語堂研究看文化的相融／相涵國際學術研討會論文集》（臺北：林語堂故居，2007 年 5 月，初版）。

[32] 萬平近：《林語堂論》（西安：陝西人民出版社，1987 年 3 月，初版）。

[33] 施建偉：《林語堂在大陸》（北京：北京十月文藝出版社，1991 年 8 月，初版）；施建偉：《林語堂在海外》（天津：百花文藝出版社，1992 年 8 月，初版）。

[34] 萬平近：《林語堂評傳》（上海：上海遠東出版社，2008 年 3 月，初版）。

[35] 李勇：《本真的自由：林語堂評傳》（南京：南京師範大學出版社，2005 年 4 月，初版）。

[36] 王兆勝：《林語堂的文化情懷》（北京：中國社會科學出版社，1998 年 12 月，初版）。

記出現，但在各專題上近年來卻有驚人的發展。

在各專題上，把林語堂當作翻譯家來研究的著作有：王少娣《跨文化視角下的林語堂翻譯研究》、陶麗霞《文化觀與翻譯觀：魯迅、林語堂文化翻譯對比研究》、董娜《基於語料庫的「譯者痕迹」研究：林語堂翻譯文本解讀》、褚東偉《翻譯家林語堂》（*Lin Yutang As Author-Translator*，此書以英文撰寫）。[37]另外幾部較新的著作有：高鴻《跨文化的中國敘事：以賽珍珠、林語堂、湯亭亭為中心的討論》、賴勤芳《中國經典的現代重構：林語堂「對外講中」寫作研究》、[38]吳慧堅《重譯林語堂綜合研究》、[39]施萍《林語堂：文化轉型的人格符號》、馮智強《中國智慧的跨文化傳播：林語堂英文著譯研究》、董燕《林語堂的人文關懷》。[40]至於王兆勝，自從出版其博士論文後，自然是最多產的學者。他接連出版：《林語堂：兩腳踏中西文化》、《林語堂與中國文化》、《溫暖的鋒芒：王兆勝學術自選集》（收林語堂研究論文 7 篇）。[41]中國大陸近年研究林語堂的論文集則有：《林語堂研究論文集》、《漳洲籍現代著名作家論集》（所收論文幾乎全是研究林語堂）、《走近幽默大師》、《「語堂世界·

---

[37] 王少娣：《跨文化視角下的林語堂翻譯研究》（上海：上海外語教育出版社，2011 年 11 月，初版）；陶麗霞：《文化觀與翻譯觀：魯迅、林語堂文化翻譯對比研究》（北京：中國書籍出版社，2013 年 1 月，初版）；董娜：《基於語料庫的「譯者痕迹」研究：林語堂翻譯文本解讀》（北京：中國社會科學出版社，2010 年 4 月，初版）；褚東偉：《翻譯家林語堂》（*Lin Yutang As Author-Translator*）（上海：上海外語教育出版社，2012 年 8 月，初版）。

[38] 高鴻：《跨文化的中國敘事：以賽珍珠、林語堂、湯亭亭為中心的討論》（上海：上海三聯書店，2005 年 8 月，初版）；賴勤芳：《中國經典的現代重構：林語堂「對外講中」寫作研究》（北京：人民出版社，2013 年 9 月，初版）。

[39] 書中有一節專門討論翻譯林語堂英文著作時，英文回譯成中文原典問題，值得參考。見吳慧堅：《重譯林語堂綜合研究》（廣州：花城出版社，2012 年 8 月，初版），頁 179-189。

[40] 施萍：《林語堂：文化轉型的人格符號》（北京：北京大學出版社，2005 年 11 月，初版）；馮智強：《中國智慧的跨文化傳播：林語堂英文著譯研究》（青島：中國海洋大學出版社，2011 年 8 月，初版）；董燕：《林語堂的人文關懷》（北京：中國政法大學出版社，2012 年 12 月，初版）。

[41] 王兆勝：《林語堂：兩腳踏中西文化》（北京：文津出版社，2005 年 1 月，初版）；王兆勝：《林語堂與中國文化》（北京：社會科學文獻出版社，2007 年 12 月，初版）；王兆勝：《溫暖的鋒芒：王兆勝學術自選集》（北京：中國社會科學出版社，2011 年 5 月，初版）。

世界語堂」：兩岸學術研討會論文集》。[42]

關於林語堂紀念館的現況，在臺北有「林語堂故居」，在中國大陸則有：「廈門大學林語堂紀念館」、「林語堂文學館」（位於林語堂出生地福建漳州平和縣坂仔鎮）、「林語堂紀念館」（位於福建漳州薌城區，此規模最大）。漳州薌城「林語堂紀念館」網頁上刊登有《林語堂研究》（季刊），自 2006 年 9 月 19 日第 1 期起至 2009 年 3 月 27 日第 34 期止，似已停刊。[43]

海外英語世界的林語堂研究方面，陳榮捷於 1947 年已發表文章討論林語堂的英文著作，對林語堂雖不無批評，但大體肯定且推崇。陳榮捷於結論告訴讀者，「如果林〔語堂〕不是詮釋中國最好的人選，那誰是呢？」[44]Diran John Sohigian 在紐約哥倫比亞大學的博士論文"The Life and Times of Lin Yutang"（論文導師夏志清）為林語堂的傳記。[45]此論文敘述詳實，中英文材料廣泛，尤其引用大量關於林語堂的英文資料，可補華語世界研究林語堂的不足。另外，錢鎖橋恐怕是英語世界研究林語堂最重要的學者，他在加州大學柏克萊分校的博士論文為"Lin Yutang: Negotiating Modernity Between East and West"（論文導師劉禾），此論文經改編加上後來的研究成果而出版專書 *Liberal Cosmopolitan: Lin Yutang and Middling Chinese Modernity*。[46]錢鎖橋的主要論點是：從近代思想史的觀點來看，林語堂的文章有別於當時共黨左派與民族主

---

[42] 陳煜斕主編：《林語堂研究論文集》（鄭州：河南人民出版社，2006 年 11 月，初版）；漳州師範學院中文系中國現當代文學學科編：《漳洲籍現代著名作家論集》（北京：人民文學出版社，2006 年 11 月，初版）；陳煜斕主編：《走近幽默大師》（北京：中國社會科學出版社，2008 年 12 月，初版）；陳煜斕主編：《「語堂世界・世界語堂」：兩岸學術研討會論文集》（北京：中國社會科學出版社，2013 年 11 月，初版）。

[43] 「林語堂紀念館」：www.xcxc.cn/lytjlg/class.asp?newsid=xcxc_lyt_yj（2014/12/4 點閱）。

[44] Wing-tsit Chan 陳榮捷, "Lin Yutang, Critic and Interpreter," *The English Journal*, vol. 36, no. 1 (January, 1947), p. 7.

[45] Diran John Sohigian, "The Life and Times of Lin Yutang" (Ph. D. dissertation, Columbia University, 1991).

[46] Jun Qian, "Lin Yutang: Negotiating Modernity Between East and West" (Ph. D. dissertation, The University of California at Berkeley, 1996). 錢鎖橋其博士論文署名錢俊。

義右派的主流敘述，顯示出第三條道路——開明世界性的（liberal cosmopolitan）道路。而由林語堂的例子我們可知，這條中間道路不但可行而且必要，因為這都是中國現代性（modernity）的一部份。[47]錢鎖橋另編有工具書《華美文學：雙語加注編目》。[48]沈雙在紐約市立大學的博士論文"Self, Nations, and the Diaspora—Re-reading Lin Yutang, Bai Xianyong, and Frank Chin"則是比較了林語堂、白先勇和趙健秀這三位華人美國作家的跨文化觀，也值得借鏡。[49]沈雙另著有 *Cosmopolitan Publics: Anglophone Print Culture in Semi-colonial Shanghai*，第一章討論英文《中國評論》週報（*The China Critic*），第二章討論英文《天下》月刊（*T'ien Hsia Monthly*），這是林語堂常發表文章的兩份報刊，故值得參考。[50]Fang Lu 的博士論文"Constructing and Reconstructing Images of Chinese Women in Lin Yutang's Translations, Adaptations and Rewritings"則是在討論林語堂著作中的中國婦女形象。[51]

碩士論文則有 Steven B. Miles 在德州大學奧斯丁分校的"Independence and Orthodoxy: Lin Yutang and Chinese Journalism in the Republican Era, 1923-1936"，其主要論點大體是認為林語堂從《語絲》時期到《論語》時期立場都是保持一貫的，《論語》時期的基本精神其實傳承自《語絲》時代。林語堂在《論語》時期所提倡的公安派和其他文學理論，只是在裝飾或者系統

---

[47] Suoqiao Qian 錢鎖橋, *Liberal Cosmopolitan: Lin Yutang and Middling Chinese Modernity* (Leiden: Brill, 2011), p. 3.

[48] 此書中有兩個條目敘述林語堂生平，其中一條目誤稱林語堂是「哈佛大學博士」（筆者按：應為萊比錫大學博士）；另一條目在敘述林語堂學歷時，寫至「哈佛大學碩士」就此停住，好似林語堂未獲博士學位似的。這當然都是校對上的疏失。見錢鎖橋編：《華美文學：雙語加注編目》（天津：南開大學出版社，2011 年 5 月，初版），頁 65, 212。

[49] Shuang Shen 沈雙, "Self, Nations, and the Diaspora—Re-reading Lin Yutang, Bai Xianyong, and Frank Chin" (Ph. D. dissertation, The City University of New York, 1998).

[50] Shuang Shen 沈雙, *Cosmopolitan Publics: Anglophone Print Culture in Semi-colonial Shanghai* (New Brunswick, New Jersey: Rutgers University Press, 2009).

[51] Fang Lu, "Constructing and Reconstructing Images of Chinese Women in Lin Yutang's Translations, Adaptations and Rewritings" (Ph. D. dissertation, Simon Fraser University, 2008).

化《語絲》時期的基本精神罷了。[52]Joseph C. Sample 在德州農工大學的碩士論文“Lin Yutang and the Revolution of Modern Chinese Humor”則是研究林語堂的幽默文學。[53]海外對林語堂研究的重要學者除錢鎖橋外，就屬周質平最為重要。周質平憑藉其早年對明朝公安派的研究，[54]進而延伸發表多篇林語堂研究的文章。[55]（林語堂曾提倡公安派的文章）

海外英語世界對林語堂的研究另有一重點，即是朝華美文學方面發展，把林語堂視為華美文學作家之一。林語堂的小說《唐人街》（*Chinatown Family*）受到討論尤多，這也是為何近年來在美國又重新出版的原因。[56]然而，林語堂英文著作中對中國的詮釋卻也被批評為迎合西方社會對「東方人」的看法。[57]

有關林語堂與幽默文學，可參考香港大學兩本論文集 *Humour in Chinese Life and Culture: Resistance and Control in Modern Times*[58]與 *Humour in Chinese Life and Letters: Classical and Traditional Approaches*，尤其是其中錢鎖橋與

[52] Steven B. Miles, “Independence and Orthodoxy: Lin Yutang and Chinese Journalism in the Republican Era, 1923-1936” (M. A. thesis, The University of Texas at Austin, 1990), p. 59.

[53] Joseph C. Sample, “Lin Yutang and the Revolution of Modern Chinese Humor” (M. A. thesis, Texas A&M University, 1993).

[54] Chih-p’ing Chou 周質平, *Yuan Hung-tao and the Kung-an school* (New York: Cambridge University Press, 1988).

[55] 這些文章收入周質平：《現代人物與文化反思》（北京：九州出版社，2013 年 4 月，初版）；周質平：〈胡適與林語堂〉，《光焰不熄：胡適思想與現代中國》（北京：九州出版社，2012 年 6 月，初版）。

[56] Lin Yutang, *Chinatown Family* (New Brunswick, New Jersey: Rutgers University Press, 2007).

[57] Xiao-huang Yin 尹曉煌, *Chinese American Literature Since the 1850s* (Urbana: University of Illinois Press, 2000), pp. 171-172. 不過沈雙反對這種指控，見 Shuang Shen 沈雙, *Cosmopolitan Publics: Anglophone Print Culture in Semi-colonial Shanghai*, pp. 40-41. 另可參考 Richard Jean So, “Collaboration and Translation: Lin Yutang and the Archive of Asian American Literature,” *Modern Fiction Studies*, vol. 56, no. 1 (Spring 2010), pp. 40-62.

[58] Jessica Milner Davis and Jocelyn Chey eds., *Humour in Chinese Life and Culture: Resistance and Control in Modern Times* (Hong Kong: Hong Kong University Press, 2013).

Joseph C. Sample 的文章。[59]林語堂在北洋政府時期屬於語絲社，關於語絲社可參考陳離《在「我」與「世界」之間：語絲社研究》。[60]林語堂在南京政府時期屬於《論語》派，較新的著作是楊劍龍《論語派的文化情致與小品文創作》及李英姿《傳統與現代的變奏：《論語》半月刊及其眼中的民國》。[61]Charles A. Laughlin 著有 The Literature of Leisure and Chinese Modernity，第二章"Wandering: The Threads of Conversation Group"討論語絲社，第四章"Enjoying: Essays of the Analects Group"討論《論語》派。[62]討論民國時期各文學流派的著作為 Literary Societies of Republican China，各專門學者負責撰寫一個文學流派。Mark Miller 的"The Yusi Society"討論語絲社，Charles A. Laughlin 的"The Analects Group and the Genre of Xiaopin"則是討論《論語》派。[63]

目前研究林語堂的著作雖不少，但大多焦點集中在其文學理念、幽默、中文散文寫作、跨文化研究等，但研究其政治態度、與當權政治的互動等方面則較少。目前研究林語堂與政治的關係方面，以周質平和錢鎖橋兩位學者較有成果。當然，林語堂對政治的看法與其人生觀、哲學觀、文學觀也非全無關係，加上其本身並非政治人物，所以在這方面的成果較少也是意料中的事。

---

[59] Joseph C. Sample, "Contextualizing Lin Yutang's essay 'On Humour': Introduction and Translation," in *Humour in Chinese Life and Letters: Classical and Traditional Approaches*, ed. by Jessica Milner Davis and Jocelyn Chey (Hong Kong: Hong Kong University Press, 2011); Qian Suoqiao 錢鎖橋, "Discovering Humour in Modern China: The Launching of the *Analects Fortnightly* Journal and the 'Year of Humour' (1933)," in *Humour in Chinese Life and Letters: Classical and Traditional Approaches.*

[60] 陳離：《在「我」與「世界」之間：語絲社研究》（上海：東方出版中心，2006 年 6 月，初版）。

[61] 楊劍龍：《論語派的文化情致與小品文創作》（上海：上海書店出版社，2008 年 8 月，初版）；李英姿：《傳統與現代的變奏：《論語》半月刊及其眼中的民國》（濟南：齊魯書社，2012 年 11 月，初版）。

[62] Charles A. Laughlin, *The Literature of Leisure and Chinese Modernity* (Honolulu: University of Hawai'i Press, 2008).

[63] Kirk A. Denton and Michel Hockx eds., *Literary Societies of Republican China* (Lanham, Maryland: Lexington Books, 2008).

四、章節簡介

本論著想探討的是林語堂最後選擇國民黨的心路歷程，這其間他對北洋政府的看法、對南京政府的看法、對中國共產黨的態度，都是本書所探討的重點。李歐梵曾說過：

> ……由「五四」的浪漫心態轉向抗戰的愛國奮鬥的精神，是一個心境上的變遷，也是中國現代思想史和社會史上可以大書特書的……。[64]

筆者對林語堂的看法也是如此。林語堂是在抗戰爆發後才無條件的支持蔣介石，並且在美國為國民政府宣傳。至於同樣是處在抗戰中，也同樣被激起愛國心，但為何每個人不像林語堂一樣開始支持蔣介石？這就是本書也花了不少篇幅探討林語堂思想的原因。但可以總括一句話來說：林語堂根本不信馬克思主義，所以他不會也不可能支持共產政權。

第二章敘述林語堂的生平，並對其在1930年代政治傾向的爭議做研究史的回顧。

第三章敘述林語堂在北洋政府時期的活動，包括加入語絲社，參與語絲社對北洋政府的抗爭，以反映其對北洋政府的態度。

第四章敘述林語堂在國民政府時期的活動，包括創辦《論語》雜誌，提倡幽默小品文，加入中國民權保障同盟等。在這章節中試圖釐清林語堂提倡幽默的原因，並檢視林語堂對國民政府與左翼文學的看法，以便對林語堂於近代思想浪潮中安排一適當的位置。同時並對林語堂與其所仰慕的辜鴻銘進行思想比較，以釐清辜鴻銘真正影響林語堂的所在，與林語堂繼承了辜鴻銘思想中的哪些因子，進而解釋林語堂為何不會支持共產政權。

---

[64] 李歐梵：《西潮的彼岸》（南京：江蘇教育出版社，2005年11月，初版），頁163。

第五章討論林語堂於中日戰爭期間所發表的兩部英文小說，找尋林語堂的思想邏輯理路，包括如何理解五四運動、五卅運動、三・一八慘案、國民革命軍北伐、南京政府十年統治等，這有助於理解林語堂的政治選擇。

第六章討論林語堂《枕戈待旦》（*The Vigil of a Nation*）這部著作，他於此書中明確表明為何其支持國民政府。《枕戈待旦》是林語堂英文著作中極少數沒有翻譯為中文的，故討論者較少。此書出版於 1944 年，可充分表明其當時對國共兩黨的態度。就如他在書中所說的，國共兩黨間的內戰其實早已開打，而林語堂於當時已做了選擇。

第二章　生平及政治傾向

一、林語堂生平略述

林語堂生於 1895 年 10 月 10 日，就在這一年，中國與日本訂立《馬關條約》，中國割讓臺灣和承認朝鮮獨立。此條約之簽定是由於在中日甲午戰爭（1894-1895 年）中，中國打了個敗仗。

林語堂出生於福建省漳州府平和縣坂仔鄉（鎮、村），[1]小時候取名為和樂，入大學後改名玉堂，1925 年前後又改名為語堂。林語堂有兄弟 6 人，姐姐 2 人，排行第五。他曾說：「在造成今日的我之各種感力中，要以我在童年和家庭所身受者為最大。我對於人生、文學與平民的觀念皆在此時期得受最深刻的感力。」[2]所以，對其童年生活我們有多加著墨的必要。

童年影響林語堂最深的，一是父親，二是二姐，三是漳州西溪的山水。[3]先談林語堂的父親。林語堂的父親名字叫林至誠，是基督教長老會牧師。[4]林

[1] 一般介紹林語堂的辭典與傳記多記載其出生地為「福建省漳州龍溪縣坂仔村」，但其實坂仔並不在龍溪縣而在平和縣，連林太乙也錯記了。見江澄格：〈善述其事——林語堂出生地考索〉，《傳記文學》，80 卷 3 期（2002 年 3 月），頁 65-67；林太乙：《林語堂傳》，《林語堂名著全集》卷 29（長春：東北師範大學出版社，1994 年 11 月，初版），頁 3。

[2] 林語堂：《林語堂自傳》，《林語堂名著全集》卷 10，頁 4。

[3] 林語堂：〈回憶童年〉，原載《傳記文學》，9 卷 2 期（1966 年 8 月），收入施建偉編：《幽默大師——名人筆下的林語堂‧林語堂筆下的名人》（上海：東方出版中心，1998 年 11 月，初版），頁 447。在晚年自傳中，「二姐」一項換成「嚴格的基督教家庭」，見 Lin Yutang, *Memoirs of an Octogenarian* (Taipei: Mei Ya Publications, Inc., 1975), pp. 8-9.

[4] 林至誠的事蹟除林語堂所記外，也可參考林太乙所提供的資料，見林太乙：《女王與我》（武漢：

至誠是窮人家出身的，這點林語堂以為是「十分重要的」。[5]林至誠又因與距板仔不遠溪西的范禮文牧師（Reverend W. L. Warnshius）結為好友，范牧師定期寄給他由上海基督教學會林樂知（Young J. Allen）牧師主編的《通問報》（*Christian Intelligence*）和許多小冊子及書籍，因而得初識所謂「新學」。他因此而對西洋的一切東西都熱心起來，「決心必要他的兒子個個要讀英文和得受西洋教育」。[6]林語堂就是在這種家庭氣氛中長大。林至誠雖是個牧師，卻絕不表示他不是一個儒家。他在教堂的牆壁上掛有朱熹毛筆字拓印本對聯。[7]在林語堂讀小學和中學期間，林至誠給他講了《四書》、《詩經》、《聲律啟蒙》、《幼學瓊林》等書。林語堂也讀林紓譯的說部叢書，如《福爾摩斯》、《天方夜譚》之類。[8]林語堂又自學了《史記》、[9]《綱鑒易知錄》。[10]

林語堂母親生了六個兒子，兩個女兒，林語堂排行倒數第二，有個弟弟。二姐名叫美宮，小時候常與林語堂一塊讀書、玩耍，功課很好。在廈門高中畢業以後，想去福州女子大學讀書，但家中沒有給女兒上大學的經費，最後只得嫁人。在出嫁那天，美宮給了林語堂四毛錢，含淚說：「和樂，你有機會去讀大學，姐姐因為是女孩不能去。不要辜負自己的機會，下決心做個好人，

湖北人民出版社，2006 年 1 月，初版），頁 174-180。林至誠於林語堂在德國攻讀博士學位時逝世，享年 68 歲。見 Lin Yutang, *Memoirs of an Octogenarian*, p. 39.

[5] 林語堂說：「有些生長於都市而自號為普羅作家者嘗批評我，說我不懂得平民的生活只因在我的文章裡面常說及江上清風與山間明月之故，不禁令我發笑；在他們看來好像清風明月乃是資本家有閒階級的專利品。」見林語堂：《林語堂自傳》，《林語堂名著全集》卷 10，頁 10。

[6] 林語堂：《林語堂自傳》，《林語堂名著全集》卷 10，頁 12。

[7] Lin Yutang, *From Pagan to Christian* (London: Heinemann, 1960), p. 23. 林語堂又說：「我不相信我父親所傳給那些農民的基督教和他們男男女女一向所信奉的佛教有什麼分別。」見林語堂：《林語堂自傳》，《林語堂名著全集》卷 10，頁 11。

[8] 林語堂：〈回憶童年〉，施建偉編：《幽默大師——名人筆下的林語堂・林語堂筆下的名人》，頁 449-450。

[9] 林語堂：《林語堂自傳》，《林語堂名著全集》卷 10，頁 16。

[10] Lin Yutang, *Memoirs of an Octogenarian*, p. 28.

一個有用的人，一個著名的人。」[11]林語堂後來自述說：「我深深感到那幾句簡單的話的力量。那使我對這整件事感到愧疚。這些話以千鈞重的力道烙在我心中，以致於我有種感覺，彷彿我是在替她上大學。」[12]兩年後，美宮死於瘟疫。以後，無論在什麼時候，無論他是什麼年齡，一提到二姐給他的四角錢，林語堂都不免掉眼淚。[13]二姐這些話一直常在他耳際迴響，對形成林語堂往後的德行有很大的影響。[14]

坂仔這個地方又稱東湖，在當地「湖」字是指四面高山圍繞的平原。林語堂說：「如果我有一些健全的觀念和簡樸的思想，那完全是得之於閩南坂仔之秀美的山陵，……那些青山，如果沒有其他影響，至少曾令我遠離政治，這已經是其功不小了。」[15]在自傳小說《賴柏英》（*Juniper Loa*）中，透過男主角的口中，他說：「山使得你謙—遜。」「那些山的記憶已經進到我的血液中了。一旦曾經是個山地的孩子，永遠都會是個山地的孩子。你可以說天下有一種高地的人生觀，還有一種低地的人生觀。」[16]

1901 年，林語堂 7 歲，入坂仔村銘新小學，這是一所教會辦的學校。1905 年 11 歲時，入廈門鼓浪嶼教會小學，這是林語堂第一次離開家鄉。1907 年，美國老羅斯福總統派美國艦隊來到澳門，教會學校的學生應邀前往參觀。美國武力的強大刺激了當時林語堂向西方學習的願望。[17]林語堂於 1908 年 14 歲時，入廈門教會中學尋源書院，他後來回憶說：「我的中等教育是完全浪費時間。學校連個圖書館也沒有。」[18]在廈門的尋源書院和非基督教學校之間的

---

[11] Lin Yutang, *From Pagan to Christian*, p. 28.

[12] Lin Yutang, *Memoirs of an Octogenarian*, p. 19.

[13] 林太乙：《林語堂傳》，《林語堂名著全集》卷 29，頁 13。

[14] Lin Yutang, *From Pagan to Christian*, p. 28.

[15] 林語堂：《林語堂自傳》，《林語堂名著全集》卷 10，頁 5。

[16] Lin Yutang, *Memoirs of an Octogenarian*, pp. 10-11. 又見 Lin Yutang, *Juniper Loa* (Cleveland: World Publishing Co., 1963), p. 96.

[17] Lin Yutang, *Memoirs of an Octogenarian*, p. 26.

[18] Lin Yutang, *Memoirs of an Octogenarian*, p. 24.

差別，就是教會學校學生不看中文報紙，或其他一切報紙。[19]在尋源書院所受的中學教育是免費的，而食膳費也許是免繳的。「我欠教會學校一筆債，而教會學校（在廈門的）也欠我一筆債，即是不准我看各種中國戲劇。」[20]因為在林語堂基督教的童年時代，站在戲台之下或聽盲人唱梁山伯祝英台戀愛故事乃是一種罪孽。林語堂說道：「不過這筆債不能算是巨大的；他們究竟給我一個出身的機會，……」。[21]

1911年，林語堂17歲，自家鄉前往上海入聖公會所辦的聖約翰大學（St. John's University）就讀，改名玉堂。[22]林至誠會送他兒子進聖約翰大學就讀，是因為他從《通問報》得知那是全中國學習英文最好的大學。[23]林語堂一開始進入「神學科」，一年半後因對神學信仰格格不入，乃改入「文科」一年級。[24]林語堂解釋說：「我註冊入文科而不入理科，那完全是一種偶然的事罷了。我酷好數學和幾何，故我對於科學的分析之嗜好，令我挑選語言學而非現代文學為我的專門科，因為語言學是一種科學，最需要科學的頭腦在文學的研究上去做分析工作。」[25]聖約翰大學當時的情況是：圖書館的藏書大約五、六千

---

[19] 林語堂：《林語堂自傳》，《林語堂名著全集》卷10，頁18。

[20] 林語堂：《林語堂自傳》，《林語堂名著全集》卷10，頁13。

[21] 林語堂：《林語堂自傳》，《林語堂名著全集》卷10，頁13。

[22] 林太乙：《林語堂傳》，《林語堂名著全集》卷29，頁14。林語堂就讀聖約翰大學時的情況可見秦賢次：〈林語堂與聖約翰大學〉，林語堂故居編：《跨越與前進：從林語堂研究看文化的相融／相涵國際學術研討會論文集》，頁161-174。

[23] Lin Yutang, *From Pagan to Christian*, p. 27.

[24] 林語堂（當時姓名林玉堂）畢業於1916年，獲「文學士」。見熊月之、周武主編：《聖約翰大學史》（上海：上海人民出版社，2007年5月，初版），頁458。

[25] 林語堂：《林語堂自傳》，《林語堂名著全集》卷10，頁16。余英時以宏觀的角度指出，林語堂後來之所以負笈德國攻讀語言學博士，與當時中國「以科學方法整理國故」的風氣有很大的關係，後來之所以脫離語言學研究乃因無法忍受其枯燥，與其活潑個性不合。但此處依林語堂所說，他對於講求科學分析的語言學是真有興趣。余英時的分析可見余英時：〈試論林語堂的海外著述〉，《現代學人與學術》，《余英時文集》卷5（桂林：廣西師範大學出版社，2006年2月，初版），頁461-462。

冊，其中三分之一是神學書籍。[26]林語堂表示，聖約翰大學雖然是聖公會辦的，它對大多數的學生的神聖使命卻是培植為成功的買辦來做上海大亨們的助手。它雖然出過幾位中國大使，如顏惠慶、施肇基、顧維鈞，但事實上學生英文的平均水準，並不超過一個買辦的條件。[27]學生之中文可以累年不及格而無妨害，可照常畢業。[28]

林語堂自言：「我是在基督教的保護殼中長大的。聖約翰大學則是那個保護殼的延續。我很遺憾的說，我們搬進了我們自己的世界，思想上和審美上都隔絕於那個異教社會……。」[29]聖約翰大學教林語堂講英文，這是所得的一項。至於所失的部份，則是對於漢文的興味完全中止了，致令他忘了用中國毛筆。不過得失兩項相比較，聖約翰大學對他有一特別影響，令他將來的發展有很深的感力，就是「〔聖約翰大學〕它教我對於西洋文明和普通的西洋生活具有基本的同情。」[30]林語堂又說：「我相信我的頭腦是西洋的產品，而我的心卻是中國的。」[31]此時林語堂讀了張伯倫（Houston Stewart Chamberlain）

---

[26] Lin Yutang, *From Pagan to Christian*, p. 29. 根據 V. L. Wong 的研究，聖約翰大學的圖書館於 1911 至 1915 年間的藏書為：英文書 5000 冊，中文書 4432 冊。見 V. L. Wong, "Low Library; A History (1894-1923)," *The St. John's Echo (Shanghai)*, vol. 35, no. 2 (February 1924), p. 62. 聖約翰大學的羅氏圖書館（Low Library）於 1916 年建造完成，時林語堂已畢業。（林語堂畢業於 1916 年）見熊月之、周武主編：《聖約翰大學史》，頁 270。

[27] Lin Yutang, *From Pagan to Christian*, p. 29. 林語堂這裡說聖約翰大學的「神聖使命」（sacred mission）是培植買辦，但中譯本卻翻譯為「秘密使命」，大概是把 sacred 錯看成 secret。見林語堂著，謝綺霞譯：《從異教徒到基督徒》，《林語堂名著全集》卷 10，頁 52。

[28] Lin Yutang, *Memoirs of an Octogenarian*, p. 28. 關於聖約翰大學的中文教學及其改革可見熊月之、周武主編：《聖約翰大學史》，頁 242-248；Wen-hsin Yeh 葉文心, *The Alienated Academy: Culture and Politics in Republican China, 1919-1937* (Cambridge, Massachusetts: Harvard University Asia Center, 2000), pp. 77-84; Yihua Xu 徐以驊, "St. John's University, Shanghai as an Evangelising Agency," *Studies in World Christianity*, vol. 12, no. 1 (2006), pp. 26-27.

[29] Lin Yutang, *From Pagan to Christian*, pp. 33-34.

[30] 林語堂：《林語堂自傳》，《林語堂名著全集》卷 10，頁 21。

[31] 林語堂：《林語堂自傳》，《林語堂名著全集》卷 10，頁 21。Joseph Levenson 曾提出他著名的分析法下結論說：「〔梁啟超〕理智上疏遠但在情感上束縛於他的傳統。」Steven Miles 依此模式卻說：「林語堂情感上束縛於西方傳統（基督教），然而理智上卻疏遠它。」筆者覺得這種說法是非常不妥的。姑且不論本文所引之林語堂夫子自道，後面我們還會討論到其深受辜鴻銘的影響且廢寢忘食

《十九世紀的基礎》（*The Foundations of the Nineteenth Century*）、赫克爾（Ernst Haeckel）《宇宙之謎》（*The Riddle of the Universe*）、華爾德（Lester F. Ward）《社會學》（*Sociology*）、斯賓塞（Herbert Spencer）《倫理學》（*The Principles of Ethics*）及韋司特墨（Edvard Westermarck）的《婚姻論》（*The History of Human Marriage*）。[32]

自林語堂 17 歲到上海讀大學起，他與英文的關係就永不斷絕，但與所有的中文基礎便告無緣了。他評論他當時的中文基礎是「浮泛不深」。[33]林語堂的母親是在異教家庭中長大的，在他小時候曾告訴過他一些傳說故事。但因他的教會是加爾文派，他不准去聽那些漳州盲人遊吟歌手用吉他伴奏所唱的古代美麗的故事。[34]他在 20 歲之前就知道古猶太國約書亞（Joshua）將軍吹倒耶利哥城（Jericho）的故事，但是直到近 30 歲才知道孟姜女哭夫以至淚沖長城的傳說。[35]他早就知道耶和華令太陽停住以使約書亞殺完迦南人，可是尚不知后羿射日十落其九，而其妻嫦娥奔月遂為月神，還有女媧氏煉石——以 365 塊石補天，其後她所餘的那第 366 塊石便成為《紅樓夢》中的主人寶玉等等故事。林語堂為此說：「誰人又能埋怨我心中憤恨，滿具被人剝奪我得識中國神話的權利之感覺呢？」[36]「我決心沉入我們民族意識的巨流中。」[37]

1916 年，林語堂 22 歲，他以第二名的成績從聖約翰大學畢業，[38]並受聘

的研究中國的傳統，並在晚年回到與其老家說同一方言的臺灣，這再再表示林語堂在情感上的確是繫於中國的傳統。見 Joseph R. Levenson, *Liang Ch'i-ch'ao and the Mind of Modern China* (Berkeley: University of California Press, 1970), p. 219; Steven B. Miles, "Independence and Orthodoxy: Lin Yutang and Chinese Journalism in the Republican Era, 1923-1936," p. 70, note 8.

[32] 林語堂：《林語堂自傳》，《林語堂名著全集》卷 10，頁 19-20。

[33] 林語堂：《林語堂自傳》，《林語堂名著全集》卷 10，頁 16。

[34] Lin Yutang, *From Pagan to Christian*, pp. 34-35.

[35] Lin Yutang, *My Country and My People*, new and rev. ed. (London: Heinemann, 1939), p. 252.

[36] 林語堂：《林語堂自傳》，《林語堂名著全集》卷 10，頁 13。

[37] Lin Yutang, From Pagan to Christian, p. 35.

[38] 林語堂：《林語堂自傳》，《林語堂名著全集》卷 10，頁 18。

為北京清華學校的英文教員。北京當時是中國的文化中心，古蹟甚多，住在北京就等於和中國的歷史溶成一片，這對林語堂造成了衝擊。他說：「我是在全國英文最好的大學畢業的——那又有什麼了不起？」「我的書法很糟，是中國缺乏教養的人的最顯著的標記。我對於中國歷史，中國詩，中國哲學，及中國文學的知識，充滿漏洞。」[39]於是他帶著羞愧，浸淫於中國文學及哲學的研究。「真正學士後教育的程序——忘卻過去所學的程序——開始展開。這個程序包括越過基督信仰的限制。」[40]他首先看《紅樓夢》，藉此學北京話。但像杜詩評注等問題他無法問別人，因為好多擁有哲學博士的教授，或是電機系的教授，他們中國文學的知識和林語堂在伯仲之間。他只好到賣舊書出名的琉璃廠跟書商閒談，反而收穫許多。[41]林語堂說道：「蓋自任清華教席之後，我即努力於中國文學，今日之能用中文寫文章者皆得力於此時之用功也。」。[42]

這時候還有一件重要的事，就是林語堂放棄了基督教的信仰。他對基督教的不滿導因於大學時神學科教師的虛偽和他對聖經中許多謬說的懷疑。[43]在聖約翰大學神學院那一年半中，他大部份的神學信念已經棄去，[44]但是他還是不能想像一個沒有上帝的宇宙。直到有一天他和清華的同事劉大鈞談話，他問劉大鈞：「如果我們不信上帝是天父，便不能普愛同行，行見世界大亂了，對不對呀？」劉大鈞回答說：「為什麼呢？我們還可以做好人，做善人呀，只因我們是人的緣故。做好人正是人所當做的咧。」聽到這回答後，林語堂與

[39] Lin Yutang, *From Pagan to Christian*, p. 41.

[40] Lin Yutang, *From Pagan to Christian*, p. 41.

[41] Lin Yutang, *Memoirs of an Octogenarian*, pp. 31-32. 在另外一個場合，林語堂是說因為他已經當了教師，不好意思到處問人，只好到琉璃廠去問舊書舖夥計。見林語堂：〈《四十自敘詩》序〉，《無所不談合集》，《林語堂名著全集》卷 16，頁 501。

[42] 林語堂：《林語堂自傳》，《林語堂名著全集》卷 10，頁 28。

[43] Steven B. Miles, "Independence and Orthodoxy: Lin Yutang and Chinese Journalism in the Republican Era, 1923-1936," p. 8; Lin Yutang, *The Importance of Living* (New York: John Day Co., 1937), pp. 406-409.

[44] 林語堂：《林語堂自傳》，《林語堂名著全集》卷 10，頁 24。

基督教最後的一線關係也被剪斷了。因為劉大鈞這一以人性（人道）之尊嚴為號召的回答，使林語堂體悟到「如果我們之愛人是要依賴與在天上的一位第三者發生關係，我們的愛並不是真愛；真愛人的要看見人的面孔便真心愛他。」[45]

清華學校之得以創辦，其經費來源是美國退還庚子賠款，並指定半數撥於教育用途。清華學校的學生固然在畢業後可以直接升入美國大學三或四年級就讀，到該校任教的人，也可以在三年之後申請官費到美國留學。林語堂當時接受清華學校校長周詒春之聘到該校教書的原因也在此。[46]

1919 年，林語堂 25 歲。這時他在清華服務已滿 3 年，本以為有資格領得官費獎學金到美國深造，但是清華當局只給他每月四十大洋的半官費獎學金。[47]另外，林語堂在出國前，就由胡適代表北京大學跟他約定好，由北大預聘林語堂為教授，先給他三年的獎學金出國留學，一年 480 美金。[48]他申請進

---

[45] 林語堂：《林語堂自傳》，《林語堂名著全集》卷 10，頁 25。林語堂晚年又回歸信仰基督教，其中轉折可參考 Rain Yang Liu, "Lin Yutang: Astride the Cultures of East and West," in *Salt and Light, Volume 3: More Lives of Faith That Shaped Modern China*, ed. by Carol Lee Hamrin and Stacey Bieler (Eugene, Oregon: Pickwick Publications, 2011), pp. 171-174; 何建明：〈林語堂基督教與道教內在對話初探〉，羅明嘉（Miikka Ruokanen）、黄保羅（Paulos Huang）主編：《基督宗教與中國文化：關於中國處境神學的中國-北歐會議論文集》（北京：中國社會科學出版社，2004 年 11 月，初版），頁 149-168；李淑珍：〈見山不是山，見山又是山？——論林語堂的二度改宗經驗〉，黄興濤主編：《新史學(第三卷)：文化史研究的再出發》(北京：中華書局，2009 年 12 月，初版)，頁 216-264。

[46] 林太乙：《林語堂傳》，《林語堂名著全集》卷 29，頁 22。聖約翰大學與清華學校關係密切，在 1916 年前的清華文科華籍教員 16 人中，出身聖約翰大學的有 12 人。知名者有林語堂、馬約翰、戴超、刁作謙、宋春舫、孟憲承等。見蘇雲峰：《從清華學堂到清華大學（1911-1929）》（臺北：中央研究院近代史研究所，1996 年 8 月），頁 42。梁實秋回憶起他在清華學校求學的情景時，稱讚林語堂「學問好，教法好，而且熱心教學，是難得的好教師」。見梁實秋：〈清華八年〉，《梁實秋散文》集 1（北京：中國廣播電視出版社，1989 年 9 月，初版），頁 213。

[47] 林太乙：《林語堂傳》，《林語堂名著全集》卷 29，頁 34。

[48] 江勇振：《捨我其誰：胡適(第二部・日正當中，1917-1927・下)》(杭州：浙江人民出版社，2013 年 8 月，初版），頁 7-8。據林語堂晚年回憶，胡適曾在他赴美讀書陷入經濟絕境時，以北京大學的名義，自掏腰包借給他兩千美元，而且從未向他提起這件事。但近年有研究指出，林語堂這個回憶實為子虛烏有。胡適自掏腰包借錢給林語堂的數目實際上只有 300 美元，而且林語堂當時也知情。可參考林語堂：〈胡適博士〉，原載《讀者文摘》1974 年 10 月號，收入《林語堂散文經典全編》卷 3，頁 489；Lin Yutang, *Memoirs of an Octogenarian*, p. 41；吳元康：〈五四時期胡適自費資

入美國哈佛大學比較文學研究所。也是在這年，林語堂結婚了。他太太名叫廖翠鳳，上海聖瑪麗（St. Mary）女中畢業，來自一個廈門的基督教富商之家。8月16日，夫婦倆一同搭船赴美。林語堂在哈佛比較文學研究所的名師有白璧德（Irving Babbitt）、[49]培理（Bliss Perry）等。後因清華留美學生監督無故取消林語堂的半官費，使得他被迫應基督教青年會之請，前往法國為華工服務，教其讀書識字。[50]當時系主任同意林語堂只要再去德國耶那大學（Jena University）去修一門莎士比亞戲劇，即可獲得碩士學位。[51]1921年2月，林語堂獲得哈佛大學碩士學位。其真正在哈佛修課時間其實只有1年。

得到碩士學位以後，林語堂又進萊比錫大學（Leipzig University）攻讀博士。[52]他會選擇萊比錫大學，因為它是印歐文法的比較哲學的重鎮。[53]在萊比錫大學這兩年中，林語堂才開始認真研究中國的音韻學。該大學中國研究室的中文書籍很多，他又可以從柏林大學借到中文書，於是他沉迷在滿清末葉體仁閣大學士阮元刻的《漢學師承記》、《皇清經解》、《皇清經解續編》，他也是在這時熟悉高郵王氏父子、段玉裁、顧炎武等名家的考證注釋的著作。[54]1922年，他以博士論文《古代中國語音學》（*Altchinesiche Lautlehre*）獲得博

助林語堂留學考〉，《安徽史學》，5期（2009年），頁72-80。

[49] 林語堂與白璧德的關係可參考 A. Owen Aldridge, "Irving Babbitt and Lin Yutang," *Modern Age*, vol. 41, no. 4 (Fall 1999), pp. 318-327；朱壽桐：《新人文主義的中國影跡》（北京：中國社會科學出版社，2009年5月，初版），頁373-435。

[50] 林語堂在接受《紐約時報》（*The New York Times*）專訪時說：「一個笨蛋取消我的獎學金。」見 Robert Van Gelder, "An Interview With Doctor Lin Yutang," *New York Times Book Review*, May 4, 1941, p. 2.其晚年提起此事猶憤恨不已，見 Lin Yutang, *Memoirs of an Octogenarian*, pp. 41-42.

[51] Lin Yutang, *Memoirs of an Octogenarian*, p. 46.

[52] 林語堂說，他在法國爲華工服務時「既不會法文也不會德文」，他的德文全憑自修。見 Lin Yutang, *Memoirs of an Octogenarian*, p. 48.

[53] Lin Yutang, *Memoirs of an Octogenarian*, p. 51.

[54] Lin Yutang, *Memoirs of an Octogenarian*, p. 54. 英文原文中所加註的中文「經解讀編」應為「經解續編」才對。

士學位。[55]

1923年9月，林語堂29歲，他回到中國擔任北京大學英文系教授，兼北京師範大學英文系教授。1924年11月17日，《語絲》周刊創刊，林語堂為其主要作家之一，為語絲社的成員。[56]《語絲》係五四以後最重要的散文刊物，其「語絲文體」成為1930年代中國文壇散文主流，主要社員有14人，即魯迅、周作人、錢玄同、林語堂、劉半農、孫伏園、孫福熙、江紹原、章衣萍、章廷謙（川島）、顧頡剛、李小峰、張定璜、俞平伯等，大多為北大師生。林語堂發表在《語絲》上的作品將近有40篇之多。[57]順便一提的是，在1925年底以後，「林玉堂」這個名字他不再使用，改用「林語堂」這個名字。[58]林語堂用過的筆名有語堂、語、毛驢、東君、豈青、堂、宰予、宰我、薩天師等。[59]

1926年國民革命軍北伐前後，北京政局發生了一連串的大變動，造成作家和刊物的南遷。文壇原來有北京及上海兩大重心，其後是上海一枝獨秀的時代。[60]1926年4月，奉軍及直魯聯軍封閉《京報》，殺害該報主筆邵飄萍。

---

[55] 林太乙：《林語堂傳》，《林語堂名著全集》卷29，頁43。

[56] 司馬長風認為《語絲》只是一個刊物，並不是文學團體，但足以與中國新文學史上第一個「十年」（1917～1926年）後半期的「文學研究會」、「創造社」、「新月社」並稱新文學四大團體。見司馬長風：《中國新文學史》卷上（臺北：傳記文學出版社，1991年12月），頁141。語絲社比起其他文學社團來說顯得過於鬆散，關於其是否可稱之為文學社團的討論，見 Mark Miller, "The Yusi Society," in *Literary Societies of Republican China*, ed. by Kirk A. Denton and Michel Hockx (Lanham, Maryland: Lexington Books, 2008), pp. 171, 191-202.

[57] 吳興文、秦賢次：〈「當代作家研究資料彙編」之一・林語堂卷（四）〉，《文訊》，24期（1986年6月），頁253。

[58] 「林語堂」這個名字並非1925年時才開始使用，《語絲》創刊號刊登的16個長期撰稿員名單上寫的就是「林語堂」。林語堂在北大任教時名字是「林玉堂」，而1924年至1925年間「林玉堂」與「林語堂」同時並用。決定改名的時間是1925年。改名的原因林語堂沒有說明過，大概是化俗為雅的考慮。見萬平近：《林語堂評傳》（上海：上海遠東出版社，2008年3月，初版），頁18-19。

[59] 陳玉堂編著：《中國近現代人物名號大辭典（全編增訂本）》（杭州：浙江古籍出版社，2005年1月，初版），頁757，〈林語堂〉條目。

[60] 司馬長風：《中國新文學史》卷上，頁12。

8 月，《社會日報》社長林白水被軍閥張宗昌所殺。那時軍閥手中又有一張名單要補殺 50 個激烈的教授，林語堂是其中之一。[61]在此文人學者的「大逃亡」南下風潮下，林語堂舉家離北京南下。6 月，任廈門大學文科主任兼國學院秘書。[62]

1927 年 2 月，因與廈門大學校方意見不合而離開廈門。3 月，因受武漢國民政府外交部長陳友仁革命外交的感召，到武漢任外交部秘書。8 月時，因「對那些革命家感到膩煩」，[63]於是離開政府，前往上海。1928 年 5 月 31 日，英文《中國評論》（*The China Critic*）週報在上海創刊。一年半後，林語堂成為《中國評論》週報最重要的撰述人兼專欄作家。這時，國立中央研究院剛成立，院長為蔡元培，他任命林語堂為其英文主編，於是林語堂開始在中研院工作。

1928 年 12 月，林語堂的處女作《翦拂集》由上海北新書局出版，收 1924 到 1926 年間所作雜文共 29 篇，顯示出年輕時代革命左傾的一面。[64]1930 年 7 月 3 日，他開始為《中國評論週報》新闢的專欄「小評論」（*The Little Critic*）撰稿。據林語堂自述，他成為一個超然獨立的批評家是從給「小評論」寫稿開始。[65]

1932 年 9 月 16 日，林語堂創辦《論語》半月刊，並任主編，上海美術刊行社發行。《論語》雜誌提倡幽默文學，林氏遂有「幽默大師」的稱呼。此雜誌當時極受歡迎，中央大學校長羅家倫對林語堂說：「我如果有什麼東西要放在大學公佈欄，我只要在《論語》刊登個廣告就可以了。」[66]《論語》發行一

[61] 林語堂：《林語堂自傳》，《林語堂名著全集》卷 10，頁 29。

[62] Bonnie S. McDougall, *Love-Letters and Privacy in Modern China: The Intimate Lives of Lu Xun and Xu Guangping* (New York: Oxford University Press, 2002), p. 43.

[63] Lin Yutang, *Memoirs of an Octogenarian*, p. 64.

[64] 吳興文、秦賢次：〈「當代作家研究資料彙編」之一・林語堂卷（五）〉，《文訊》，25 期（1986 年 8 月），頁 258。

[65] Lin Yutang, *Memoirs of an Octogenarian*, p. 69.

[66] Lin Yutang, *Memoirs of an Octogenarian*, p. 58. 據林語堂的回憶，《論語》雜誌的銷量為每星期 27000

年多後，由於林語堂與發行人邵洵美意見不合，故辭去主編職務。所以自第 28 期起，《論語》改由陶亢德主編，而林語堂仍為主要撰稿人。《論語》自第 85 期起改由郁達夫、邵洵美主編，自第 106 期由邵洵美主編，直到 1937 年 8 月出至第 117 期，因抗日戰爭爆發後上海動盪才停刊。

1932 年 12 月 29 日，中國民權保障同盟正式成立，主席為宋慶齡，副主席為蔡元培，總幹事為楊銓，宣傳主任為林語堂。林語堂且為領導機構中央執行委員會委員之一。

1933 年 2 月 17 日，蕭伯納（George Bernard Shaw）在環遊世界途中來到上海停留一日，[67]受到中國文化界隆重的歡迎，林語堂也是接待的人士之一。[68]為了紀念此日，林語堂特地在 1933 年 3 月 1 日《論語》第 12 期出了迎蕭專號。事實上在接受《紐約時報》專訪時，林語堂即提到影響他的英語作家為蕭伯納。[69]

林語堂在辭去《論語》主編之後，邀集同人於 1934 年 4 月 5 日創辦《人間世》小品文半月刊，由林語堂主編，徐訏、陶亢德任執行編輯，上海良友圖書公司發行。後來因為編輯部與發行部意見不合，1935 年 12 月 20 日出至第 42 期後停刊。

《人間世》停刊前 3 個月，林語堂已經另辦一個雜誌。1935 年 9 月 16

冊。見 Robert Van Gelder, "An Interview With Doctor Lin Yutang," *New York Times Book Review*, May 4, 1941, p. 18. 據研究，民國時期能靠寫作為生的作家只有五人：梁啟超、魯迅、胡適、林語堂以及沈從文。見 Paul Bady, "The Modern Chinese Writer: Literary Incomes and Best Sellers," *China Quarterly*, vol. 88 (December 1981), pp. 647-648.

[67] 蕭伯納為愛爾蘭劇作家，1925 年諾貝爾文學獎得主。

[68] 關於蕭伯納在上海停留一日對中國文化界所造成的影響，見 Kay Wan-kay Li, "Bernard Shaw's Passage to China: Literary Transmission as a Process of Cultural Globalization," (Ph. D. dissertation, York University, 2000), pp. 288-313.

[69] 另一位林語堂提到影響他的英語作家為美國記者與專欄作家 Heywood Broun（1888-1939），此人林語堂在其著作中甚少提到。林語堂稱 Heywood Broun 雖不是一位被「認可」的作家，但卻對他有絕大的影響。林語堂形容他真誠（sincere）而且率直（candid）。見 Robert Van Gelder, "An Interview With Doctor Lin Yutang," *New York Times Book Review*, May 4, 1941, p. 18.

日，《宇宙風》半月刊創刊，林語堂、陶亢德主編，上海宇宙風社發行。1936年8月16日第23期起，林語堂三哥林憾廬加入為編輯。1937年11月1日第50期時改為旬刊。1938年5月1日第67期起，移廣州出版，至10月17日第77期後暫時停刊。1939年5月第78期起在桂林復刊，已由林憾廬一人編輯。第139、140兩期在重慶出版。第141期起又遷廣州，時主編名義雖列為林語堂，編輯實由林翊重、葉廣良負責。一直到1947年8月10日第152期停刊為止。[70]《論語》、《人間世》、《宇宙風》為林語堂在30年代所辦的一系列雜誌，被稱為林語堂系的刊物。

林語堂大抵自1927年以後就可稱為一個作家，[71]但他為何會在海外寫作達30年之久，[72]其中關鍵人物是賽珍珠（Pearl S. Buck）。[73]當時賽珍珠已經以《大地》（*The Good Earth*）一書聞名，她注意到《中國評論週報》「小評論」專欄中的林語堂，是她鼓勵林語堂以英文寫成其在國外成名的著作《吾國與吾民》（*My Country and My People*）。[74]《吾國與吾民》於1935年9月19日在美國出版，在該年4個月之間印了7版，登上暢銷書排行榜。林語堂也因此

---

[70] 林憾廬已於1943年在桂林逝世。《宇宙風》在他手裡時，正是最淒苦的一段，不過在抗戰期間他依然堅守崗位。見劉心皇：《現代中國文學史話》，頁591。

[71] 林語堂說：「從1927年，我就開始專心寫作了。」見Lin Yutang, *Memoirs of an Octogenarian*, pp. 64-65. 林語堂說，他為了讓外國人知曉他的名字，於是1927年開始無償為一份英文報紙寫專欄，但沒有提到是哪份報紙。見Robert Van Gelder, "An Interview With Doctor Lin Yutang," *New York Times Book Review*, May 4, 1941, p. 18. 但在萬平近看來，1927年8月離開武漢外交部後，其實只是進入從專職教授到專業作家的過渡時期。此過渡時期到1932年林語堂打出《論語》派旗號為止。見萬平近：《林語堂評傳》，頁63。

[72] 1936年赴美，1966年回臺定居。

[73] 賽珍珠（1892-1973年），1892年在美國西維吉尼亞州（West Virginia）出生，在中國長大，父親為在華長老會教士。1931年她的反映中國農民疾苦的長篇小說《大地》（*The Good Earth*）出版，1932年獲得美國普立茲獎（Pulitzer Prize）。1938年她獲得諾貝爾文學獎。有關賽珍珠與林語堂的關係討論，見Robert Shaffer, "Pearl S. Buck and the American Internationalist Tradition" (Ph. D. dissertation, Rutgers University, 2003), pp. 842-865；陳敬：〈賽珍珠與中國留學生〉，李喜所主編：《留學生與中外文化》（天津：南開大學出版社，2005年8月，初版），頁730-741。

[74] 其中經過見Pearl S. Buck, introduction to *With Love and Irony*, by Lin Yutang (New York: John Day Co., 1940), pp. ix-x.

書成為國際聞名的作家。[75]林語堂曾為自己做了一副對聯：「兩腳踏東西文化，一心評宇宙文章。」[76]有人評論他最大長處是「對外國人講中國文化，而對中國人講外國文化。」這原本是侮辱的話語，但林語堂卻認為這評語是真的。[77]自本書出版之後，林語堂的下半生可說自此步入「兩腳踏東西文化」的國際知名作家。在林語堂那個時代，談中國文化談得極好的國學大師大有人在，其論著有的被譯成了英文，卻並沒有引起林語堂那樣的轟動。原因在於這些大師是用中國人的文化心理談中國的文化，經過翻譯又使原著打了折扣，西方人難以接受，即使接受，也難以共鳴。林語堂則相反。他順應西方人的文化心理，用西方最為流行的英語，向西方人介紹中國文化。即使是介紹中國的古典短篇小說，也按西方人的胃口加以改編，再創作，《中國傳奇》（*Famous Chinese Short Stories*）就是如此。[78]

因為《吾國與吾民》使得林語堂在美國非常出名，賽珍珠因此建議他到美國寫作和講演，最後林語堂終於決定到美國專心從事寫作。[79]1936 年 8 月 10 日，林語堂全家搭船離開上海前往美國，最後定居於紐約。[80]1937 年 11 月，

---

75 林太乙：《林語堂傳》，《林語堂名著全集》卷 29，頁 140。

76 林語堂：〈雜說〉，《行素集》，《林語堂名著全集》卷 14，頁 39。

77 林語堂：《林語堂自傳》，《林語堂名著全集》卷 10，頁 31。

78 梅中泉：〈《林语堂名著全集》總序〉，林語堂著，張振玉譯：《京華煙雲（上）》，《林語堂名著全集》卷 1，梅中泉序頁 10-11。

79 林語堂赴美定居的原因，有一說稱他因為沒有被聘為立法委員，自尊心受到極大的損害，所以決定去美國，見施建偉：《林語堂在大陸》，頁 361-362。另一說稱因為林語堂看到中日必戰，所以逃到美國，見章克標：〈林語堂在上海〉，原載《文匯月刊》，1989 年 10 月號，收入施建偉編：《幽默大師——名人筆下的林語堂・林語堂筆下的名人》，頁 73。還有稱可能是為擺脫左派的糾纏而赴美的，見劉炎生：《林語堂評傳》（南昌：百花洲文藝出版社，2010 年 3 月，再版），頁 127。不過一開始林語堂似乎沒有久留美國的打算，因為出國前他還替他女兒買學校規定的課本，預備一年之後回國時她們可以插班。林語堂全家當初出國買的來回船票本來就是期限 1 年，之所以在 1 年後沒有回國是因北平被日軍佔領，無法回去。見林太乙：《林家次女》（上海：學林出版社，2001 年 6 月，初版），頁 68；林太乙：《林語堂傳》，《林語堂名著全集》卷 29，頁 141-142，155。據當時報載，林語堂到美國從事寫作預定只有一年。見"Dr. Lin Yutang Going To U. S. On Monday," *China Press (Shanghai)*, Aug 9, 1936, p. 9.

80 施建偉：《林語堂在大陸》，頁 365。依照秦賢次、吳興文編的〈林語堂年表〉，林語堂是在 1936

林語堂的《生活的藝術》(*The Importance of Living*)出版。1938 年在《紐約時報》(*New York Times*)每週暢銷書排行榜上，連續高居第一名有 52 週之久。此書也是林語堂所有著作中，譯本最多、銷路最廣的作品。[81]1939 年 11 月，長篇小說《京華煙雲》(*Moment in Peking*)出版。此書為林語堂最引以為傲的作品，日後且被推薦為諾貝爾文學獎的候選作品。《京華煙雲》和 1941 年出版的長篇小說《風聲鶴唳》(*Leaf in the Storm*)，再加上 1953 年的長篇小說《朱門》(*The Vermilion Gate*)，稱為林氏三部曲。[82]

1943 年 7 月，林語堂的政論集《啼笑皆非》(*Between Tears and Laughter*)出版，以抨擊中國對日抗戰時英美的遠東政策破題，書中說「在我國與日本作殊死戰時，誰打中國的耳光，就同有人伸手打我一樣。」林語堂敘述了他被打了六次耳光。[83]在抗戰期間林語堂有兩次回到中國。第一次在 1940 年 5 月，林語堂全家從美國到重慶居住，一直到 8 月才離開；第二次在 1943 年 10 月，林語堂未攜家人獨自抵達重慶，一直到 1944 年 2 月左右才回美國。在晚年的自傳中，林語堂痛斥史迪威(Joseph W. Stilwell)「就像個獨裁暴君一樣」，「我為中國流淚」。[84]1944 年，林語堂的抗戰遊記《枕戈待旦》(*The Vigil of a*

年 8 月 1 日搭船出國，見吳興文、秦賢次：〈「當代作家研究資料彙編」之一・林語堂卷（七）〉，《文訊》，27 期（1986 年 12 月），頁 215。不過 8 月 1 日似乎是不對的。因為據施建偉提供的資料，8 月 9 日還有一場爲林語堂夫婦辦的大型歡送會，見同書，頁 364～365。據筆者調查，秦賢次、吳興文的錯誤可能來自林太乙的錯誤記憶，因為在《吾家》(*Our family*)中，她自述是在 8 月 1 日離開上海，見 Anor Lin 林太乙, "The Day We Left Shanghai," in *Our family*, by Adet Lin 林如斯 and Anor Lin 林太乙 (New York: John Day Co., 1939), p. 69. 據當時報載，林語堂全家搭船出國的日期為 8 月 10 日，見"Dr. Lin Yutang Going To U. S. On Monday," *China Press (Shanghai)*, Aug 9, 1936, p. 9.

[81] 吳興文、秦賢次：〈「當代作家研究資料彙編」之一・林語堂卷(七)〉，《文訊》，27 期，頁 217-218。

[82] 這三部曲的說法出自 Lin Yutang, *Memoirs of an Octogenarian*, p. 82.《京華煙雲》和《風聲鶴唳》的人物和故事有某些連續性，但《朱門》則完全是一個獨立的故事。至於為何列《朱門》為三部曲之一，大概是林語堂後來回顧以前的作品時，覺得這三部小說寫得最好。見萬平近：《林語堂評傳》，頁 246。

[83] Lin Yutang, *Between Tears and Laughter* (New York: John Day Co., 1943), pp. 1-3.

[84] Lin Yutang, *Memoirs of an Octogenarian*, pp. 71-72. 史迪威（Joseph Warren Stilwell, 1883-1946 年），1942 年任中印緬戰區美軍司令官兼以蔣介石為統帥的中國戰區統帥部參謀長。

Nation）出版，內容褒獎重慶政府的政績和戰績，引起美國親共份子的不快，斯諾（Edgar Snow）更是把林語堂罵得一文不值，[85]連賽珍珠也對林語堂懷疑起來了。[86]在第一次回國時，林語堂接受了蔣介石「侍從室顧問」的頭銜，[87]這雖然只是方便起見，他也從來沒有領過薪水，[88]但也表明他信賴蔣介石政府。[89]連當時美國駐華大使高思（Clarence E. Gauss）自重慶向美國政府報告時也說：「這股反共宣傳似乎『官方上』由在美國的林語堂與魏道明所遵守」。[90]

1954 年，林語堂接受新加坡南洋大學當局的邀請，出任首任校長並協助建校事宜，但隔年即因左派策動反對下辭職。[91]林語堂於辭職後接受《紐約時報》訪問時表示，新加坡許多中國學校受到北京政府派來的職業學生威脅恐嚇，北京政府並且「下令林語堂要滾」。[92]

---

[85] 斯諾（Edgar Snow, 1905-1972 年），美國著名作家和新聞記者。1928 年來華，任上海《密勒氏評論報》（*The China Weekly Review*）特約記者。1936 年訪問陝北革命根據地，受到毛澤東、周恩來等接見。次年寫成《西行漫記》（*Red Star over China*），報導了中共領導的革命鬥爭和紅軍長征，在全世界產生了重大影響。

[86] 林太乙：《林語堂傳》，《林語堂名著全集》卷 29，頁 198。斯諾批評林語堂的文章見 Edgar Snow, "China to Lin Yutang," *Nation (New York)*, vol. 160, no. 7 (February 17, 1945), pp. 180-183; Edgar Snow, "China to Lin Yutang—II," *Nation (New York)*, vol. 160, no. 13 (March 31, 1945), p. 359. 林語堂的回覆見 Lin Yutang, "China and Its Critics," *Nation (New York)*, vol. 160, no. 12 (March 24, 1945), pp. 324-327.

[87] 「軍事委員會委員長侍從室」為蔣介石處理黨政軍各項事務的近隨辦事機構。

[88] 在 1940 年以前，林語堂中華民國護照上的「遊客簽證」使得他每 6 個月就要離開美國一次，現在有「官員簽證」就方便多了。見林太乙：《林語堂傳》，《林語堂名著全集》卷 29，頁 176。

[89] 萬平近：《林語堂評傳》，頁 190。

[90] The Ambassador in China (Gauss) to the Secretary of State, Chungking, May 18, 1944, in *Foreign Relations of the United States, Diplomatic Papers 1944*, 7 vols. (Washington, D. C.: Government Printing Office, 1967), 6 (China), p. 425. 魏道明時任中國駐美大使。

[91] 此事經過可見 Lin Yutang, "How a Citadel for Freedom Was Destroyed by the Reds, " *Life (New York)*, vol. 38, no. 18 (May 2, 1955), pp. 138-140, 142, 145-146, 148, 153-154；林太乙：《林語堂傳》，《林語堂名著全集》卷 29，頁 233-242。近年學者對此事件的研究，見利亮時：〈陳六使辦學的頓挫："林語堂事件"〉，《陳六使與南洋大學》（新加坡：南洋理工大學中華語言文化中心，2012 年 10 月），頁 83-117。

[92] "Lin Yutang, Quitting Singapore, Says Red Terror Rules Schools," *New York Times*, April 18, 1955, p. 4.

自1936年出國寫作以來，林語堂已是著作等身，不過都是以英文發表。這個情況一直持續到1965年時，因受中央通訊社社長馬星野的懇請，以「無所不談」為專欄的名稱，從2月開始替中央社寫文章。這是在中斷30年後，重返中文的寫作。[93]1966年，林語堂72歲，在6月時正式來臺灣定居，在陽明山上租房子。後來蔣介石表示要替他在陽明山上建一棟房子，林語堂接受了，並親自設計建築。這是他生平第一次接受政府的恩惠。[94]蔣介石又請林語堂任考試院副院長，不過林語堂婉拒了。[95]林語堂來臺定居或有多種原因，但其濃厚的民族之情和鄉土之情必是一重要因素。林語堂是漳州人，臺灣許多人的祖籍都是閩南泉州和漳州一帶，所以臺灣讓他倍感親切。香港雖然是個物質生活很好的地方，但在殖民地的土地上，他總覺得情調有些不對。[96]林語堂又說：「許多人勸我們入美國籍，我說，這兒不是落根的地方，因此，我們寧願年年月月付房租，不肯去買下一幢房子。」[97]他在寫來臺以後的快事24條中有兩條是這樣的：「初回祖國，賃居山上，聽見隔壁婦人以不乾不淨的閩南語罵小孩，北方人不懂，我卻懂。不亦快哉！」「到電影院坐下，聽見隔座女郎說起鄉音，如回故鄉。不亦快哉！」[98]

1969年7月21日，「中華民國筆會」舉行會員大會，[99]推選林語堂繼羅家倫擔任會長。

不過依周兆呈的研究，「沒有直接的證據顯示共產主義滲透或控制南大」。而且事實上，新加坡英國殖民政府十分擔憂南洋大學成立後受到共產主義滲透和控制，故林語堂的到任，減低了殖民政府對南洋大學的政治憂慮。見周兆呈：《語言、政治與國家化：南洋大學與新加坡政府關係（1953-1968）》（新加坡：南洋理工大學中華語言文化中心，2012年10月，初版），頁83。

[93] 林語堂：《無所不談合集》，《林語堂名著全集》卷16，〈序言〉，序頁1。

[94] 林太乙：《林語堂傳》，《林語堂名著全集》卷29，頁271。

[95] 林太乙：《林語堂傳》，《林語堂名著全集》卷29，頁271。

[96] 不著撰人：〈林語堂昨抵臺〉，《聯合報》，臺北，1966年6月5日，版2。

[97] 黃肇珩：〈林語堂歸去來兮〉，《聯合報》，臺北，1966年6月27日，版3。

[98] 林語堂：〈來臺後二十四快事〉，《無所不談合集》，《林語堂名著全集》卷16，頁460-461。

[99] 「筆會」是英文PEN的意譯，由英文Poets、Essayists和Novelists三個字首合成。

1972 年 10 月，林語堂視為其寫作生涯的巔峰之作《林語堂當代漢英詞典》由香港中文大學出版。[100]這個編纂漢英詞典的工作是由香港中文大學贊助的。1967 年春，林語堂受聘為中文大學的研究教授，主持詞典的編纂工作，歷時 5 年後編成。詞典完成之時，他高興的向女兒林太乙說：「我工作完畢了！從此我可以休息了！」[101]

1975 年，林語堂 81 歲。11 月 16 日，世界筆會第 40 屆大會在奧地利首都維也納舉行。本屆大會推舉林語堂為國際筆會副會長，這是除印度光詩南、日本川端康成外，亞洲作家中獲得此職位的第三人。在這次大會上，林語堂獲「推薦」諾貝爾文學獎。[102]

---

[100]傅一勤在評論《林語堂當代漢英詞典》時，對於詞典中為中文的複音詞標明詞類這項創舉表示佩服。（如「解決、答應」為動詞，「社會、文化」為名詞）但傅一勤也批評道，中文的「四字成語」在詞典中僅給予字面直譯的例子甚多，「像這樣照字面直譯，從實用的角度上說，等於沒有翻譯」。見傅一勤：〈淺評林語堂《當代漢英詞典》〉，原載《中外文學》，2 卷 4 期（1973 年），收入《傅一勤中英語言學論文集》（臺北縣：輔仁大學出版社，2004 年 11 月，初版），頁 293, 296。

[101]林太乙：《林語堂傳》，《林語堂名著全集》卷 29，頁 300。

[102]林語堂獲諾貝爾獎提名情況見下表：

表 1　林語堂獲諾貝爾獎提名年份

年份	提名人	被提名人
1940	賽珍珠，斯文・赫定（Sven Hedin）	林語堂
1950	賽珍珠	林語堂

資料來源：諾貝爾獎官方網站（“Nomination Database-Literature”. Nobelprize.org. Nobel Media AB 2013. Web. 7 Nov 2013. <http://www.nobelprize.org/nomination/archive/literature/nomination.php?string=yutang&action=simplesearch&submit.x=0&submit.y=0>）

依諾貝爾獎規定，被提名人名單保密 50 年，所以按目前官方網站可查的資料庫（1901-1950 年），林語堂一共被提名過兩次。至於 1950 年後林語堂又多次被作家團體向諾貝爾委員會「推薦」（to submit proposals）諾貝爾獎，但是否成為「被提名人」（nominee）則不得而知。例如 1975 年時，林語堂被推舉為國際筆會（PEN International）副會長，並於此年獲「推薦」諾貝爾獎，林太乙說林語堂此年「被提名為諾貝爾文學獎候選人」，並無根據。見林太乙：《林語堂傳》，《林語堂名著全集》卷 29，頁 300。國際筆會中華民國分會於 1972 年也曾推薦林語堂角逐諾貝爾獎，推薦信由彭歌撰寫。不過彭歌在回憶此事時還是稱此推薦信是「提名函件」，這整個過程是林語堂「提名諾貝爾經過」，可見其與林太乙的認知都是「凡獲推薦等同獲得提名」，這當然不是正確的。彭歌推薦信函的全文可見彭歌：〈林語堂、筆會與東西文化交流〉，《回顧林語堂：林語堂先生百年紀念文集》（臺北：正中書局，1994 年，初版），頁 67-70。

1976 年 3 月 26 日，晚上 10 點 10 分，林語堂逝世於香港，享年 82 歲。4 月 1 日，安葬於陽明山仰德大道住所後院。《紐約時報》的訃聞中說：

> 林語堂，這位詩人、小說家、歷史家和哲學家，他在向西方人解釋有關他的同胞與他們國家——這塊偉大又悲慘的土地——的習俗、渴望、恐懼和想法上，這些方面是無人能比的。[103]

林語堂在國外時曾跟他的女兒說：

> 你們在外國不要忘記自己是中國人。外國人的文化與我們不同。你可以學他們的長處，但絕對不要因為他們笑你與他們不同，而覺得自卑，因為我們的文化比他們的悠久而優美。無論如何，看見外國人不要怕，有話直說，這樣他們才會看得起你。[104]

這些話，林太乙一直沒有忘記。

二、林語堂在 1930 年代政治傾向的爭議

林語堂在 1930 年代時（對日抗戰前），他的政治傾向到底是左還是右，曾有不少人討論過，茲舉出較有代表性的說法如下。

1971 年，劉心皇在臺灣第一部依歷史脈絡系統敘述現代中國文學的著作《現代中國文學史話》中，論及 1930 年代的文學時，花了 3 章的篇幅討論林

---

[103] "Lin Yutang, Scholar-Philosopher, Dies," *New York Times*, March 27, 1976, p. 28.

[104] 林太乙：《林家次女》，〈序〉，序頁 1。

語堂。[105]劉心皇認為，林語堂的文學觀和文學表現要放在當時的社會政治環境下才能被充分理解。劉心皇說，1930 年代的中國實在令人感到苦悶，面對著日本侵略，民間瀰漫著一股無助感；這種無助感又因國民政府對民眾表達政治意見的壓制而惡化。就是在這種苦悶的環境下，林語堂於焉崛起，提倡幽默、性靈文學、小品文、語錄體、閒適等。經過這些提倡，林語堂宣稱保持一個中立的態度，既不左也不右。但這只是個烏托邦的夢想，因為林語堂所生活的時代是高度被政治化的，它被分割成國民政府的右派和共產黨的左派。對右派來說，林語堂譏評和諷刺政府的文章，雖然帶來麻煩和困擾，但比起直接狠毒攻擊的左派作家來說，有小巫見大巫之別。就是因為這樣，政府才會容忍《論語》、《人間世》、《宇宙風》這些林語堂在 1930 年代辦的雜誌的存在。但對左派來說，這種遠離黨派政治且僅限於溫和隱晦的社會批評的這種姿態，已經是一種對左派不利的政治行為，因為左派的興趣就是在挑起因不滿而產生的政治熱情。在左派心目中，一切均服務於政治，在當時政治鬥爭激烈化之際，竟有人標榜遠離黨派政治，便認為係右派之一支了。林語堂當然也對左派加以挖苦，作為回敬。但對於政府，林語堂雖然露出一種狂妄的樣子，而在實際表現上，是僅止於幽默和諷刺，並不想進一步如何如何。至於林語堂的反左派，正為右派所喜，認為林語堂站在民間立場反左派，還比較有力量些。所以劉心皇總結林語堂的政治傾向為——「中間偏右」。[106]

在中國大陸方面，王瑤在 1951 年出版《中國新文學史稿》上冊，在「左聯十年（1928-1937）」時期的「思想鬥爭」一節中，只給林語堂僅僅兩頁的敘述，其中還包括了 3 段魯迅長長的引言。[107]在書裡林語堂被視為由魯迅領

---

[105] 這 3 章是〈關於「幽默、風趣、諷刺、輕鬆」之類〉、〈再談林語堂系的刊物〉、〈三談林語堂系的刊物〉。見劉心皇：《現代中國文學史話》，頁 571-613。

[106] 劉心皇：《現代中國文學史話》，頁 596-597, 611-612；Suoqiao Qian 錢鎖橋, Liberal Cosmopolitan: Lin Yutang and Middling Chinese Modernity, p. 76.

[107] 王瑤：《中國新文學史稿》冊上（北京：開明書店，1951 年 9 月，初版），頁 166-167。

導的左翼陣營所發起的 3 個主要思想鬥爭的目標之一，[108]且他的「小品文」被魯迅視為對社會有麻醉效果的「小擺設」，但是在這時候他還沒有被貼上任何政治標籤。不過在接下來的數年裡，林語堂被貼上「反動買辦資產階級作家」的標籤，他的「論語派」被視為「反動文學派」，他的雜誌被視為「反動文學雜誌」。[109]

在「後毛澤東時期」的 1987 年，萬平近在其著作《林語堂論》中開始對林語堂的評論進行翻案研究。萬平近認為，雖然林語堂不是個重要的作家，但還是一個值得討論的作家。[110]他的著作絕非偉大的文學作品，但至少他寫得勤奮且寫得很多。[111]另外，林語堂在政治上有逐漸走向歧路的現象；[112]當他是魯迅的朋友時，他是個政治上進步的作家。當魯迅開始批評他的時候，他在中間旗號之下向「右」轉，變成了一個與左翼陣營截然相反的頑固資產階級作家。總之，林語堂的政治傾向是——逐漸的「在中間旗號之下從左到右的改變」。[113]

這些所謂「修正主義」的批評家已經嘗試用一種更「開放」的態度，造成了在評論林語堂上的一股修正主義風潮。雖然仍束縛於馬克思歷史唯物論，這些批評家不僅是已嘗試質疑林語堂自 1949 年來的評價定位，且質疑自 1930 年代以來左翼陣營對林語堂的定位。

1979 年時，陳金淦發表了〈評「論語派」〉一文。文中陳金淦力辯把《論

[108] 第一個是與「民族主義文藝運動」，第二個是與「自由人」、「第三種人」，第三個是與「《論語》派」。見王瑶：《中國新文學史稿》冊上，頁 160-168。

[109] Suoqiao Qian 錢鎖橋, *Liberal Cosmopolitan: Lin Yutang and Middling Chinese Modernity*, pp. 10-11.

[110] 萬平近：《林語堂論》，〈序〉，頁 2。

[111] 萬平近：《林語堂論》，頁 241。

[112] 萬平近：《林語堂論》，頁 49-50。

[113] 萬平近：《林語堂論》，頁 84，122-123。錢鎖橋批評說，在「實事求是」的方法下，萬平近在書中提供了許多先前被忽略的傳記和歷史資料，給許多圍繞林語堂一生作品和行事上的爭議一個充分與「較公平」的對待。但萬平近所提供的「事實」結果只是用來支持事先已被假定的馬克思歷史唯物論，並以之當作全書的批評架構。見 Suoqiao Qian 錢鎖橋, *Liberal Cosmopolitan: Lin Yutang and Middling Chinese Modernity*, p. 12.

語》派劃歸「反動的文學派別」有幾點說不通之處；第一，林語堂跟中國共產黨與左翼作家有許多友好和合作的關係。他是中國民權保障同盟的一員，且幫助拯救一些繫獄的革命者。在 1935 年時，他和許多左翼文學團體一起簽署〈我們對於文化運動的意見〉的聯合聲明，此聲明公開詆毀由國民政府發起的新生活運動。1936 年 10 月，為響應中國共產黨關於建立抗日民族統一戰線的號召，林語堂又跟魯迅、郭沫若、茅盾等 20 位文藝界的著名人士一起，簽名發表〈文藝界同人為團結禦侮與言論自由宣言〉。魯迅雖不喜歡「幽默」，但並不反對它，事實上他是給林語堂的雜誌寫了許多篇文章。且他至少公開稱許《論語》對蕭伯納來訪所做的專號。

第二，在林語堂所辦的雜誌《論語》、《人間世》、《宇宙風》中，多達約 40 位左翼和進步作家在上面寫文章，包括魯迅、郭沫若、阿英、茅盾、郁達夫和老舍等。郭沫若自傳性的長篇回憶錄《海外十年》和《北伐途次》以及〈關於日本人對中國人的態度〉、〈達夫的來訪〉和〈由日本回來了〉等文，都是在《宇宙風》上刊出的。當時蔣介石還沒有解除對郭沫若的「通緝」，敢於發表他的文章，是要有膽量和氣魄的。另外，在林語堂的不少文章中，談及左派批評他們時，往往帶有委屈情緒。他一再嘟囔：「吾喜袁中郎，左派不許我喜袁中郎」(《宇宙風》第 1 期)；「左派看定『閒適』二字就定其消閒之罪，猶如四川軍閥認《馬氏文通》為馬克斯遺著」一樣(《宇宙風》第 7 期)。因此，陳金淦提出了質問：「『論語派』有時所以反對共產黨和左翼文藝運動，當然主要由他們的階級屬性和階級立場決定，但是，是否也有某些左翼作家受『左』傾路線的影響，在策略上犯有錯誤，沒有採取又團結又鬥爭的正確方針，在對他們批評鬥爭中有過火或簡單化的傾向呢？」[114]

第三，林系刊物刊登批評國民政府的文章比那些批評左派人士的文章多，特別是林語堂的評論文章，常常是一針見血。在暴露國民政府統治下的

---

[114]陳金淦：〈評「論語派」〉，《徐州師範學院學報》，3 期（1979 年），頁 4。陳金淦對「《論語》派」的定位是「民族資產階級」（即自由資產階級）的自由主義文人。他說：「怎麼能把他們跟胡適之流的反動買辦文人一樣當敵人看待呢？」見同書，頁 8, 11。

惡劣情況這方面，林語堂尖銳的諷刺批評可說是完全站在左聯和共產黨那一邊。所以，陳金淦作結論說，林語堂和他的《論語》派「正因為動搖於左右兩面，所以他們既有左派的朋友，也有右派的知己。而且在民族矛盾上升的特殊條件下，在他們的左右搖擺中可能會向左靠得更近一點，左派的朋友可能會更多一點。」[115]

另外一位修正主義評論者是施建偉。他舉出了《申報》在 1934 年 7 月 26 日，由「微風文藝社」刊登的一封「聲討魯迅林語堂」譴責信（筆者按：見第四章第二節之一），然後施建偉辯稱：「當年上海有一個所謂『微風文藝社』——他們才是貨真價實的『反動文人』，文化圍剿的參加者——居然認為林語堂和魯迅一樣，是他們推行反革命文化政策的障礙。……這個反面的例證，正好說明了林語堂的文學活動是不利於國民黨統治的，所以御用文人們才會把魯迅林語堂相提並論，同時進行『聲討』。」[116]

對修正主義評論者而言，林語堂的政治態度實際上是——「中間偏左」。

這個修正主義的潮流不是沒有受到挑戰。在一篇 1991 年刊登，名為〈關於「論語派」和左翼文藝陣營批判「論語派」的歷史估價問題〉的文章中，作者黃建國覺察到這麼一個修正主義的傾向，所以他又嘗試把林語堂放回「右傾」的軌道上。黃建國提醒我們，「馬克思主義唯物論告訴我們，評價任何事物的性質和作用，要看決定事物的主要成分。判斷一個作家和一個流派的性質和作用，應當看他們的言行和創作實踐所產生的社會效果。」[117]有關楊銓弔唁儀式的誤解並不能推翻林語堂作為一個資產階級作家全面的意識型態傾

---

[115]陳金淦：〈評「論語派」〉，《徐州師範學院學報》，3 期，頁 8。Suoqiao Qian 錢鎖橋, Liberal Cosmopolitan: Lin Yutang and Middling Chinese Modernity, p. 14.

[116]施建偉編：《林語堂代表作》，〈前言〉（鄭州：河南人民出版社，1990 年 1 月，初版），頁 13。「微風文藝社」在萬平近的《林語堂論》也有提到，但把它的譴責信解釋為「微風文藝社」對林語堂政治態度本質的疏於觀察而引起的誤解。（因為林語堂已經漸漸右傾）見萬平近：《林語堂論》，頁 82-83。

[117]黃建國：〈關於「論語派」和左翼文藝陣營批判「論語派」的歷史估價問題〉，《天津師大學報》，2 期（1991 年），頁 66。

向。[118]儘管林語堂有寫政治的諷刺文章，但在其刊物的大多數文章是與政治無關的美學「小品文」，關心的是「幽默」、「性靈」或「閒適」，整體上產生了一個負面的社會效果。由左聯對林語堂發起的批評運動也不是一個戰略上的錯誤，因為「無產階級文學如果不同包括『論語派』在內的資產階級文藝思潮作鬥爭，自身也不可能發展。」[119]黃建國在結論時作了個警告：「糾正『左』的錯誤的過程中，又出現了否定或貶低左翼文藝運動戰鬥傳統的傾向。這是值得現代文學研究者注目的不良苗頭。」[120]

錢鎖橋則認為，1930 年代林語堂是個不左不右走中間路線的獨立作家，他與政治的關係是「雖牽涉但遠離」（engaged but distanced）的。錢鎖橋說，林語堂的政治態度最好被稱作「幽默的」。這個去政治化（de-politicization）的幽默姿態，充分認清文學與社會政治的關聯性，但同時也拒絕接受個人的文學和文化生活受政治全盤的籠罩。對照起右派的新聞檢查和左派對異己的撻伐，林語堂的態度顯然是兼容並蓄的，這可以從林語堂所辦雜誌的投稿者身分看出來；這些人有右派、左派、中間派、民族主義派、共產主義派、無政府主義派、進步派等。《人間世》曾登過宋美齡所寫的極右派文章〈記遊匪區〉（“Fighting Communists in China”），[121]但也有許多左派重要份子的投稿者如魯迅、郭沫若、阿英、徐懋庸等。值得一提的是，郭沫若自傳性的長篇回憶錄《海外十年》和《北伐途次》都是在《宇宙風》發表的。那時候不僅郭沫若的通緝還沒取消，重點是左聯已經開始對林語堂進行圍剿。所以有時候

---

[118]林語堂沒有出席楊銓的入殮儀式這件事，曾引起魯迅極大的不滿。魯迅把這個不滿說給馮雪峯聽，（筆者按：見第四章第二節）馮雪峯也在回憶魯迅的文字中記錄這件事。這些回憶在 1949 年後廣泛流傳於中國大陸，林語堂遂給人一個膽小的印象。不過後來倪墨炎寫文章澄清說，林語堂事實上出席了另外一次楊銓的下葬儀式，這樣還算是好的。

[119]黃建國：〈關於「論語派」和左翼文藝陣營批判「論語派」的歷史估價問題〉，《天津師大學報》，2 期，頁 66。

[120]黃建國：〈關於「論語派」和左翼文藝陣營批判「論語派」的歷史估價問題〉，《天津師大學報》，2 期，頁 68。

[121]宋美齡著，張沛霖譯：〈記遊匪區〉，《人間世》，25 期（1935 年 4 月 5 日），頁 30-34。

在同一期的《人間世》，可以看見林語堂反擊左派的文章，但同時也登有阿英或徐懋庸的文章。當然，在林語堂所辦的刊物中，投稿者大部份都是沒有強烈政治傾向的作家，如老舍的《駱駝祥子》首先就是在《宇宙風》上連載的，這其實就是一個去政治化的宣示。因此，面對來自左右的壓力，林語堂所不能讓步的是「多元」(pluralism)的原則。[122]

錢鎖橋爭辯道，這並不是說林語堂這種幽默的社會政治批評方式比左派的激烈批判政府有效。但至少正是這種幽默風格，讓林語堂有不必為任何人「捧場」的自由，(遺憾的是魯迅必須這麼做)也有些批評社會的空間，雖然是有限度的空間。林語堂並不是反對某些「正經的」文學須在文壇佔有主要地位，但他認為應該要給幽默小品文存在的空間，因為現代文化生活是多元的，不該被縮減到只剩下政治而已。林語堂也不是反對文學應反映出窮人的苦痛，就如那些「普羅」作家宣稱是他們的代言人一樣。林語堂的態度只是如他在一首詩中所說的：「生來原喜老百姓，偏憎人家說普羅。」[123]正是因為左派發明了「普羅」這個詞，並且宣稱為其唯一代言人的這種態度，讓林語堂絕不肯讓步，因為這正違反了「寬大」的多元原則。[124]就像林語堂所提醒我們的：「以前林琴南、辜鴻銘、胡適之、陳獨秀同在北大講學，因此令人嘆北京大學之偉大，便只是這個寬大自由道理。」[125]

---

[122] Jun Qian, "Lin Yutang: Negotiating Modernity Between East and West," pp. 51, 53, 54-55.

[123] 林語堂：〈《四十自敘詩》序〉，《無所不談合集》，《林語堂名著全集》卷16，頁502。此詩原刊於《論語》。見林語堂：〈四十自敘〉，《論語》，49期(1934年9月16日)。

[124] Jun Qian, "Lin Yutang: Negotiating Modernity Between East and West," pp. 56-57, 59-60. 錢鎖橋指出，林語堂在1930年代上海時期的政治態度其實是「自由民族主義」。所謂「自由民族主義」就是說要自由主義，但同時也必須保障民族國家的建構、生存與發展，自由主義總是跟國家利益連結起來，在不同時期有所側重和融合。在北洋政府時期，林語堂反對北洋政府是因覺其太腐敗。但北伐以後，新的國家政權已經建立起來，首要目標是建設，所以林語堂那時的批判都是建立在剛建設起來的國民政府上，只是他認為批判是愛護它的最佳方式。但林語堂的批判和當時共產黨的批判方式不同，共產黨是與新政府誓不兩立，要繼續革命從而推翻之。見錢鎖橋：〈啟蒙與救國——胡適、魯迅和林語堂〉，林明昌主編：《閒情悠悠——林語堂的心靈世界》(臺北：遠景出版事業有限公司，2005年8月，初版)，頁124，127，129。

[125] 林語堂：〈臨別贈言〉，《拾遺集(下)》，《林語堂名著全集》卷18，頁273。本文原刊於《宇宙風》。見語堂：〈臨別贈言〉，《宇宙風》，25期(1936年9月16日)。

第三章　加入語絲社及其對重大事件的態度（1923-1926 年）

一、加入語絲社

（一）加入語絲社原因之探討

以下簡述《語絲》社團出現時的文壇概況。1923 年 9 月，林語堂受聘為北京大學英語系語言學教授。在北京大學，林語堂與許多新文學運動的健將成為同事。過不久，林語堂就加入語絲社，並且開始向《語絲》周刊投稿。

語絲社產生於「後五四運動」的混亂時期；在 1917 至 1918 年時，新文學的倡導者已經組成一個聯合戰線來對抗傳統的文言文學。但到 1920 年代，這個聯合戰線已經崩解成各個互相競爭的團體，互相各有其特有的中國或西洋文學的理念，「一個普遍的全國的文學的活動開始來到！」[1]

這些團體中，第一個或許也是最重要的一個，就是成立於 1921 年 1 月的文學研究會。該團體重要的成員包括周作人、沈雁冰（茅盾）和孫伏園。通過其機關刊物《小說月報》，著重於樹立「為人生的文學」典範，提倡現實主義，力圖以此改變社會不公的現實。[2]

---

[1] 茅盾：〈小說一集・導言〉，茅盾編選，趙家壁主編：《中國新文學大系（三）・小說一集》（臺北：業強出版社，1990 年，臺 1 版），頁 5。

[2] David Der-Wei Wang 王德威, "Chinese literature from 1841 to 1937," in *The Cambridge History of Chinese Literature vol. II From 1375*, ed. by Kang-i Sun Chang 孫康宜 (New York: Cambridge University

創造社於 1921 年夏天由一群在日本的中國留學生所成立，是一個在其早年提倡文學浪漫主義的文學社團，但是後來卻轉向政治革命。它的創社社員包括郭沫若、郁達夫、張資平、成仿吾和田漢。他們成立了創造社主要是因為對文學的興趣和共同的文學理想，而不是因為政治信念。一般說來，創造社提倡「為藝術而藝術」的原則，崇拜天才，強調自我表現與創造性的寫作。創造社代表了近代中國文學運動最浪漫的趨勢，它的成員是最狂放不羈的。創造社文人的寫作，無論是郭沫若的詩，郁達夫和張資平的短篇小說，或田漢的戲劇，總是自傳體的，帶有性描述、愛與罪的自白與不羈的情緒。[3]創造社文人在近代中國文學的歷史上寫下了最生動的一頁。

1923 年，一群留學歐美的人士在北京成立新月社，活動以聚餐會與俱樂部的方式進行，主要人物是梁啟超、胡適、徐志摩、林徽因等。《現代評論》1924 年 12 月在北京創刊，該刊的編者和主要撰稿人，多為歐美留學生和北京大學教授，如胡適、王世杰、周鯁生、燕樹棠、陳源與楊振聲等。《現代評論》實可看做新月社的繼續和發展。[4]該刊地址在北京吉祥胡同，所以又被人稱為「吉祥胡同派」。

以梅光迪、吳宓和胡先驌為首的學者於 1922 年在南京創辦《學衡》雜誌，他們激烈地反對新文化運動，反對廢除文言文使用白話文。章士釗也以北洋政府教育總長的身份，反對新文學。1925 年，他以復刊的《甲寅》周刊為地盤，拒絕刊登使用白話文的文章。[5]

Press, 2010), p. 470. 反對為文學研究會貼上這標籤的看法見 Michel Hockx, "The Literary Association (Wenxue yanjiu hui, 1920-1947) and the Literary Field of Early Republican China," *China Quarterly*, no. 153 (March 1998), pp. 77-78.

[3] 可參考 Christopher T. Keaveney, *The Subversive Self in Modern Chinese Literature: The Creation Society's Reinvention of the Japanese Shishosetsu* (New York: Palgrave Macmillan, 2004), pp. 38-45.

[4] 司馬長風：《中國新文學史》卷上，頁 140。

[5] 胡適：〈老章又反叛了！〉，鄭振鐸編選，趙家璧主編：《中國新文學大系（二）・文學論爭集》，頁 205-206；Bin Ye, "Searching for the Self: Zhang Shizhao and Chinese Narratives (1903-1927)" (Ph. D. dissertation, The University of California at Berkeley, 2009), pp. 193-194.

《語絲》誕生的過程是這樣的：在 1924 年 10 月間，主編北京《晨報副刊》的孫伏園因總編輯抽下魯迅的一篇作品，但卻沒告知他，遂一氣辭職。[6]而同時，周作人也離開了文學研究會。於是孫伏園和周作人集合他們周圍對創辦新雜誌有興趣的一群北大教授，於 1924 年 11 月 17 日，出版《語絲》創刊號。《語絲》社是一個並無嚴密章程和組織原則的團體，而是一群知識份子集合起來的文藝小社。[7]魯迅說：「〔《語絲》〕這刊物本無所謂一定的目標，統一的戰線；那十六個投稿者，意見態度也各不相同」。[8]這個非正式的社團包括幾位五四運動時的健將：孫伏園和其弟孫福熙、周作人、魯迅、錢玄同、散文作家俞平伯、歷史學家顧頡剛、文學改革者劉復（字半農）、章衣萍，還有林語堂。

周作人在〈語絲發刊詞〉中說：

> 我們幾個人發起這個周刊，並沒有什麼野心和奢望。……我們所想的只是想衝破一點中國的生活和思想界的昏濁停滯的空氣，我們個人的思想儘是不同，但對於一切專斷與卑劣之反抗則沒有差異。我們這個周刊的主張是提倡自由思想，獨立判斷，和美的生活。[9]

周作人認為，《語絲》的寶貴之處在「不用別人的錢，不說別人的話」。[10]林語

[6] 此事為孫伏園自述，見伏園：〈京副一週年〉，《京報副刊》，北京，1925 年 12 月 5 日，版 5-8。

[7] 朱金順：〈語絲社〉，賈植芳主編：《中國現代文學社團流派》卷上（江蘇教育出版社，1989 年 5 月，初版），頁 352。

[8] 魯迅：〈我和《語絲》的始終〉，《三閑集》，《魯迅全集》卷 4（北京：人民文學出版社，1981 年，初版），頁 166。《語絲》在開始幾期的廣告上，雖然列出了 16 個長期撰稿者，實際上有的自始至終就沒有寫過文章。

[9] 周作人：〈語絲發刊詞〉，阿英編選，趙家璧主編：《中國新文學大系（十）・史料・索引》，頁 112。

[10] 豈明：〈答伏園論「語絲的文體」〉，《語絲》，54 期（1925 年 11 月 23 日），頁 38。

堂補充一句：「甚至於不用自己的錢。」[11]魯迅概括《語絲》的特色是：「任意而談，無所顧忌，要催促新的產生，對於有害於新的舊物，則竭力加以排擊」。[12]這樣的主張，得到林語堂之認同，進而加入《語絲》陣營。林語堂自己談起《語絲》則說：「話語如散絲，絕無倫次，大家吐出欲說的話，寫出胸中磊落之氣罷了。」[13]

林語堂曾自述：「那時北大的教授們分為兩派，帶甲備戰，旗鼓相當：一是《現代評論》所代表的，以胡適博士為領袖；一是《語絲》所代表的，以周氏兄弟作人和樹人（魯迅）為首。我是屬於後一派的。」[14]林語堂任教的北大英文系，系主任乃是胡適，陳源、徐志摩等教授與林語堂一樣，都有留學歐美的文化背景，但林語堂卻還是最終選擇加入《語絲》。林語堂為何不加入《現代評論》派？林語堂說：「我接近語絲，因為喜歡語絲之放逸，乃天性使然。」[15]又說：

> 說也奇怪，我不屬於胡適集團而屬於《語絲》。我們都認為他們全是「學而優則仕」的學者，可以寫政論文章，日後準備做「政客」。我們《語絲》是抱著想說什麼就說什麼的態度，且「不說別人的話」（這是挖苦政客的話）。此風格深得我心。我們不見得必然是「自由主義者」，但都把《語絲》當作「我們意見」的私人花園。[16]

可見林語堂之所以加入《語絲》，只是因為個性相投的緣故。

---

[11] 林語堂：〈插論《語絲》的文體——穩健、罵人及費厄潑賴〉，《拾遺集（上）》，《林語堂名著全集》卷 17，頁 8。

[12] 魯迅：〈我和《語絲》的始終〉，《三閑集》，《魯迅全集》卷 4，頁 167。

[13] 林語堂：〈記周氏弟兄〉，《林語堂散文經典全編》卷 3，頁 507。

[14] 林語堂：《林語堂自傳》，《林語堂名著全集》卷 10，頁 28。

[15] 林語堂：〈記周氏弟兄〉，《林語堂散文經典全編》卷 3，頁 508。

[16] Lin Yutang, *Memoirs of an Octogenarian*, p. 60.

林語堂在《語絲》社時，在思想上是接近於魯迅；然而在 1930 年代則深受周作人文學思想的影響。事實上，這兩兄弟後來的文學風格，分別代表了在 1926 年《語絲》社瓦解後，作家們所各自選擇的兩條道路。[17]林語堂說：「周氏弟兄，趨兩極端。魯迅極熱，作人極冷。」[18]周作人在 1923 年所發表的〈地方與文藝〉中就以浙江為例，（周氏兄弟皆浙江人）說明文藝界的兩種潮流——「飄逸」與「深刻」。他說：

> 第一種如名士清談，莊諧雜出，或清麗，或幽玄，或奔放，不必定含妙理而自覺可喜。第二種如老吏斷獄，下筆辛辣，其特色不在詞華，在其著眼的洞徹與措語的犀利。[19]

周作人在 1923 年的這篇文章中，似乎就已經察覺到他們兩兄弟未來會走向這二種不同的文章風格，雖然在北伐前他倆大致是一致的。[20]所以我們似乎可以這樣說：林語堂在回國後的 1920 年代文筆特色有如「老吏斷獄」，然而在 1930 年代直到他出國前的文筆則有如「名士清談」。

（二）對國民性的探索和批判

對於林語堂文學創作活動的分期，一般廣為採用的是施建偉的看法，即是：

---

[17] Steven B. Miles, "Independence and Orthodoxy: Lin Yutang and Chinese Journalism in the Republican Era, 1923-1936," p. 16.

[18] 林語堂：〈記周氏弟兄〉，《林語堂散文經典全編》卷 3，頁 507。

[19] 周作人：〈地方與文藝〉，《周作人散文全集》卷 3（桂林：廣西師範大學出版社，2009 年 4 月，初版），頁 102。

[20] David E. Pollard, "Lu Xun's Zawen," in *Lu Xun and His Legacy*, ed. by Leo Ou-fan Lee 李歐梵 (Berkeley: University of California Press, 1985), p. 87.

一、《語絲》時期，從 1923 年到 30 年代，約 8、9 年的時間。

二、《論語》時期，從 1932 年《論語》創刊前後到 1936 年出國前後，約 5、6 年時間。

三、海外寫作時期，從 1936 年出國到 1966 年回臺灣定居，約 30 年。

四、晚年寫作時期，從 1966 年到 1976 年逝世，前後約 10 年。[21]

林語堂在《語絲》時期所寫的散文，胡風稱為「浮躁淩厲」，[22]這的確是道出了林語堂此時期的特色；郁達夫則稱林語堂在此時期為「真誠勇猛」，顯出「書生本色」；[23]更有說他在這時顯露出「革命左傾的一面」；[24]林語堂他自己則說：「當我在北平時，身為大學教授，對於時事政治，常常信口批評，因此我恆被人視為那『異端之家』（北大）一個激烈的分子。」[25]

林語堂在一開始時著重在對國民性的探索和批判。他在《語絲》上發表的第一篇文章〈論士氣與思想界之關係〉，[26]就猛烈抨擊了「老大帝國沉晦陰森之氣象」的象徵——「士氣」，認為它代表了「中國混沌思想的精神及混沌思想的人的心理特徵」。在這種落後保守的「士氣」氣氛中，任何有理想計畫的人都會被它所「軟化」，所「漸次吸收」，使「一切原有的理想如朝霧見日之化歸烏有，最後為『他們之一個』」。[27]

---

[21] 施建偉：《幽默大師林語堂》，〈前言〉（上海：上海書店出版社，1999 年 2 月，初版），頁 3。

[22] 胡風：〈林語堂論〉，原載《文學》，4 卷 1 號（1935 年 1 月 1 日），收入子通編：《林語堂評說七十年》，頁 243。

[23] 郁達夫：〈散文二集・導言〉，郁達夫編選，趙家璧主編：《中國新文學大系（七）・散文二集》，頁 16。

[24] 吳興文、秦賢次：〈「當代作家研究資料彙編」之一・林語堂卷（五）〉，《文訊》，25 期，頁 258。

[25] 林語堂：《林語堂自傳》，《林語堂名著全集》卷 10，頁 28。

[26] 林語堂：〈論士氣與思想界之關係〉，《語絲》，3 期（1924 年 12 月 1 日）。收入《翦拂集》時題目改作〈論土氣〉。

[27] 林語堂：〈論土氣〉，《翦拂集》，《林語堂名著全集》卷 13，頁 86, 89。

1925 年 3 月 12 日，孫中山在北京逝世。林語堂於是寫了一篇〈孫中山〉以玆紀念。[28]文中他提到，魯迅說今日救國的方法在「思想革命」，但林語堂覺得與其說在「思想革命」，不如說是在「性之改造」。[29]林語堂說：

〔我〕個人以為中庸哲學即中國人惰性之結晶，中庸即無主義之別名，所謂樂天知命亦無異不願奮鬥之通稱。中國最講求的是「立身安命」的道理，誠以命不肯安，則身無以立，惟身既立，即平素所抱主義已拋棄於九霄之外矣。中國人之惰性既得此中庸哲學之美名為掩護，遂使有一二急性之人亦步步為所吸收融化（可謂之中庸化），而國中稍有急性之人乃絕不易得。及全國既被了中庸化而今日國中衰頹不振之現象成矣。[30]

文末林語堂說：「要使現代惰性充盈的中國人變成有點急性的中國人是看我們能不能現代激成一個超乎『思想革命』而上的『精神復興』運動。」[31]

《新青年》元老，現在又是《語絲》派的錢玄同，在讀到林語堂的文章

[28] 林語堂：〈孫中山〉，《猛進》，5 期（1925 年 4 月 3 日）。收入《翦拂集》時題目改作〈論性急為中國人所惡——紀念孫中山先生〉。

[29] 林語堂：〈論性急為中國人所惡——紀念孫中山先生〉，《翦拂集》，《林語堂名著全集》卷 13，頁 14。

[30] 林語堂：〈論性急為中國人所惡——紀念孫中山先生〉，《翦拂集》，《林語堂名著全集》卷 13，頁 15。林語堂後來在《生活的藝術》一書中，卻稱中庸哲學是「最優越的哲學，因為這種哲學是最近人情的。」見 Lin Yutang, *The Importance of Living*, pp. 114-115. 林語堂把「中庸哲學」翻譯成「半半哲學」（philosophy of the half-and-half）。林語堂中文英文著作中這種差異的存在已引起了討論，論者指責林語堂的英語作品強化了西方社會對中國傳統和華人文化的模式化概念，這與林語堂的中文著作筆調大異，顯示其中英文著作中「認同」（identity）的差異。見 Xiao-huang Yin 尹曉煌, *Chinese American Literature Since the 1850s* (Urbana: University of Illinois Press, 2000), pp. 171-177; Xiao-huang Yin 尹曉煌, "Worlds of Difference: Lin Yutang, Lao She, and the Significance of Chinese-Language Writing in America," in *Multilingual America: Transnationalism, Ethnicity, and the Languages of American Literature*, ed. by Werner Sollors (New York: New York University Press, 1998), pp. 176-187.

[31] 林語堂：〈論性急為中國人所惡——紀念孫中山先生〉，《翦拂集》，《林語堂名著全集》卷 13，頁 15。

後，在《語絲》上發表了一篇慷慨激昂的文章〈中山先生是『國民之敵』〉以為附和。錢玄同認為孫中山大力革新的抖擻精神，是我們民族起死回生的唯一聖藥，但我們這個有祖傳痼疾的國民們，卻把孫中山當成「國民之敵」。[32]

1925 年初，林語堂和錢玄同、劉半農關於改造國民性問題的討論曾引起《語絲》讀者的注意。起因是在 1925 年 1 月 28 日，劉半農從巴黎寄給周作人一封信，信中說，他在國外讀到《語絲》時，他「最愜意的一句話」乃是周作人所說的「我們已經打破了大同的迷信，應該覺悟只有自己可靠，……所可惜者中國國民內太多外國人耳。」[33]劉半農說：

> 我在國外鬼混了五年，所得到的也只是這一句話。……
> 我們雖然不敢說：凡是「洋方子」都不是好東西，但是好東西也就太少。至少也可以說：凡是腳踏我們東方的，或者是眼睛瞧著我們東方這一片「穢土」的，其目的決不止深入地獄，超度苦鬼！[34]

劉半農在信中藉周作人的話，批評那些想用「洋方子」來救中國的人。而中國國民內的「外國人」，指的是想以西方文化觀念來改造中國國民性的中國人。錢玄同在看了這封信後，立即寫了一篇〈寫在半農給啟明的信底後面〉，（周作人又名周啟明）說道：「中國國民內固然太多外國人，卻也太多中國人。」[35]又說：

---

[32] 錢玄同：〈中山先生是『國民之敵』〉，《語絲》，22 期（1925 年 4 月 13 日），頁 1。《國民之敵》為挪威劇作家易卜生（Henrik Ibsen, 1828-1906 年）的有名劇本；故事敘述一位醫生發現了本地浴場的水裡有傳染病菌，想要去改良它。不料浴場董事會和一班股東們因為改造浴場要耗損資本，所以拼死反對。地方上又都是些沒有眼睛，只會盲從附和的人，於是這位醫生竟被市民大會宣告為「國民之敵」。錢玄同是藉此把孫中山比喻為那個醫生。

[33] 劉復：〈巴黎通信〉，《語絲》，20 期（1925 年 3 月 30 日），版 1。

[34] 劉復：〈巴黎通信〉，《語絲》，20 期（1925 年 3 月 30 日），版 1。

[35] 錢玄同：〈寫在半農給啟明的信底後面〉，《語絲》，20 期，版 3。文中「中國人」是指保守固有文明的復古派，而不是指一般的中國人。

> 我也狠愛國，但我所愛的中國，恐怕也和大同世界一樣，實際上尚未有此物，這便是「歐化的中國」……至於有些人要「歌誦」要「誇」的那個中國，我不但不愛它，老實說，我對於它極想做一個「賣國賊」。賣給誰呢？賣給遺老（廣義的）。[36]

林語堂讀了錢玄同和劉半農在《語絲》上的文章後，忍不住也寫了篇〈給玄同的信〉。[37]文中說「中國國民內太多外國人」這種看法只可當為「謬論」。[38]又說：

> 今日談國事所最令人作嘔者，即無人肯承認今日中國人是根本敗類的民族，無人肯承認吾民族精神有根本改造之必要。......然弟意既要針砭，消除，切開，閹割，何不爽爽快快行對症之針砭術，給以根治之消除劑，施以一刀兩斷猛痛之切開，治以永除後患劇烈的閹割。今日中國政象之混亂，全在我老大帝國國民癖氣太重所致，若惰性，若奴氣，若敷衍，若安命，若中庸，若識時務，若無理想，若無熱狂，皆是老大帝國國民癖氣，而弟之所以信今日中國人為敗類也。欲一撥此頹喪不振之氣，欲對此下一對症之針砭，則弟以為唯有爽爽快快講歐化之一法而已。[39]

林語堂在文章中激烈的回應了錢玄同所說的「歐化的中國」，言語之偏激令人驚訝。不過，放在當時歷史的大環境中來考察，林語堂、錢玄同們的驚人之

---

[36] 錢玄同：〈寫在半農給啟明的信底後面〉，《語絲》，20 期，版 4。

[37] 林語堂：〈給玄同的信〉，《語絲》，23 期（1925 年 4 月 20 日）。收入《翦拂集》時題目改成〈給玄同先生的信〉。

[38] 林語堂：〈給玄同先生的信〉，《翦拂集》，《林語堂名著全集》卷 13，頁 10。

[39] 林語堂：〈給玄同先生的信〉，《翦拂集》，《林語堂名著全集》卷 13，頁 10-11。

語，都是出現於復古派捲土重來的 1925 年。[40]當時章士釗上台，《甲寅》周刊復刊，以文言出版，並且大力批判白話文學，於是一時有文言書刊暢銷的情形。例如徐志摩就說：「……《甲寅周刊》出世了，它那勢力，至少就銷數論，似乎超過了現在任何同性質的期刊物。」[41]為了對抗復古派，《語絲》作家們才會有這些言論。

林語堂最後結論認為，要「精神復興」就必須做到以下六點：

1. 非中庸（即反對「永不生氣」也）。
2. 非樂天知命（即反對「讓你吃主義」也，他咬我一口，我必還敬他一口）。
3. 不讓主義（此與上實同。中國人毛病在於什麼都讓，只要不讓，只要能夠覺得忍不了，禁不住，不必討論方法而方法自來。法蘭西之革命未嘗有何方法，直感覺忍不住，個人拿刀棍鋤耙衝打而去而已，未嘗屯兵秣馬以為之也）。
4. 不悲觀。
5. 不怕洋習氣。求仙，學佛，靜坐，扶乩，拜菩薩，拜孔丘之國粹當然非吾所應有，磕頭，打千，除眼鏡，送訃聞，亦當在摒棄之列。最好還是大家穿孫中山式之洋服。
6. 必談政治。所謂政治者，非王五趙六忽而喝白乾忽而揪辮子之政治，乃真正政治也。新月社的同人發起此社時有一條規則，謂在社裡什麼都可來（剃頭，洗浴，喝皮酒），只不許打牌與談政治，此亦一怪現象也。[42]

---

[40] 施建偉：《林語堂在大陸》，頁 117。

[41] 徐志摩：〈守舊與『玩』舊〉，鄭振鐸編選，趙家璧主編：《中國新文學大系（二）・文學論爭集》，頁 230-231；Bin Ye, “Searching for the Self: Zhang Shizhao and Chinese Narratives (1903-1927)”, p. 195.

[42] 林語堂：〈給玄同先生的信〉，《翦拂集》，《林語堂名著全集》卷 13，頁 12-13。

錢玄同在讀到林語堂給他的信後，稱讚林語堂是繼吳稚暉、陳獨秀、魯迅三人後，能批判國民性弱點的第四人。錢玄同說：

> 〔林語堂〕您說中國人是根本敗類的民族，有根本改造之必要，真是一針見血之論；我底朋友中，以前只有吳稚暉，魯迅，陳獨秀三位先生講過這樣的話。這三位先生底著作言論中，充滿了這個意思，所以常被「十足之中國人」所不高興。我覺得三十年前「中學為體，西學為用」這個老主意，現在並沒有什麼改變，不過將「用」的材料加多一些而已。……
> 八九年來，我最佩服吳，魯，陳三位先生底話；現在您也走到這條路上來了，我更高興得了不得。[43]

由以上的討論我們可知，《語絲》派在很大程度上繼承了《新青年》的精神。林語堂受到《語絲》社其他作家的感染，對傳統文化的批判可謂不遺餘力。[44]

二、從五卅到三一八

（一）對「五卅慘案」的態度

「五四」新文化運動和文學革命的主要刊物《新青年》雜誌，在中國共產黨成立以後從北京遷到上海。當年以《新青年》為根據地倡導文學革命的胡適，在 1922 年 5 月創辦了《努力周報》，後又辦《讀書雜誌》。可是這兩個

---

[43] 錢玄同：〈回語堂的信〉，《語絲》，23 期，頁 4-5。

[44] 五四運動前後時期中國對「國民性」（national character）問題的討論可參考 Lydia H. Liu 劉禾, *Translingual Practice: Literature, National Culture, and Translated Modernity—China, 1900-1937* (Stanford: Stanford University Press, 1995), pp. 45-76.

刊物都沒有發生什麼影響。胡適便在 1924 年 12 月跟王世杰等人合作辦了《現代評論》，主要撰稿人除了他們兩人外，還有陳源、高一涵、唐有壬、燕樹棠、陶孟和等，形成《現代評論》派。《晨報副刊》自從孫伏園辭職後，1925 年 10 月至 1927 年春，由陳源的友人徐志摩任《晨報副刊》編輯，於是「差不多成為《現代評論》的日刊了」。[45]孫伏園辭去《晨報副刊》編輯後便被《京報》發行人邵飄萍邀請，1924 年 12 月 5 日創刊了《京報副刊》。[46]孫伏園也是《語絲》的創辦人之一，《京報副刊》與《語絲》立場相近。另外，高長虹主編的《狂飆》（創刊於 1924 年 11 月 9 日）、徐旭生主編的《猛進》（創刊於 1925 年 3 月 6 日）以及魯迅主編的《莽原》周刊（創刊於 1925 年 4 月 24 日），政治態度則和《語絲》相近。《現代評論》派其實是代表了英美歸國留學生的一股勢力（林語堂是值得注意的例外），然而《語絲》社則較自由與前進，且願意支持 1926 年國民黨的北伐，反對與任何軍閥勢力合作。[47]

《現代評論》派與《語絲》派的針鋒相對可從「五卅慘案」發生後看出來。[48]「五卅慘案」的起源是上海一家日本棉紡場的中國工人，為反對低工資而在 1925 年 2 月至 5 月間舉行幾次罷工。5 月 15 日，在談判破裂後，工人領袖之一的共產黨員顧正紅被日籍職員槍殺。5 月 30 日，上海學生及市民舉行反對帝國主義的示威遊行，遭到英國租界巡捕的鎮壓，死傷數十人，造成「五

---

[45] 周作人：〈《語絲》的回憶〉，《周作人散文全集》卷 12，頁 773。

[46] 馮並：《中國文藝副刊史》（北京：華文出版社，2001 年 5 月，初版），頁 187-188。

[47] 有關《現代評論》派與《語絲》派的對立，以及北大教員中的對立，可參考 Timothy B. Weston, *The Power of Position: Beijing University, Intellectuals, and Chinese Political Culture, 1898-1929* (Berkeley: University of California Press, 2004), pp. 233-239.

[48] 林語堂在小說《京華煙雲》中談到「五卅慘案」時，敘述道：「北京大學的教授和作家分成了兩個敵對派。現在提出並且爭論的問題是，民眾運動和喚醒民眾的宣傳到底有沒有用處。文學革命運動的領導人物已經落伍，變成了反動分子。偶然發動了一下兒喚醒民眾的宣傳之後，他們現在不再想繼續幹下去，自己內心裡怕起來。除去共產黨陳獨秀一個人之外，他們現在都怕群眾，恨群眾。」見 Lin Yutang, *Moment in Peking* (New York: John Day Co., 1939), p. 602. 此段譯文見林語堂著，張振玉譯：《京華煙雲（下）》，《林語堂名著全集》卷 2，頁 256。

卅慘案」。[49]林語堂在 1925 年 6 月 24 日寫了〈丁在君的高調〉，批評《現代評論》派成員丁文江的看法；如丁文江認為「學生只管愛國，放下書不讀，實上了教員的當」。「我們應該慎重，不要再鬧拳匪起來」。「愛國講給車夫聽有什麼用」。「抵制外貨我們自己吃虧」。「若是我們立刻大家不吸『前門』、『哈德門』牌，山東種煙葉子的人今年就要損失二百多萬」。「中國弄到這般田地完全是知識階級的責任」。[50]林語堂批評丁文江說：

> 這回愛國運動，大家正忙的手忙足亂，應接不暇，對外宣傳，對內講演，募款救濟工人，籌劃抵制外貨，正苦無名流來實在出力，實在做事，實在幫忙，丁先生卻居在旁邊說閒話。其實此種不負責的閒話亦與不負責的高調，相差無幾。閒話，高調，空洞話，無用之話，無積極主張的話，其名不同，其實則一。[51]

林語堂又強調「喚起民眾」的重要：

> ……尚有紳士們還未明白此次運動之真正方針，在於廢除不平等條約而不在滬案之結束，……我們並應同時勸告丁先生及一切的紳士有……的覺悟，就是要達到取消不平等條約的辦法，及其他外交問題須在國民群眾中解決，不在外交官中解決，在於喚醒民眾作獨立的有團結的戰爭，不是靠外交官的交換公文。所以「勸化了一百個拉洋車的，不如感動一個坐洋車的」，及一切反對群眾運動的「高

[49] 「五卅慘案」的資料可見，上海社會科學院歷史研究所編：《五卅運動史料》卷 1（上海：上海人民出版社，1981 年 11 月，初版）、卷 2（上海：上海人民出版社，1986 年 8 月，初版）；上海市檔案館編：《五卅運動》（共三輯）（上海：上海人民出版社，1991 年 10 月，初版）。

[50] 林語堂：〈丁在君的高調〉，《翦拂集》，《林語堂名著全集》卷 13，頁 17-18, 20。

[51] 林語堂：〈丁在君的高調〉，《翦拂集》，《林語堂名著全集》卷 13，頁 18。

調」是唱不得的。[52]

從這裡我們可以看見，1920 年代的林語堂跟他在 1930 年代被冠上的輕浮、「反動」作家，有很大的距離。[53]《語絲》作家們整體上對「五卅慘案」所發動的抗爭是較為支持的，然而胡適和陳西瀅則要求冷靜。不過值得注意的是，在這時沒有任何《語絲》的成員熱切的支持發展中的中國共產主義運動。[54]

1925 年 9 月 5 日，胡適在《現代評論》上發表〈愛國運動與求學〉，他說：

> ……**真正的救國的預備在於把自己造成一個有用的人才。**
>
> 易卜生說的好：
>
> 真正的個人主義在於把你自己這塊材料鑄造成個東西。
>
> 他又說：
>
> 有時候我覺得這個世界就好像大海上翻了船，**最要緊的是救出我自己。**
>
> 在這個高唱國家主義的時期，我們要很誠懇的指出：易卜生說的「真正的個人主義」正是到國家主義的唯一大路。**救國須從救出你自己下手！**[55]

胡適又寫道：

---

[52] 林語堂：〈丁在君的高調〉，《翦拂集》，《林語堂名著全集》卷 13，頁 19-20。

[53] Steven B. Miles, "Independence and Orthodoxy: Lin Yutang and Chinese Journalism in the Republican Era, 1923-1936," p. 22.

[54] Steven B. Miles, "Independence and Orthodoxy: Lin Yutang and Chinese Journalism in the Republican Era, 1923-1936," p. 20.

[55] 胡適：〈愛國運動與求學〉，《現代評論》，2 卷 39 期（1925 年 9 月 5 日），頁 7。原文文字旁加有圈號以示強調者，筆者一律以粗體字處理，以下皆同。「『真正的個人主義』正是到國家主義的唯一大路」這句話被江勇振認為是當時胡適急遽右傾的證據之一，見江勇振：《捨我其誰：胡適(第二部・日正當中，1917-1927・下)》，頁 374。

> 在一個擾攘紛亂的時期裡跟著人家亂跑亂喊，不能就算是盡了愛國的責任，此外還有更難更可貴的任務：在紛亂的喊聲裏，能立定腳跟，打定主義，救出你自己，努力把你這塊材料鑄造成個有用的東西！[56]

胡適且引用德國歌德（Goethe）在拿破崙兵圍柏林時閉門研究中國文物，和費希特（Fichte）在柏林淪陷後仍繼續講學的事為例，鼓勵學生不受外間吶喊的刺激專心唸書。[57]

隨著《現代評論》派不斷的要求學生大眾冷靜，林語堂在 1925 年 11 月 9 日的《語絲》上發表〈謬論的謬論〉一文。[58]文中他批評一些反對學生愛國運動的論調，如「勿談政治」、「閉門讀書」、「讀書救國」等言論。這些言論表面上公平，似同情學生，而實非同情，要反對學生，而又不肯公然反對學生，所以「更可怕」。[59]林語堂認為這正是「中華官國的政治學」（中華無所謂民國，只有官國而已），把政治看作是官僚們的專利，與人民大眾無關。[60]所謂「勿談政治」，「實只是中國民族已成敗類的一個象徵」，並沒有什麼精深學理，只是「勿管閒事」之又一新型。[61]林語堂又強調「談政治」的重要，他說：

---

[56] 胡適：〈愛國運動與求學〉，《現代評論》，2 卷 39 期，頁 8-9。

[57] 胡適：〈愛國運動與求學〉，《現代評論》，2 卷 39 期，頁 8。胡適且作一首小詩：

救國千萬事，
何一不當為？
而吾性所適，
僅有一二宜。

見同頁。胡適要求學生專心唸書的看法在答劉治熙的通信上又重申了一次，並且認為要做個學生的革命家前，要不愧是個學生。不然，不配叫做學生，就不配做什麼學生救國的運動。見劉治熙：〈「愛國運動與求學」〉，《現代評論》，2 卷 42 期（1925 年 9 月 26 日），頁 21。

[58] 林語堂：〈謬論的謬論〉，《語絲》，52 期（1925 年 11 月 9 日）。收入《翦拂集》時題目改成〈「讀書救國」謬論一束〉。

[59] 林語堂：〈「讀書救國」謬論一束〉，《翦拂集》，《林語堂名著全集》卷 13，頁 28。

[60] 林語堂：〈「讀書救國」謬論一束〉，《翦拂集》，《林語堂名著全集》卷 13，頁 30。

[61] 林語堂：〈「讀書救國」謬論一束〉，《翦拂集》，《林語堂名著全集》卷 13，頁 31。

> 我曾談到精神歐化問題而以「談政治」為足以復興吾民精神，[62]……實在因為「不談政治」是吾民族畏葸消極之一主要象徵。我們所以反對閉門讀書，非真反對閉門讀書，實反對借閉門讀書之名，行閉門睡覺之實。我們反對勿談政治，實不僅反對勿談政治主義，實反對我們信中庸主義（即「永不生氣」主義）及樂天知命（即「讓你吃主義」）的同胞。[63]

林語堂在此重申他在〈給玄同先生的信〉中所主張的「非中庸」、「非樂天知命」、「必談政治」三項。[64]由此可以看出，林語堂支持「五卅慘案」後學生一連串的示威運動，除了基於愛國心之外，還基於自五四運動傳承下來批判傳統舊習氣的精神。

（二）「女師大事件」中與現代評論派的對立

1924 年到 1925 年底，發生了「女師大事件」。因這場學潮，《現代評論》派和《語絲》派的對立更是加劇了。事件起因是國立女子師範大學的學生早已不滿新任校長楊蔭榆的守舊頑固思想，1925 年 5 月 9 日，在被學生於前天的國恥紀念日演講會羞辱後，[65]楊蔭榆一怒之下開除學生自治會六名學生，[66]學潮因而爆發。楊蔭榆受到司法總長兼教育總長章士釗和北大教授陳源的支持，[67]學生驅逐楊蔭榆的要求則受到《語絲》派的支持。[68]隨著雙方對立的升

---

[62] 見林語堂：〈給玄同先生的信〉，《翦拂集》，《林語堂名著全集》卷 13，頁 13。

[63] 林語堂：〈「讀書救國」謬論一束〉，《翦拂集》，《林語堂名著全集》卷 13，頁 31。

[64] 林語堂：〈給玄同先生的信〉，《翦拂集》，《林語堂名著全集》卷 13，頁 12-13。

[65] 1915 年 5 月 7 日，日本向袁世凱提出「二十一條要求」的最後通牒，此後即被命名為國恥紀念日。

[66] 這六人是劉和珍、許廣平、蒲振聲、張平江、鄭德音、姜伯諦。

[67] 對於《現代評論》派對學潮的立場和態度，《甲寅》周刊讚揚他們是「表揚學術獨立之威重，誠甚盛舉。」見孤桐：〈說軍〉，《甲寅》，1 卷 7 號（1925 年 8 月 29 日），頁 4。「孤桐」為章士釗的號。

[68] 周作人在 1926 年 4 月 19 日刊的《語絲》上寫道：「我與陳源個人始終沒有嫌怨，……我看不起陳

高，到了 8 月演變成學生與維持秩序的警方的衝突，教育部因而關閉了女師大，師生被迫於校外租屋上課。到了年底，段祺瑞政府終於對不斷升高的抗爭屈服，恢復了女師大，楊蔭榆與章士釗皆辭職。[69]

「女師大事件」與「五卅慘案」發生的時間有重疊之處，也一樣造成《現代評論》派和《語絲》派的對立。[70]林語堂在 1925 年 11 月 23 日的《語絲》上發表〈詠名流（附歌譜）〉的歌曲，歌詞中對他暗批為「名流」的《現代評論》派挖苦一番。其中兩段歌詞是：

二

他們騎的什麼牆？
一面對青年泣告，
一面和執政聯歡；
他們的主張：
騎牆！騎牆！

源的是他的捧章士釗，捧無恥的章士釗，做那無恥之尤的勾當。」見周作人：〈論並非睚眦之仇〉，《周作人散文全集》卷 4，頁 621。

[69] Bonnie S. McDougall, *Love-Letters and Privacy in Modern China: The Intimate Lives of Lu Xun and Xu Guangping*, pp. 32-41; Bin Ye, “Searching for the Self: Zhang Shizhao and Chinese Narratives (1903-1927)”, pp. 193-196; Timothy B. Weston, *The Power of Position: Beijing University, Intellectuals, and Chinese Political Culture, 1898-1929*, pp. 238-239; 呂芳上：《從學生運動到運動學生（民國八年至十八年）》（臺北：中央研究院近代史研究所，1994 年 8 月），頁 222-240。

[70] 只要仔細檢視「女師大事件」的史實，即可知這個學潮牽涉了《語絲》和《現代評論》兩派因政治態度不同而發生的論戰，而非只是陳源和魯迅二人的敵對。不過林語堂在晚年的回憶錄裡卻說：「北京聚集了各種人才，語絲社和現代評論社都各自忙自己的事。我們都是胡適博士的好朋友，而且都可說是自由主義者。對外人來說，在這兩個雜誌之間的那種被誇大的對立，事實上只是魯迅和陳源眾所皆知的對立而已。」見 Lin Yutang, *Memoirs of an Octogenarian*, p. 63. David Pollard 也暗示「女師大事件」跟魯迅與陳源的個人恩怨有關，聲稱這個論戰只是「赤裸裸派系的爭吵」。David Pollard 指出陳源與章士釗本是好朋友，陳源又與楊蔭榆是無錫的同鄉，所以陳源支持楊蔭榆，這是一派；被開除的女師大學生許廣平，從 1925 年 3 月 11 日起開始與魯迅密集通信，在信尾總親暱的自稱「小鬼」。許廣平是在 5 月 9 日被開除的，而魯迅立即於 5 月 12 日的《京報副刊》發表語絲派第一篇聲援的文章〈忽然想到（七）〉。見 David E. Pollard, “Lu Xun’s *Zawen*,” in *Lu Xun and His Legacy*, ed. by Leo Ou-fan Lee 李歐梵, pp. 69-70.

他們的口號：
不忙！不忙！

三

他們的態度鎮靜，
他們的主張和平，
拿他來榨油也榨不出
什麼熱血冷汗；
他們的目標：
消閒！消閒！
他們的前提：
了然！了然！[71]

1925 年 11 月 28 日至 29 日，北京爆發以推翻段祺瑞執政府，建立國民政府為目的的「首都革命」。北京各團體在天安門召開國民革命示威運動大會，提出「打倒段政府」、「打倒奉系軍閥」、「廢除不平等條約」等口號。示威群眾包圍了段祺瑞政府，佔領了警察局，搗毀了章士釗、劉百昭的住宅，[72]燒毀了《晨報》館。[73]林語堂後來對此回憶說：

> 當〔《語絲》和《現代評論》〕這兩個周刊關於教育部與女子師範大學問題而發生論戰之時，真是令人驚心動魄。那裡真是一個知識界發表意見的中心，是知識界活動的園地，那一場大戰令我十分歡欣。我也加入學生的示威運動，用旗竿和磚石與警察相鬥。警察雇

[71] 林語堂：〈詠名流〉，《翦拂集》，《林語堂名著全集》卷 13，頁 34。

[72] 1925 年 8 月 10 日，教育部頒布了〈停辦女師大令〉，隨後決定在女師大原址籌辦「國立女子大學」。劉百昭為當時教育部專門教育司司長、女子大學籌備處主任。

[73] 呂芳上：《從學生運動到運動學生（民國八年至十八年）》，頁 242-245。

> 用一班半赤體的流氓向學生擲磚頭，以防止學生出第三院而遊行。我於是也有機會以施用我的擲棒球技術了，我以前在外國各大學所錯過的大學生生活，至是補足。[74]

然而陳源在他《現代評論》的專欄「閒話」中卻諷刺道：「這次『首都革命』的最大的結果，還要算是燒掉了一個晨報館吧。」他接著論述一個獨立奮鬥的報館，竟讓爭言論出版自由的民眾燒毀的荒謬。[75]

在〈苦矣！左拉！〉一文中，林語堂諷刺「正人君子」[76]們自比左拉（Zola）、[77]佛蘭西（Anatole France），[78]擺出要在中國教育界主持「公道」的架式，其實只是在「替壓迫人的鳥總長說話」，「為率領老媽的劉百昭宣傳」。[79]1925年12月19日，林語堂發表〈論罵人之難〉一文，[80]我們從這篇文章可見其攻擊炮火之猛烈。林語堂解釋文章題目中的「難」字是做「難能可貴」講，說道：「罵人正是保持學者自身的尊嚴，不罵人時才真正丟盡了學者的人格。……所以有人說《語絲》社盡是土匪，《猛進》社盡是傻子……這也是極可相賀的事體」。[81]林語堂接著又批評《現代評論》派，每次有青年學

---

[74] 林語堂：《林語堂自傳》，《林語堂名著全集》卷10，頁28。

[75] 西瀅：〈閒話〉，《現代評論》，2卷52期（1925年12月5日），頁15。「西瀅」是陳源的筆名。

[76] 《現代評論》派當中大部分住東吉祥胡同，《晨報》把他們譽之為「正人君子」。魯迅及其《語絲》派接過來轉化為貶詞並加以利用。見周作人：〈狗〉，《周作人散文全集》卷12，頁409。

[77] 左拉（Emile Zola, 1840-1902年），法國小說家，他在小說《娜娜》（*Nana*）和《萌芽》（*Germinal*）中創造了自然主義的寫作風格，其特徵是以深入細膩的筆觸來描寫生活和社會現象，內容常涉及犯罪、謀殺和窮苦百姓。

[78] 佛蘭西（Anatole France, 1844-1924年），法國小說家及諷刺文家，曾獲1921年諾貝爾文學獎。

[79] 林語堂：〈苦矣！左拉！〉，《翦拂集》，《林語堂名著全集》卷13，頁40。1925年8月22日下午，劉百昭率領部員、茶役和三河縣老媽子（女僕）數十人強行接收女師大，與學生爆發衝突，林語堂因有此語。

[80] 1925年12月19日發表在《國民新報副刊》，後又在《語絲》59期（1925年12月28日）轉載一次。

[81] 1925年12月14日，在北京由陳西瀅、王世杰、燕樹棠等人組成一個「教育界公理維持會」（後改名為「國立女子大學後援會」），旨在聲援章士釗創辦的女子大學，反對女師大復校，並攻擊支持

子運動，必擺出其紳士之臭架子來說些風涼話，「掇拾了兩極端的意見，折中一下，借為己有，由是有什麼『公論』出現了，……什麼不應該暴動了，不應當燒晨報館了，罷課是暫時了，趕緊讀書預備將來做民國有用人物了——誰不知道那些垃圾桶拉出來的老貨色。……單要說些小學生聽過的話」。林語堂希望這些紳士們，不要肚子裡空無一物，只是因為自己是「論壇的權威」這個面子尊嚴的緣故，就來做「主持公論」、「公允批評」這種無聊的勾當。[82]林語堂說道：「倘是一人說來說去還是一些空泛無聊無誠意的東西，任你如何平心靜氣，也是尊嚴不起來。難道婊子穿上一品夫人制服便不是婊子嗎？」[83]林語堂在這兒把《現代評論》派比喻為「婊子」，由此無論如何我們也不能同意其晚年說「女師大事件」只是魯迅與陳西瀅的敵對而已。[84]

1925 年 12 月 28 日，林語堂作〈祝土匪〉一文，[85]索性以土匪自居。他針對《現代評論》派為章士釗的行動合理化，並指責以魯迅為代表的女師大師生為「匪」的評論，正式宣佈，「〔我們〕很願意揭竿作亂，以土匪自居。」林語堂說，學者只知道「尊嚴」，因為要「尊嚴」，所以有時「骨頭」不能不折斷。[86]學者不敢說自己要說的話，不敢維持自己良心上要維持的主張，只能

女師大風潮的《語絲》派教授們形同土匪。

[82] 林語堂：〈論罵人之難〉，《拾遺集（上）》，《林語堂名著全集》卷 17，頁 16-18。

[83] 林語堂：〈論罵人之難〉，《拾遺集（上）》，《林語堂名著全集》卷 17，頁 18。

[84] Lin Yutang, *Memoirs of an Octogenarian*, p. 63.

[85] 林語堂：〈祝土匪〉，《莽原》，1 期（1926 年 1 月 10 日）。此篇文章收入《翦拂集》時位於第一篇。〈祝土匪〉並不是林語堂寫得較早的一篇文章，它位於首篇說明林語堂很看重這一篇。

[86] 林語堂說：

現在的學者最要緊的就是他們的臉孔，倘是他們自三層樓滾到樓底下，翻起來時，頭一樣想到是拿起手鏡照一照看他的假鬍鬚還在乎？金牙齒沒掉麼？雪花膏未塗污乎？至於骨頭折斷與否，似在其次。

學者只知道尊嚴，因為要尊嚴，所以有時骨頭不能不折斷。而不自知，且自告人曰：「我固完膚也！」……

因為真理有時要與學者的臉孔衝突，不敢為真理而忘記其臉孔者則終必為臉孔而忘記真理，於是乎學者之骨頭折斷矣。

見林語堂：〈祝土匪〉，《翦拂集》，《林語堂名著全集》卷 13，頁 7。

「倚門賣笑，雙方討好。」而「土匪傻子」是顧不到臉孔的，而且「也不想將真理販賣給大人物。」「土匪傻子」可以自慰的地方就是有史以來大思想家都被當代學者稱為「土匪」、「傻子」過。今日的言論界還得有「土匪傻子」來說話。林語堂在此文中對比了「土匪傻子」和「學者」；批評折斷了「骨頭」，只要「尊嚴」的學者，稱讚堅持真理，「生於草莽，死於草莽」的「土匪傻子」。[87]

1925 年 12 月 31 日，林語堂作〈〈「公理」的把戲〉後記〉一文，聲援魯迅。[88]林語堂批評那些主張「公允」的「學者」，其實行的是「不東，不西，不此，不彼，不明，不暗，不人，不鬼的八不主義」，態度令人費解。他還斥責組織「公理維持會」的「正人君子」，「當劉百昭雇用老媽倒拖女學生到報子街時候」，他們不對劉百昭去講「道德」，講「公理」，如今一些教員說了幾句抱不平的話，就被指為「不道德」，不講「公理」。「總而言之，統而言之，還是我不知道公理維持會要維持的是什麼東西。」[89]

（三）《語絲》內部對「費厄潑賴」的爭論

在「女師大事件」的後期，對於「費厄潑賴」（fair play）問題，[90]《語絲》社內部發生了一些爭論。這個爭論起源於周作人在 1925 年 11 月 23 日的《語絲》上發表〈答伏園論「語絲的文體」〉一文，[91]回答了孫伏園關於《語絲》的文體問題。周作人說：「〔《語絲》〕是我們這一班不倫不類的人借此發表不

---

[87] 林語堂：〈祝土匪〉，《翦拂集》，《林語堂名著全集》卷 13，頁 6-8。

[88] 魯迅在 1925 年 12 月 24 日《國民新報副刊》上發表〈「公理」的把戲〉一文，反擊「教育界公理維持會」的批評。

[89] 林語堂：〈〈「公理」的把戲〉後記〉，《翦拂集》，《林語堂名著全集》卷 13，頁 42, 44-45。

[90] 「費厄潑賴」是英語 fair play 的音譯，本意是指體育比賽和其他競技活動中應光明正大的參賽，不用不正當的手段。

[91] 這篇文章是為回答孫伏園的來信而作，孫伏園給周作人的信見伏園：〈語絲的文體〉，《語絲》，52 期（1925 年 11 月 9 日）。

倫不類的文章與思想的東西，不倫不類是《語絲》的總評」。[92]又說：

> 我個人在日報上曾發表好些議論，……這都依了個人的趣味隨意酌定，沒有什麼一定的規律。除了政黨的政論以外，大家要說什麼都是隨意，唯一的條件是大胆與誠意，或如洋紳士所高唱的所謂「費厄潑賴」(fair play)，——在這一點上我們可以自信比賽得過任何紳士與學者。[93]

1925 年 11 月 28 至 29 日北京爆發「首都革命」。1925 年 12 月 1 日，吳稚暉在《京報副刊》上發表文章認為，教育總長章士釗已經下台，現在批評他，「似乎是打死老虎」。[94]幾乎同時的，周作人也在 11 月 30 日寫了篇〈失題〉，發表在 1925 年 12 月 7 日的《語絲》上，主張對坍臺的政治人物不必再施攻擊，應當提倡費厄潑賴的紳士精神。雖然他極不滿段祺瑞和章士釗，但「到了現在段君既將復歸於禪，不再為我輩的法王，就沒有再加以批評之必要，況且『打落水狗』（吾鄉方言，即「打死老虎」之意，）也是不大好的事」。周作人認為「打落水狗」類似於「在平地上追赶胡猻，也有點無聊，卑劣，雖然我不是紳士，卻也有我的體統與身分。」[95]

林語堂讀了周作人的文章後，立刻寫了〈插論《語絲》的文體——穩健、罵人及費厄潑賴〉一文贊同周作人的觀點。[96]林語堂說：

---

[92] 豈明：〈答伏園論「語絲的文體」〉，《語絲》，54 期（1925 年 11 月 23 日），頁 38。

[93] 豈明：〈答伏園論「語絲的文體」〉，《語絲》，54 期，頁 38。

[94] 稚暉：〈官歟—共產黨歟—吳稚暉歟〉，《京報副刊》，北京，1925 年 12 月 1 日，版 2。

[95] 豈明：〈失題〉，《語絲》，56 期（1925 年 12 月 7 日），頁 4。篇名〈失題〉之意，即周作人本想寫文章批評章士釗和段祺瑞，不過因不「打落水狗」之故，頓時「失題」。

[96] 林語堂：〈插論《語絲》的文體——穩健、罵人及費厄潑賴〉，《語絲》，57 期（1925 年 12 月 14 日）。

> ……豈明所謂「費厄潑賴」。此種「費厄潑賴」精神在中國最不易得，我們也只好努力鼓勵。中國「潑賴」的精神就很少，更談不到「費厄」，惟有時所謂不肯「下井投石」即帶有此義。……且對於失敗者不應再施攻擊，因為我們所攻擊的在於思想非在人。以今日之段祺瑞、章士釗為例，我們便不應再攻擊其個人。……大概中國人的「忠厚」就略有費厄潑賴之意，惟費厄潑賴決不能以「忠厚」二字了結他。此種健全的作戰精神，是「人」應有的與暗放冷箭的魑魅伎倆完全不同，大概是健全民族的一種天然現象，不可不積極提倡。[97]

這種寬大的費厄潑賴精神被魯迅注意到了，他於是發表了〈論「費厄潑賴」應該緩行〉一文。[98]在這篇文章中，魯迅提出痛打「落水狗」的主張。他認為「狗性總不大會改變的」，無論它怎樣狂嗥，其實並不解什麼「道義」，所以倘是咬人之狗，都在可打之列，無論它在岸上或在水中。「老實人將它的落水認作受洗，以為必已懺悔，不再出而咬人，實在是大錯而特錯的事。」魯迅又指出，辛亥革命的不少革命黨人就是由於對當時的鬼蜮慈悲，不打「落水狗」，反而被咬死了。而現在的一些「落水狗」正躲在天津租界裡，[99]不過是一時「塌台」，「何嘗真是落水，巢窟是早已造好的了，食料是早經儲足的了」，「他日復來，仍舊先咬老實人開手，『投石下井』，無所不為」。「『犯而不校』是恕道，[100]『以眼還眼以牙還牙』是直道。中國最多的卻是枉道：不打落水狗，反被狗咬了。」所以，不可「將縱惡當作寬容，一味姑息下去」，而

---

[97] 林語堂：〈插論《語絲》的文體——穩健、罵人及費厄潑賴〉，《拾遺集（上）》，《林語堂名著全集》卷 17，頁 14。

[98] 魯迅：〈論「費厄潑賴」應該緩行〉，《莽原》，1 期（1926 年 1 月 10 日）。

[99] 「首都革命」後，段祺瑞政府的一些政客紛紛逃往天津避難。

[100] 「犯而不校」是孔丘弟子曾參的話，見《論語・泰伯》。意為言見侵犯，卻不計較。校，計較。

是要「黨同伐異」，「即以其人之道還治其人之身」，痛打「落水狗」。[101]

林語堂在讀了魯迅的文章後，想必是接受了魯迅的看法，所以他在1926年1月23日的《京報副刊》上，畫了一幅「林語堂繪魯迅先生打叭兒狗圖」。[102]畫中畫著魯迅站在岸上，手持一根長竹竿，猛擊一隻落水的叭兒狗的頭。畫旁的題字且引用魯迅的話：「叭兒狗尤非打落水裡，又從而打之不可」。[103]《現代評論》派的陳源看到這幅漫畫後，疑心畫中那隻叭兒狗是林語堂在暗批他。1926年1月30日，《晨報副刊》刊出一封陳源致徐志摩的信，陳源說：

> 我也是主張「不打落水狗」的。我不像我們的一位朋友，今天某乙說「不打落水狗」他就說「不打落水狗」，第二天某甲說「要打落水狗」，他又連忙的跟著嚷「要打落水狗」。我見狗既然落了水，就不忍打它了。[104]

又說：

> 說起畫像，忽然想起了本月二十三日《京報副刊》裡林玉堂先生畫的「魯迅先生打叭兒狗圖。」要是你沒有看見過魯迅先生，我勸你弄一份看看。……可是千萬不可忘了那叭兒狗，因為叭兒狗能今天跟了黑狗這樣叫，明天跟了白狗那樣叫，黑夜的時候還能在暗中猛

---

[101] 魯迅：〈論「費厄潑賴」應該緩行〉，《墳》，《魯迅全集》卷1，頁270-276。

[102] 《京報副刊》，北京，1926年1月23日，版7。

[103] 叭兒狗就是哈吧狗，魯迅稱其「雖然是狗，又很像貓，折中，公允，調和，平正之狀可掬，悠悠然擺出別個無不偏激，惟獨自己得了『中庸之道』似的臉來。」「叭兒狗如可寬容，別的狗也大可不必打了，因為它們雖然非常勢利，但究竟還有些像狼，帶著野性，不至於如此騎牆。」由此可知，叭兒狗其實就是在諷刺「正人君子」。見魯迅：〈論「費厄潑賴」應該緩行〉，《墳》，《魯迅全集》卷1，頁271-272。

[104] 西瀅：〈閒話的閒話之閒話引出來的幾封信〉，《晨報副刊》，北京，1926年1月30日，版3。

不防的咬人家一口。[105]

陳西瀅很明顯以「今天跟了黑狗這樣吗，明天跟了白狗那樣吗」來諷刺林語堂由贊成周作人的不打「落水狗」，改為擁護魯迅的痛打「落水狗」，所以才是做了「叭兒狗」。

1926年3月10日，林語堂作〈泛論赤化與喪家之狗——紀念孫中山逝世周年〉一文，呼應了魯迅痛打「落水狗」的主張。林語堂批評以《現代評論》派為代表的知識階級有如「喪家之狗」，說道：「若今之知識階級之一部分則頹喪得可以，夾著尾巴若喪家之狗，一嗅得虎的腥氣早已軟了腳」。所謂青年的導師、名流、君子等等，不但沒有打倒軍閥的勇氣本領與方略，也沒有打倒軍閥的決心，或者認軍閥做「娘」，或者對帝國主義作揖，替帝國主義罵革命為赤化，卻擺出「公正中和，不偏不倚」的姿態，「若《晨報》之類者」。這類「文妖」實在與軍閥、官僚、買辦、土豪同等，所以「我們須內除文妖，才能夠外抗軍閥。」[106]

從這篇文章中還可知林語堂對廣東國民政府的態度；他認為「中國人至多不過粉紅化並無赤化之危」。他說：「若是諸位所怕的孫中山給我們指導的路將使中國人赤化，實在不免是一種『杞天之慮』了。」[107]林語堂又批評有些學者說：

一個好好的中國人，受帝國主義之摧殘還不夠，尚要頭腦不清，信路透電之宣傳，閉著眼睛，由英國人扭住鼻子跟著走路，對中國人惟一出息的政府加以詬詈，與英人唱雙簧，英人罵廣東政府為赤化

[105]西瀅：〈閒話的閒話之閒話引出來的幾封信〉，《晨報副刊》，北京，1926年1月30日，版4。

[106]林語堂：〈泛論赤化與喪家之狗——紀念孫中山逝世周年〉，《翦拂集》，《林語堂名著全集》卷13，頁74，77。

[107]林語堂：〈泛論赤化與喪家之狗——紀念孫中山逝世周年〉，《翦拂集》，《林語堂名著全集》卷13，頁74。

為共產，彼亦跟著罵廣東政府為赤化為共產，此非喪家之狗之十足狀態而何？[108]

這次《語絲》社對「費厄潑賴」爭論的性質，就如同施建偉所說的，只是《語絲》派內部的一次交換意見，不能把這次爭論說成是你死我活的鬥爭，或說成是對林語堂的一次挽救——否則林語堂就要墮落。[109]而且，魯迅也不是把林語堂的有關看法當作林語堂對敵人的「妥協」，進而對林語堂進行批判，而是把它看做「老實人」的糊塗認識。[110]至少有一個事實是確定的，那就是：1925 年 12 月，正當林語堂被魯迅點名批評的時候，[111]也是林語堂和魯迅的友誼越來越密切的時候。[112]

另外，「費厄潑賴」明明是周作人提出的，林語堂在〈插論《語絲》的文體——穩健、罵人及費厄潑賴〉一文最後也再重申一次「『費厄潑賴』原來是

[108] 林語堂：〈泛論赤化與喪家之狗——紀念孫中山逝世周年〉，《翦拂集》，《林語堂名著全集》卷 13，頁 75。

[109] 施建偉：《林語堂在大陸》，頁 148。張世珍認為「費厄潑賴」是《語絲》內部一個很嚴重的思想論爭，後來周作人和林語堂表面上是接受了魯迅打落水狗的主張，「但平日思想不一致的情形既已浮上檯面，出現的裂痕就很難彌補了。」Steven Miles 則認為「費厄潑賴」事件預示了林語堂後來「較溫和」、「較不口出惡言」的寫作風格，這和後來魯迅挖苦人式的人身攻擊寫作風格是個對比。林語堂和魯迅後來的不合似乎從「費厄潑賴」就可以預見。見張世珍：《論語時期的林語堂研究》，頁 23；Steven B. Miles, "Independence and Orthodoxy: Lin Yutang and Chinese Journalism in the Republican Era, 1923-1936," p. 23. 不過，施建偉的看法似較正確。事實是林語堂在寫完〈插論《語絲》的文體——穩健、罵人及費厄潑賴〉（1925 年 12 月 8 日作）這篇文章後，接連發表〈論罵人之難〉（1925 年 12 月 19 日作）、〈祝土匪〉（1925 年 12 月 28 日作）、〈〈「公理」的把戲〉後記〉（1925 年 12 月 31 日作），在這些文章中我們見不到所謂「費厄潑賴」的精神。（筆者按：此寫作日期是按照文後所附註，與期刊刊登日期不同）林語堂做這些炮火猛烈的文章也不是受到魯迅的指正而轉變，因為魯迅的〈論「費厄潑賴」應該緩行〉一文發表於 1926 年的 1 月 10 日。

[110] 劉炎生：《中國現代文學論爭史》（廣州：廣東人民出版社，1999 年 12 月，初版），頁 198-199。

[111] 魯迅在〈論「費厄潑賴」應該緩行〉一文中一開頭就點名批評林語堂的〈插論《語絲》的文體——穩健、罵人及費厄潑賴〉這篇文章。見魯迅：〈論「費厄潑賴」應該緩行〉，《墳》，《魯迅全集》卷 1，頁 270。

[112] 見施建偉的討論。施建偉：《林語堂在大陸》，頁 150。

豈明的意思」，[113]那麼魯迅為何單獨批評林語堂而不批評周作人？而林語堂又為何不辯駁？原因是周氏兄弟已經絕交，為避免節外生枝之故，況且林語堂也了解魯迅的批評並非針對他而來。[114]

（四）對「三・一八慘案」的態度

1926年3月18日，北京發生了「三・一八慘案」，被魯迅稱為「民國以來最黑暗的一天」。[115]這慘案導因於1926年初，直系吳佩孚和奉系張作霖在英、日的支持下，對馮玉祥的國民軍採取聯合攻勢。馮玉祥於是在天津附近海域佈雷，以防控制滿洲的張作霖軍隊從海上登陸。日本人認為上述地區是他們的勢力範圍，佈雷會妨礙他們的貿易與交通，於是在3月16日聯合英、美、法、意、荷、比、西等共8國，向段祺瑞政府下最後通牒。宣稱國民軍違反《辛丑條約》，要求中國停止軍事行動，撤除國民軍在天津、大沽的防務。消息傳出後的隔日，國民黨和共產黨的代表在北京聯合組織富有民族主義精神的學生進行示威遊行，要求段祺瑞拒絕此一冒犯中國主權的通牒。當遊行隊伍行至執政府駐地鐵獅子胡同時，被政府軍隊驅散。又再隔日，即3月18日，超過6千人在天安門附近集合，在聽完演講後，群眾再次向執政府所在地進發；警察攔住了去路，並開槍射擊，造成41位示威群眾死亡，[116]百人受

---

[113]林語堂：〈插論《語絲》的文體——穩健、罵人及費厄潑賴〉，《拾遺集（上）》，《林語堂名著全集》卷17，頁15。

[114]杜運通：〈林語堂代人受過——從魯迅〈論「費厄潑賴」應該緩行〉的一條注釋談起〉，子通編：《林語堂評說七十年》，頁303-304。根據魯迅的日記，1925年12月29日記載：「夜得林語堂信並稿。」此稿指〈祝土匪〉。又魯迅的〈論「費厄潑賴」應該緩行〉文末所附的日期是「1925年12月29日」，因此可以推斷魯迅是閱讀完林語堂的〈祝土匪〉後才作此文。〈祝土匪〉是篇炮火猛烈的文章，沒有絲毫「費厄潑賴」的精神，故可知魯迅的〈論「費厄潑賴」應該緩行〉一文非真針對林語堂。見魯迅：《日記》，《魯迅全集》卷14，頁576。

[115]魯迅：〈無花的薔薇之二〉，《華蓋集續編》，《魯迅全集》卷3，頁264。

[116]〈內政部關於三一八烈士名單及撫恤辦法復呈（1929年6月13日）〉，中國第二歷史檔案館編：《中華民國史檔案資料匯編・第3輯：民眾運動》（南京：鳳凰出版社，1991年6月，初版），頁674。

傷；死亡的大多是學生，其中包括林語堂和魯迅在女師大鍾愛的學生劉和珍。[117]

林語堂當時是女師大教務長，[118]在這件慘案的第 3 日寫下〈悼劉和珍楊德群女士〉一文，刊登在 1926 年 3 月 29 日的《語絲》上。[119]林語堂悲痛的寫道：

> ……很想拿起筆來，寫我這三天內心裡的沉痛，但只不知從何說起。因為三天以來，每日總是昏頭昏腦的，表面上奔走辦公，少有靜默之暇，思索一下，但是暗地裡已覺得是經過我有生以來最哀慟的一種經驗。或者一部分是因為我覺得劉楊二女士之死，是在我們最痛恨之敵人手下，是代表我們死的；一部分是因為我暗中已感覺亡國之隱痛，女士為亡國遭難，自秋瑾以來，這回算是第一次；而一部分是因為自我到女師大教書及辦事以來，劉女士是我最熟識而最佩服嘉許的學生之一。[120]

不料這時陳源在他《現代評論》的專欄「閒話」中，對執政府和群眾領袖各打五十大板，要發起這場示威運動的「父兄師長們」也要負起道義上的責任。陳源說，很多人告訴他，那天在天安門開會後，群眾本不打算再到執

---

[117]關於「三・一八慘案」可見中國第二歷史檔案館編：《中華民國史檔案資料匯編・第 3 輯：民眾運動》，頁 664-676；北京地方黨史研究會編著：《「三一八」慘案始末》（北京：文津出版社，2000 年 11 月，初版）。

[118]「三・一八慘案」發生時，林語堂剛就任教務長第 2 天。據許壽裳的回憶，3 月 18 日當天下午一聽到慘案發生，他立刻拉著新任教務長林語堂一同搭車前往察看。許壽裳 2 天前剛卸任女師大教務長一職。見許壽裳：《亡友魯迅印象記》，魯迅博物館等選編：《魯迅回憶錄（專著）》冊上（北京：北京出版社，1999 年 1 月，初版），頁 266。

[119]林語堂：〈悼劉和珍楊德群女士〉，《語絲》，72 期（1926 年 3 月 29 日）。劉和珍為女師大英文系學生，楊德群為女師大國文系預科學生。《語絲》第 72 期上的文章全部與「三・一八慘案」有關，可以說是《語絲》派紀念這慘案的專刊。發表文章的作者有林語堂、魯迅、周作人、朱自清等人。

[120]林語堂：〈悼劉和珍楊德群女士〉，《翦拂集》，《林語堂名著全集》卷 13，頁 55。

政府。但因為他們聽見抗議大會執行主席徐謙宣布執政府的衛隊已經解除了武裝，又宣讀了北京警衛司令李鳴鐘的來信，說對於這一天的運動，軍警當妥加保護，所以又到執政府門前去瞧熱鬧。[121]陳源又「聽見兩三個人都這樣說」，楊德群是「半路又回轉。一個教職員勉強她去，她不得已去了。」[122]陳源評論說：

> 我們不能不相信，至少有一部分人的死，是由主席的那幾句話。要是主席明明知道衛隊沒有解除武裝，他故意那樣說，他的罪孽當然不下於開槍殺人者；要是他誤聽流言，不思索調查，便信以為真，公然宣布，也未免太不負民眾領袖的責任。要是李鳴鐘真有信去，答應保護，事實上卻並沒有派軍警去保護，那麼李氏百口也不能辯他無罪；要是李氏并沒有信去，那麼宣讀的信，出於揑造，那揑造的人，又犯了故意引人去死地的嫌疑。[123]

1926年3月30日，《京報副刊》刊出了周作人、孟菊安、董秋芳等三人駁斥陳西瀅「閒話」的文章。周作人和孟菊安分別對陳西瀅所說楊德群是「半路又回轉，一個教職員勉強她去，她不得已去了」的這種說法提出反證。[124]董秋芳甚至罵陳源道：「這種畜生的畜生，生殖在人類裏面，早就可怕，而且早就可殺的了。」[125]林語堂在讀到這三篇文章的當日，立即作了一篇〈閒話與

[121] 西瀅：〈閒話〉，《現代評論》，3卷68期（1926年3月27日），頁10。

[122] 西瀅：〈閒話〉，《現代評論》，3卷68期，頁11。陳西瀅後來因楊德群的好友同學不斷出面反駁他的說法，只好公開承認他的錯誤。見西瀅：〈楊德群女士事件〉，《現代評論》，3卷70期（1926年4月10日），頁18-19。

[123] 西瀅：〈閒話〉，《現代評論》，3卷68期，頁10-11。

[124] 豈明：〈陳源口中的楊德群女士〉，《京報副刊》，北京，1926年3月30日，版4；孟菊安：〈「不下於開槍殺人者」的「閒話」〉，《京報副刊》，北京，1926年3月30日，版5。孟菊安為楊德群在女師大的同學和朋友。

[125] 秋芳：〈可怕與可殺〉，《京報副刊》，北京，1926年3月30日，版6。董秋芳為北大英文系學生，這篇侮辱系上教授陳源的文章為其帶來了不少麻煩。見董秋芳：〈陳源教授的報復〉，《語絲》，

謠言〉。他首先痛斥陳源有關楊德群被勉強而去的說法，林語堂說這種說法「自然是這些走狗獻給它們大人的狗屁，以求取得主人之歡心。」[126]接著林語堂對董秋芳批評陳源的話作了一些「發揮」，他暗批陳源說：

> 「畜生」生在人類裡面，本來已經夠奇了，但是畜生而發見於今日的大學教授中，這真使我料想不到。我要暢快的聲明，這並非指豬、狗、貓、鼠，乃指大學教授中「親親熱熱口口聲聲提到孤桐先生的一位」，亦即「白話老虎報社三大笑柄」之一。[127]

從這些任誰都知道是在罵陳源的話，可知即使是同為北大英文系的同事，「畜生」二字照樣可從林語堂的口中罵出。林語堂又罵道：

> 徐謙等會不會捏造李鳴鐘來信宣讀於眾，自從慘案發生以來，沒人想的到，就是閒話家替他想到，並且用不負責的不明不暗的句法散布出來。在這個國民一致憤慨的時候，這個東西還有功夫來幹這種陰險玩意，是否全無心肝，大眾可以明白。[128]

在「三・一八慘案」之後，《晨報》先是連續幾天發表譴責政府的社論；社論執筆人陳淵泉指責政府說：「即假定當日群眾中有攜帶手槍者，揣其人數亦極有限，何得因此遽向大眾開槍？」[129]社論中又認為，3 月 18 日當天群眾

---

82 期（1926 年 6 月 7 日），頁 15-16。

[126]林語堂：〈閒話與謠言〉，《翦拂集》，《林語堂名著全集》卷 13，頁 59。

[127]林語堂：〈閒話與謠言〉，《翦拂集》，《林語堂名著全集》卷 13，頁 59。《甲寅》雜誌的英文刊名為 *The Tiger*，所以又被稱為《老虎報》。《現代評論》雜誌因為立場偏向《甲寅》，被戲稱為「白話老虎報」（《甲寅》雜誌只刊登文言的文章）。見周作人：〈我們的閒話（一）〉，《周作人散文全集》卷 4，頁 545。

[128]林語堂：〈閒話與謠言〉，《翦拂集》，《林語堂名著全集》卷 13，頁 61。

[129]淵泉：〈空前之慘事〉，《晨報》，北京，1926 年 3 月 19 日，版 2。

中雖有共產黨人，但人數極為有限，且死者共產黨絕少，「政府不能以少數共產黨而抹殺多數之愛國青年。」[130]「此慘案全責，悉在政府」。[131]不料數日過後，《晨報》社論開始指責當日遊行抗議的領袖徐謙等人「捏報」府院衛隊已解除武裝的消息，導致群眾前往國務院而發生傷亡。社論中說：「徐〔謙〕等深夜捫心，能無『我雖不殺伯仁，伯仁由我而死』之感耶？」最後社論中問道，鐵獅子胡同的死者中有「革命群眾之領袖」嗎？群眾領袖不但沒死而且過著安全舒適的生活，這樣的無責任感和殺人的政府有何兩樣？[132]除了指責群眾領袖外，《晨報》社論也指責參與抗議的學校學生的校長，尤其是「中小學校校長」，認為他們沒有善盡保護的責任。[133]

林語堂因此攻擊《晨報》說：

> 《晨報》社論家曰：「這回民眾請願是和平的，被衛隊搶奪的也不過幾支手槍木棍。」這是何等公正的態度啊，但是暗中已給人陰險的暗示，當日實在有幾把手槍給衛隊搶奪去，這手槍自然是共產黨帶去的，於是大家可以、並且應該攻擊共產黨了。[134]

1926年4月2日，林語堂作〈討狗檄文〉一文，對有人提議教育界之革命派和反動派重修舊好，採取堅決拒絕的態度。林語堂表示：「我們是絕對不

---

[130]淵泉：〈政府之責任〉，《晨報》，北京，1926年3月20日，版2；隔天的社論又是一篇譴責政府的文章，見淵泉：〈不可輕輕放過〉，《晨報》，北京，1926年3月21日，版2。其中有話說：「凡我國人皆不可因有小數共產黨人之參加，而輕輕放過〔政府〕也。」

[131]淵泉：〈不可輕輕放過〉，《晨報》，北京，1926年3月21日，版2。

[132]淵泉：〈群眾領袖安在？〉，《晨報》，北京，1926年3月22日，版2。

[133]淵泉：〈校長之責任〉，《晨報》，北京，1926年3月23日，版2。文章中特別指責此次死亡名單中竟有年僅12、13歲的學生，「試問校長有何面目見其家長耶？」此13歲學生死亡的消息可見不著撰人：〈全城忽呈愁慘氣象〉，《晨報》，北京，1926年3月20日，版2。

[134]林語堂：〈閒話與謠言〉，《翦拂集》，《林語堂名著全集》卷13，頁60。

妥洽的，與政府妥洽的人妥洽即同於與政府妥洽。」[135]林語堂又接續先前「費厄潑賴」討論中的打「落水狗」話題，認為目前只有一條路可走，就是「先除文妖再打軍閥」。[136]他寫道：

> 我們打狗運動應自今日起，使北京的叭兒狗，老黃狗，螺螄狗，笨狗，及一切的狗，及一切大人物所豢養的家禽家畜都能全數殲滅。此後再來講打倒軍閥。[137]

在 1926 年 4 月 17 日所寫的〈打狗釋疑〉一文中，林語堂又說：

> 狗之該打，世人類皆同意。弟前說勿打落水狗的話，後來又畫魯迅先生打落水狗圖，致使我一位朋友很不願意。現在隔彼時已是兩三個月了，而事實之經過使我益發信仰魯迅先生「凡是狗必先打落水裡而又從而打之」之話。[138]

林語堂又認為，「無論那一國，政府中人大都是壞的」，所以要有強有力的民意監視。[139]他認為人民不能當殖民地的好百姓，「生活就是奮鬥，靜默決不是好現象，和平更應受我們的咒詛。」「若並一點恨心都沒有，也可以不做人了。」[140]

---

[135]林語堂：〈討狗檄文〉，《翦拂集》，《林語堂名著全集》卷 13，頁 64。

[136]林語堂：〈討狗檄文〉，《翦拂集》，《林語堂名著全集》卷 13，頁 65。

[137]林語堂：〈討狗檄文〉，《翦拂集》，《林語堂名著全集》卷 13，頁 66。

[138]林語堂：〈打狗釋疑〉，《翦拂集》，《林語堂名著全集》卷 13，頁 67。

[139]林語堂：〈打狗釋疑〉，《翦拂集》，《林語堂名著全集》卷 13，頁 68。

[140]林語堂：〈打狗釋疑〉，《翦拂集》，《林語堂名著全集》卷 13，頁 69。

（五）小結

「三・一八慘案」發生後的隔天，段祺瑞政府就以「嘯聚群眾」之罪名，下令通緝徐謙等5名在3月18日率眾滋事的「暴徒首領」。[141]3月26日，《京報》公布了一張第二批通緝的名單，共有48人，林語堂排在第17位。[142]1926年4月間奉直聯軍進駐北京，直魯聯軍首領張宗昌和奉軍首領張作霖控制北京城。4月26日，張宗昌槍殺了黑名單上已列出的《京報》總編輯邵飄萍。8月6日，張宗昌又殺害了北京《社會日報》社長林白水。[143]

在袁世凱死後的北洋軍閥時代，出版界一般是相當自由的。[144]林語堂曾說：「那時，北平的段祺瑞政府算得很放任的，亦極尊重出版和開會的自由。」[145]但是有一短暫時期例外，就是在張宗昌控制北京城時。在當時，只要是為南方國民黨政府做宣傳，都會被指為是共產黨的傀儡和宣傳赤化。而且反共的張宗昌又懷疑這些有革命性的報紙接受蘇聯的資助，所以才槍殺邵飄萍和林白水。[146]在這種情形下，林語堂只好離開北京南下了。

---

[141] 這5個人是中俄大學校長徐謙，北大教授李大釗，北大教務長顧兆熊，中法大學代理校長李煜瀛，女師大校長易培基。見魯迅：〈可慘與可笑〉，《華蓋集續編》，《魯迅全集》卷3，頁270。

[142] 此名單轉引自魯迅：〈大衍發微〉，《而已集》，《魯迅全集》卷3，頁575-578。

[143] Lee-hsia Hsu Ting 許麗霞, *Government Control of the Press in Modern China, 1900-1949* (Cambridge, Massachusetts: Harvard University Press, 1974), pp. 57-61.

[144] Lin Yutang, *A History of the Press and Public Opinion in China* (Chicago: University of Chicago Press, 1936), p. 169. 會造成出版界如此自由，是因北洋軍閥所造成的政治上混亂，使政府無力箝制新聞自由。這段期間或許是20世紀中國出版界最自由的時候。見Lee-hsia Hsu Ting 許麗霞, *Government Control of the Press in Modern China, 1900-1949*, p. 57.

[145] 林語堂：《林語堂自傳》，《林語堂名著全集》卷10，頁28-29。林語堂也曾說：「我總是以極感激的心情記得段祺瑞的寬大，他允許其他作家和我自己在北京的報紙上以不禮貌的言詞批評他。」見Lin Yutang, *A History of the Press and Public Opinion in China*, p. 116.

[146] Lin Yutang, *A History of the Press and Public Opinion in China*, p. 169. 不過依龔德柏的說法，邵飄萍和林白水的死亡完全是由於他們與軍閥間的私人恩怨和他們視錢如命的個人墮落，絕對不是為言論自由而死。見龔德柏：《龔德柏回憶錄》冊上（臺北：龍文出版社，1989年6月，初版），頁107-110。許麗霞且駁斥林語堂的說法，認為他們的死跟意識型態是絕對無關的。見Lee-hsia Hsu Ting 許麗霞, *Government Control of the Press in Modern China, 1900-1949*, pp. 59-61.

總之，林語堂在北京的這一段時間，所展現的就是其「浮躁凌厲」、「真誠勇猛」的一面。這也是一個知識份子除在自己專業領域之外，對國事的關心。林語堂這時期所寫的一些激烈的文章，大部份收在他 1928 年 12 月所出版的《翦拂集》中。胡風在 1935 年時所發表的〈林語堂論〉中說，林語堂在北京的那一段時期是他的「黃金時代」。[147]林語堂曾說過：「所謂作家，就是能整個人對時代起反應。」[148]林語堂這一系列對政府和社會的批判文章，正是他對時代所起的反應。

[147]胡風：〈林語堂論〉，子通編：《林語堂評說七十年》，頁 243。

[148]Lin Yutang, *The Pleasures of a Nonconformist* (Cleveland: World Publishing Co., 1962), p. 298.

第四章　知識份子的堅持（1930-1936 年）

一、1930 年代中國

（一）政治與文壇背景

我們通常稱 1930 年代至對日抗戰之前為林語堂文學創作的第二期，也就是「《論語》時期」。先討論一下這段時期中國國內的局勢。林語堂在 1927 年 3 月到 8 月間，曾受武漢外交部長陳友仁革命外交的感召，到武漢任外交部秘書。在武漢政府失敗後，林語堂開始對國民革命失去了信仰。在 1929 年，當他在回顧先前的革命理想主義時說：

> 我們的想像力被激起了，我們的熱情被點燃了；數以千計的年輕人遠離家園和校園，從最遠的省份來加入國民革命軍；他們奮鬥且流汗，數千人已欣悅地把他們的性命放在這民族主義的祭壇上，為的是一個重生和改善的中國這個夢想可以實現。但是，唉！伊卡洛斯（Icarus）飛得太接近太陽，[1]他的蠟翼熔化而他也掉落回地面。這個戰爭已經結束了，所有的理想主義也結束了。[2]

---

[1] 伊卡洛斯（Icarus），古希臘傳說中發明家代達羅斯（Daedalus）之子。代達羅斯曾為自己和兒子製作了用蠟黏合的雙翼以便逃出克里特島。但伊卡洛斯飛得太接近太陽，以致蠟翼熔化而墜落身亡。

[2] Lin Yutang, preface to *Letters of a Chinese Amazon and War-Time Essays* (Shanghai: The Commercial Press, Limited, 1930), pp. v-vi. 林語堂此段話曾被田漢加以引用，並評論說「〔林語堂〕並非完全無

林語堂把民國時期的政府比喻為馬，而人民則是騎馬師。[3]國民黨在北伐時就是一個善用民意的騎馬師。但北伐過後，國民黨由騎馬師的位置變成一匹馬的位置，於是它有了「一個微妙的心理轉變」。[4]對這個「微妙的心理轉變」，田弘茂解釋道：CC 派、[5]黃埔集團（尤其是它的衍生集團藍衣社）和新政學系，[6]在國民黨各種組織和宣傳機器中，在蔣介石軍隊和其情報網中，和在行政官僚組織中，這三者都有難以估計的影響力。這些派系在其成員、意識型態觀點和政治目標上，基本上都是保守的。國民黨變得越來越保守，且對進取的社會和經濟改革越來越沒興趣。國民黨於是乎從一個革命政黨，轉變成一個維持現狀的政黨。[7]

在 1928 年之前的 2 到 3 年裡，文學界是相對的平靜，雖說我們可見到由 1925 年五卅慘案所引起的政治和社會的大變動。在此同時，獲得共產黨支持的國民黨，早已積極準備全國統一的事業。在 1926 年的夏天，國民黨從廣州向北行軍，北伐開始。在 1928 年前這幾年史無前例的大變動中，伴隨的是文學創作的衰退。這文學上歉收的一段時間，並不是由於作家的消極態度所造成的，而是因作家們太投入於政治和社會議題，且積極加入由國民黨和共產黨員所領導的革命行列中。茅盾、歐陽予倩和郭沫若是其中幾位與國民黨軍隊一起北伐的作家，他們擔任政治指導者和對中國北方的宣傳者。他們既沒有時間，也沒有意向從事寫作。

知」。見田漢：〈伊卡拉斯的顛落——讀林語堂先生《論東西文化與心理建設》〉，《田漢全集》卷 18（石家莊：花山文藝出版社，2000 年 12 月，初版），頁 565-566。

[3] Lin Yutang, *A History of the Press and Public Opinion in China*, p. 115.

[4] Lin Yutang, *A History of the Press and Public Opinion in China*, p. 116.

[5] 國民黨內以陳立夫、陳果夫為首的實力派系。1928 年春，蔣介石授意二陳成立「中央俱樂部」（英文為 Central Club，簡稱 CC；也有一說 CC 是二陳姓氏的縮寫）。

[6] 有楊永泰、黃郛、張群、熊式輝、陳儀、吳鼎昌等人。

[7] Hung-mao Tien 田弘茂, *Government and Politics in Kuomintang China, 1927-1937* (Stanford: Stanford University Press, 1972), p. 71.

1928 年時，文學的場景劇烈的改變了。這時出現了比起自 1917 年文學革命以來，更成熟更傑出的作品。新的作家也開始獲得認可。茅盾在 1927 年共產黨失敗後，他繼續其作家的職業，寫出近代中國的首幾部長篇小說。他的三部曲《蝕》（1927 年的《幻滅》、1928 年的《動搖》和《追求》），是作者運用理解、洞察力和親身經歷，處理 1926 至 1927 年間革命的一傑出作品。老舍於 1926 年在倫敦寫出其第一部長篇小說《老張的哲學》；隔年，於 1927 年出版《趙子曰》。這部小說比起他第一部小說，顯示了許多技巧上的改良。[8]他於 1931 年回國，成為中國一主要的小說家。

在之前已經寫了許多短篇小說的葉聖陶， 於 1929 年寫出他第一部也是唯一一部長篇小說《倪煥之》。這部小說處理的是一個年輕中國知識份子的希望、夢想、奮鬥與失敗。巴金，一個無政府主義作家，「巴金」這個筆名是兩位無政府主義者巴枯寧（Bakunin）和克魯泡特金（Kropotkin）的名字第一個音節和最後一個音節結合起來的。他從法國回到中國，且於 1931 年出版其小說《霧》和《家》。《家》這部小說特別受到中國年輕讀者的歡迎。

在戲劇上，自 1920 年來都生產獨幕劇的田漢，在 1929 年發表了他第一部多幕劇《名優之死》。但是近代中國最偉大的劇作家曹禺，卻直到 1933 年才完成《雷雨》一劇。在詩的部分，許多在五四時代的激烈份子，如胡適與康白情，已經脫離了論戰。康白情很快的又變得保守，以致早在 1923 年起，他只用傳統的形式寫詩。至於胡適，雖說他沒有再寫詩，但他仍然是一位新詩的忠實提倡者。《新月》詩人們是對詩最有影響的團體，聞一多和徐志摩是兩位最有名的《新月》詩人。許多新的詩人如艾青、陳夢家、臧克家和田間，不久就在詩界出現了。

但是，以社會政治面的情勢看來，1928 年的近代中國文學，開始變得更深且直接的牽涉於政治。雖說近代中國文學的主要趨勢和精神一直總是較社

---

[8] 對老舍於倫敦所寫小說的評論見 Anne Witchard, *Lao She in London* (Hong Kong: Hong Kong University Press, 2012), pp. 81-82.

會性和政治性，而非較文學性。但在1928年和其後，卻有一有意識的運動，把文學屈從於一明確政治目的和意識型態。在1928年之前那些年，被稱作「文學革命」的時期——新文學運動；在1928年後，「革命文學」的紀元來臨——為革命服務的文學。像這樣的革命文學的擁護者，即是左翼作家。在1928年，支持革命文學最坦率的文學團體是創造社和太陽社。

但當政治開始干擾創造社時，它的成員免不了分裂了。田漢、郁達夫和張資平不久就離開創造社，但是成仿吾、郭沫若和其他一些人留了下來。稍後成仿吾、郭沫若等人南下加入廣州國民黨的革命政府。1925年時，創造社發行名為《洪水》的雙週刊，在這本刊物中，從唯美主義到政治馬克思主義的轉變開始明顯了。1926年，創造社發行《創造月刊》，在這刊物中，創造社不僅宣告其革命文學的戰鬥姿態，且開始顯示其皈依共產主義教條的跡象。

郭沫若是第一個對中國無產階級革命表達支持的浪漫創造社文人。他寫於1926年春的文章〈革命與文學〉，不只顯示由一個浪漫詩人到革命家的轉變，而且也是首次由一個詩人發出文學應服務政治的呼聲。在郭沫若發表其〈革命與文學〉的兩年後（1928年），從共產主義者的觀點看來，在政治鬥爭上已經輸給國民黨了。雖說在政治上失敗了，但左翼作家在意識型態的覺醒和理解上似乎加強了。成仿吾1928年發表在《創造月刊》上的〈從文學革命到革命文學〉，不僅宣告了左翼作家的革命決心，同時也表示了近代中國文學史上一個新紀元的開始。

1928年時，一個非常富於戰鬥性的文學社團「太陽社」創立了。它的兩個最知名的成員是錢杏邨和蔣光慈，蔣光慈且是革命文學最熱烈和坦率的發言人。蔣光慈是他那時代典型的革命文學倡導者，雖說他是只有「幾個表達極不佳的主題」（few themes with astoundingly limited means of expression）的「差勁作家，但卻是個十分有效的宣傳家」（a bad writer yet a somewhat effective propagandist）。[9]在蔣光慈1928年發表的〈關於革命文學〉中，他把

---

[9] Tsi-an Hsia 夏濟安, "The Phenomenon of Chiang Kuang-tz'u," in *The Gate of Darkness: Studies on the Leftist Literary Movement in China* (Seattle: University of Washington Press, 1968), pp. 61, 70.

革命文學的主張往社會主義的寫實主義文學方向推進了一步。他宣布革命文學的一些更進一步的功能，認為革命文學應不僅「暴露舊勢力的罪惡，攻擊舊社會的破產，並且要促進新勢力的發展」。[10]當郭沫若和成仿吾已強調作家的意識型態和階級意識的重要性時，蔣光慈把注意力更進一步放在這個主題的本質上。蔣光慈批評作家在其作品中所反映出的個人主義，認為原因在作家把注意力放在個體生活，忽視一般大眾的生活。結果就是，作家的作品中只見個別的英雄，而不見大眾的英雄行為。蔣光慈建議，集體主義應該要是作家創意的指導原則，作品中的英雄應是整體大眾而不是個體。[11]因此，從郭沫若、成仿吾到蔣光慈，左翼文學的理想在其早期階段的發展線已經清楚了。[12]

1928年3月10日，《新月》在上海創刊，可以看成是新月派的機關刊物，徐志摩、聞一多、饒孟侃、梁實秋、葉公超、潘光旦、胡適、羅隆基、余上沅及邵洵美等都曾任月刊主編。《新月》月刊的創刊，正值左翼作家在上海提出「革命文學」口號的時候。最初是他們自己陣營內創造社和太陽社的互相攻擊，但不久他們便把攻擊指向魯迅。在《新月》月刊創刊後，他們感到真正的敵人是新月派的作家，於是又集中火力攻擊新月派。可以說，左翼陣營內停止對魯迅的攻擊，甚至拉攏他過來一起籌組「中國左翼作家聯盟」，新月派對他們的威脅是一個很重要因素。[13]1931年，《新月》月刊曾經有意移往北平出版，其中的原因是新月派的主要支柱陸續離開上海，到北平、南京、青

[10] 蔣光慈：〈關於革命文學〉，《蔣光慈文集》卷4（上海：上海文藝出版社，1988年，初版），頁170。

[11] 蔣光慈：〈關於革命文學〉，《蔣光慈文集》卷4，頁171-172。

[12] Constantine Tung 董保中, “The Search for Order and Form: The Crescent Moon Society and the Literary Movement of Modern China, 1928-1933” (Ph. D. dissertation, Claremont Graduate School and University Centre, 1970), pp. 7-18.

[13] 王宏志：〈新月派綜論〉，《文學與政治之間——魯迅・新月・文學史》（臺北：東大圖書股份有限公司，1994年9月，初版），頁167。

島、漢口等大城市教書。[14]這是中國現代史上的一個反諷：由於國民政府在南京定都後，全國政治經濟形勢穩定，大多數身為教授的新月派成員不再聚居上海，將上海留給了左翼作家，使上海成為左翼文化運動的中心。[15]不過由於徐志摩在 1931 年的死亡，新月社也就隨著風流雲散了。

1929 年 2 月，創造社由於思想的偏激和言論的放肆被查封，左翼運動一時沒有了指導機構。1930 年 3 月 2 日，「左翼作家聯盟」（以下簡稱「左聯」）在上海成立。這組織包括了比創造社更廣的作家，除了魯迅、郭沫若、郁達夫、茅盾、田漢與洪深等知名作家外，大部分成員都在 30 歲之下，許多甚至是青少年。[16]1933 年 7 月，《文學》月刊創刊，是左派雜誌中最出名的雜誌。

但也有許多團體反對普羅文學。1930 年時，在「左聯」成立後不久，一群由南京國民政府扶植的作家，發動了一個「民族主義文藝運動」，對抗共產主義。不過這個運動很快就煙消雲散了。[17]

---

[14] 如胡適回到北平；梁實秋、聞一多、趙太侔到青島；陳源跟很多留英派的到武昌、漢口。見董保中：〈漫談新月〉，《文學‧政治‧自由》（臺北：爾雅出版社，1981 年 10 月，再版），頁 67。

[15] 左翼作家會群聚於上海，因上海是唯一安全的地方可以使他們的活動受到較大的保障。相反的，非共、反共作家們所散佈居住工作的大都市在文化、社會、經濟的戰略地位都無法與上海相比。國民黨軍事、政治上的勝利反而使非共、反共的作家們失去了一個文藝中心。見董保中：〈現代中國作家對文學與政治的論爭〉，《文學‧政治‧自由》，頁 39-40；董保中：〈現代中國文學之政治影響的商榷〉，《文學‧政治‧自由》，頁 8-9；Constantine Tung 董保中, "The Search for Order and Form: The Crescent Moon Society and the Literary Movement of Modern China, 1928-1933", p. 231. 在〈現代中國文學之政治影響的商榷〉此文中，董保中指出兩種一般的錯誤觀念：「一是三十年代的文學都是左傾，是共黨統戰的產物；一是對於文學影響思想甚或左右政治的力量的過度的相信。」因這兩種錯誤觀念而導致認為國民黨在大陸的失敗很有一部份是由於左派文藝力量所致。董保中反駁第一個錯誤時認為，因為左翼作家群集當時文化、社會運動中心的上海，所以給人們一個錯覺，以為中國的文壇是掌握在左派手裡。在反駁第二個錯誤時，董保中認為，文學作品在本質上所特有的隱晦、多角度、多層次的複雜性根本不符合政治宣傳或任何類似宣傳所需的條件。

[16] Wang-chi Wong 王宏志, *Politics and Literature in Shanghai: The Chinese League of Left-Wing Writers, 1930-1936* (Manchester: Manchester University Press, 1991), p. 65.

[17] 對這個運動失敗原因的分析見劉心皇：《現代中國文學史話》，頁 515-516；不過阪口直樹認為，這個「民族主義文藝運動」事實上並未在任何時候停止過，其一直延續到 1940 年代。見阪口直樹著，宋宜靜譯：《十五年戰爭期的中國文學》（臺北：稻鄉出版社，2001 年 2 月，初版），頁 3-4, 168-169。

還有一些作家團體想要保持中立，遠離政治。1932 年，信奉馬克思主義的胡秋原反對文學成為只是政治服務的宣傳工具，他希望看到「自由人」的出現，他的觀點得到《現代》月刊的編輯之一蘇汶的支持。蘇汶認為在兩派馬克思主義者的論爭之間，在胡秋原「自由人」和左聯之間，以及共產黨和國民黨陣營之間，應該存在不願意捲入論戰的「第三種人」。因《現代》月刊是 1930 年代極受歡迎的刊物，立時引起左聯的極大注意。[18]

林語堂在 1930 年代也是屬於要保持中立的獨立作家，他在這時期辦的《論語》、《人間世》、《宇宙風》等雜誌提倡幽默與溫和的諷刺，「對左聯不構成威脅」。[19]

（二）林語堂提倡幽默文學的原因

林語堂為何在 1930 年代提倡起幽默，阿英（筆名，原名錢杏邨）的分析是：

> 在一個社會的變革期內，由於黑暗的現實的壓迫，文學家大概是有三種路可走。一種是「打硬仗主義」，對著黑暗的現實迎頭痛擊，不把任何危險放在心頭。在新文學中，魯迅可算是這一派的代表。……二是「逃避主義」，這一班作家因為對現實的失望，感覺著事無可為，事不可說，倒不如「沉默」起來，「閉戶讀書」，即使肚裏也有憤慨。這一派可以「草木虫魚」時代的周作人作代表。……第三種，就是「幽默主義」了。這些作家，打硬仗既沒有這樣的勇敢，實行逃避又心所不甘，諷刺未免露骨，說無意思的笑話會感到

---

[18] Wang-chi Wong 王宏志, *Politics and Literature in Shanghai: The Chinese League of Left-Wing Writers, 1930-1936*, pp. 128-133；艾曉明：《中國左翼文學思潮探源》（北京：北京大學出版社，2007 年 1 月，初版），頁 165-167。

[19] David Der-Wei Wang 王德威, "Chinese literature from 1841 to 1937," in *The Cambridge History of Chinese Literature vol. II From 1375*, ed. by Kang-i Sun Chang 孫康宜, pp. 499-500.

> 無聊，其結果，就走向了「幽默」一途。[20]

《論語》的作家群之一海戈就承認，在 1932 年日軍發動「一二八事變」後，「當時大家心目中均痛恨日本，希望國內團結，而在事實上所表現者，則為不得不敷衍日本，乃致忍淚恭維，同時兄弟鬩於牆，內戰方酣。以此，平時所見所聞，一旦按捺不住，發為文章，其勢無法不幽默，於是幽默之風遍天下。」[21]

對於這段期間心境上的變化，1928 年 9 月 13 日，林語堂在即將出版的《翦拂集》序中，就稱這本收錄他之前所寫激烈文章的文集為「無聊」，對他「既往的熱烈及少不更事的勇氣」感到感慨。在評論到「三・一八慘案」時，他認為不過是死了 48 個青年，在長了兩年見識後，「還值得大驚小怪嗎？」[22]林語堂又說：

> 有人以為這種沉寂的態度是青年的拓落，這話我不承認。我以為這只是青年人增進一點自衛的聰明。頭顱一人只有一個，犯上作亂心志薄弱目無法紀等等罪名雖然無大關係，死無葬身之地的禍是大可以不必招的。……所以從前那種勇氣，反對名流的「讀書救國」論，「莫談國事」論，現在實在良心上不敢再有同樣的主張。[23]

所以，《翦拂集》中的種種論調，「只是一些不合時宜的隔日黃花」。「勇氣是沒有了，但是留戀還有半分。」[24]

---

[20] 阿英：〈林語堂小品序〉，阿英編校：《現代十六家小品》（天津：古籍書店，1990 年 8 月，初版），頁 465-466。

[21] 海戈：〈與友人論寫幽默〉，邵洵美編選：《論幽默》（上海：時代書局，1949 年，初版），頁 124。

[22] 林語堂：《翦拂集》，《林語堂名著全集》卷 13，〈序〉，頁 3, 5。

[23] 林語堂：《翦拂集》，《林語堂名著全集》卷 13，〈序〉，頁 4。

[24] 林語堂：《翦拂集》，《林語堂名著全集》卷 13，〈序〉，頁 4-5。

至於在解釋為何提倡幽默，林語堂說那是因為嚴格新聞檢查的緣故，逼得他不得不另闢蹊徑以發表思想。[25]在談到他被逼發展出來的文筆技巧時，他說：

> 我寫此項文章的藝術乃在發揮關於時局的理論，剛剛足夠暗示我的思想和別人的意見，但同時卻饒有含蓄，使不致於身受牢獄之災。這樣寫文章無異是馬戲場中所見的在繩子上跳舞，需眼明手快，身心平衡合度。[26]

林語堂認為這是「人類心理學中一種很尋常的現象」，是一種「自衛的機械作用」；因為人生太悲慘了，因此不能不故事滑稽，否則將要悶死。[27]

魯迅也曾經對幽默風行的原因做過解釋，他說：

> 人們誰高興做「文字獄」中的主角呢，但倘不死絕，肚子裡總還有半口悶氣，要借著笑的幌子，哈哈的吐他出來。笑笑既不至於得罪別人，現在的法律上也尚無國民必須哭喪著臉的規定，並非「非法」，蓋可斷言的。

[25] 林語堂說：「我初期的文字即如那些學生的示威遊行一般，披肝瀝膽，慷慨激昂，公開抗議。那時並無什麼技巧和細心。我完全歸罪於北洋軍閥給我們的教訓。我們所得的出版自由太多了，言論自由也太多了，而每當一個人可以開心見誠講真話之時，說話和著作便不能成為藝術了。」見林語堂：《林語堂自傳》，《林語堂名著全集》卷 10，頁 30。

[26] 林語堂：《林語堂自傳》，《林語堂名著全集》卷 10，頁 30。

[27] 林語堂：《林語堂自傳》，《林語堂名著全集》卷 10，頁 30。林語堂也曾提到他編《論語》時的苦與樂，其中第四苦是「且之際，武人操政，文人賣身，即欲高談闊論，何補實際？退而優孟衣冠，打諢笑謔，知我者謂我心憂，不知我者謂我胡求，強顏歡笑，泄我悲酸，其苦四也。」見語：〈編輯滋味〉，《論語》，15 期（1933 年 4 月 16 日），收入《披荊集》，《林語堂名著全集》卷 14，頁 274。

> 我想：這便是去年以來，文字上流行了「幽默」的原因，……。[28]

總之，對於林語堂之所以提倡幽默的解釋就是：幽默文學是對國民黨高壓政策和政治壓迫的一種反應。[29]

另外，林語堂還提過他提倡幽默的另一個原因。早在 1927 年的一篇文章中，林語堂就表達了不相信馬克思主義，因為它不符合中國社會的實際狀況。例如他說：

> 在地主和農民、資本家和員工之間，這種被發明出來的階級鬥爭，是註定要帶來社會混亂的。因為在西方階級鬥爭的定義中，中國實在沒有真的地主和資本家。[30]

在晚年的回憶錄中，林語堂說他對法西斯主義者和共產主義者向來沒有好感。[31]1936 年 8 月，林語堂在美國紐約中國學生會的講詞中，述說了他反對左傾提倡幽默的理由。林語堂認為，在 1925 年或 1926 年，中國文學的趨勢，是思想的左傾。作家的派別，是不從文學上來識別卻從政治上來區別的，這就是赤化與非赤化。林語堂反對這種文學和政治混為一體的畸形發展，因為

---

[28] 魯迅：〈從諷刺到幽默〉，《偽自由書》，《魯迅全集》卷 5，頁 42-43。本文作於 1933 年 3 月 2 日，文中「去年」指的是 1932 年。

[29] 若用 James C. Scott 的話來說，幽默即為「弱者的武器」（Weapons of the Weak）。James C. Scott 的論點可參考其著作 James C. Scott, *Weapons of the Weak: Everyday Forms of Peasant Resistance* (New Haven: Yale University Press, 1987).

[30] Lin Yutang, "Marxism, Sun Yat-Senism, and Communism in China," in *Letters of a Chinese Amazon and War-Time Essays* (Shanghai: The Commercial Press, Limited, 1930), p. 123. 林語堂這本書所收文章幾乎皆完成於 1927 年，且發表於 *People's Tribune*（漢口）期刊上，時林語堂任主編。見 Lin Yutang, preface to *Letters of a Chinese Amazon and War-Time Essays*, p. vii.

[31] Lin Yutang, *Memoirs of an Octogenarian*, p. 1. 在中國大陸的中譯本中，「共產主義者」這幾字遭刪除，見林語堂：《八十自敘》，《林語堂名著全集》卷 10，頁 245。

「倘使一旦文字成為了政治附屬品，那麼文字就將失去他固有的活動力。」[32]他說：

> 我看到這種急進主義很缺少糾正的批評：我更覺得，文學與政治混為一體的紛亂，並且，在這種背馳情形之下，他們要想以文字成為政治上的工具。這就是我所以要出版幽默雜誌的原因。我想使幽默的體裁，在文學上佔有重要的地位。[33]

余英時在解釋為何林語堂提倡幽默小品文時也支持此說。余英時認為，1920、1930 年代的中國新文學已走上泛政治化的道路，大體上以救國、革命為主流，文學本身沒有自主性。厭惡開口「救國」閉口「革命」的林語堂則屬於「反潮流」的一派，與新「載道派」的文學主流尤其是「革命文學」格格不入。[34]

以上所說的兩個林語堂提倡幽默文學的原因，廣為林語堂同時代人所接受。但經過最近這十多年對「上海摩登」的研究，認為 1930 年代中期以林語堂創辦或主編的幾家雜誌為代表的「幽默文學」的興起，是 1930 年代上海日漸成熟的「消費文化」在文學領域裡的迴響。這種消費性的文學講究性靈、筆調，多談風月，少談或不談政治。[35]以此觀點來看，幽默小品文學[36]在 1933 和 1934 年迅速流行的原因為：（1）經濟上的客觀條件：雜誌因價格低廉、內容豐富而受到購買力薄弱的讀者的歡迎，帶有很強消閒性質的幽默小品文學

---

[32] 林語堂語，轉引自江石江：〈林語堂反對左傾提倡幽默的理由〉，《傳記文學》，30 卷 1 期（1977 年 1 月），頁 78。

[33] 轉引自江石江：〈林語堂反對左傾提倡幽默的理由〉，《傳記文學》，30 卷 1 期，頁 78。

[34] 余英時：〈試論林語堂的海外著述〉，《現代學人與學術》，《余英時文集》卷 5，頁 463。

[35] 倪偉：《「民族」想像與國家統制：1928-1949 年國民黨的文藝政策及文學運動》（臺北：人間出版社，2011 年 8 月，初版），頁 15。

[36] 1930 年代所謂的幽默文學其實就是指當時風行的小品文。

隨著雜誌的繁盛應運而生，因為許多雜誌都需要靠易於大量生產的幽默小品文來充實版面。若是沒有雜誌的大量出版，幽默小品文學就不可能如此廣泛地流行開來。（2）適應閱讀口味：幽默文學成功的主要原因是它把握住了當時正在發生變化的閱讀趣味。民國以來教育的迅速發展，在上海形成了一個數量龐大的受教育階層，它包括教師、職員、政府公務員、下級軍官、學生等，構成了新式的市民階層。他們多數有穩定的職業，對社會現狀雖然也有所不滿，卻並沒有激進的革命思想。他們的閱讀趣味總的來說是偏向於消閒性和娛樂性，幽默文學是比較符合他們口味的。[37]

小品文其實是現代商業社會的產物。1930 年代以上海為代表的現代都市的發展，已經使中國的都市生活染上了「摩登」的色彩，消費主義開始流行。這個消費群體也正是《論語》等幽默小品文學刊物的基本讀者，幽默小品文學的興起正見證了中國社會（主要是沿海城市）的現代化。[38]白杰明（Geremie R. Barme）在研究豐子愷的著作中指出，1920 年代及 1930 年代早期在上海的豐子愷，其兒童文學的創作正表現出中國「現代性的另一種形式」。在這點上他與當時的周作人、俞平伯與林語堂等人提倡小品文的情況是一樣的。[39]

---

[37] 倪偉：《「民族」想像與國家統制：1928-1949 年國民黨的文藝政策及文學運動》，頁 235-236。關於 1920 年代晚期，「京派」「五四文化風格」的衰落與「海派」商業化的崛起，見 Timothy B. Weston, *The Power of Position: Beijing University, Intellectuals, and Chinese Political Culture, 1898–1929*, pp. 242-247.

[38] 倪偉：《「民族」想像與國家統制：1928-1949 年國民黨的文藝政策及文學運動》，頁 240。據蔡維屏對上海《申報》的研究，此消費主義對社會與個人之間的關係也發生了影響，它使得個人利益的問題可在公共領域討論，使得中國的現代性內涵更為多樣。見 Weipin Tsai 蔡維屏, *Reading Shenbao: Nationalism, Consumerism and Individuality in China, 1919-37* (New York: Palgrave Macmillan, 2010), p. 189.

[39] Geremie R. Barme, *An Artistic Exile: A Life of Feng Zikai (1898-1975)* (Berkeley: University of California Press, 2002), pp. 363-364.

二、林語堂與左右兩派的關係

1930 年代的中國是兩股勢力的拉鋸戰：一是南京國民政府的右派，一是共產黨的左翼勢力。林語堂對左右兩派勢力的態度為何，我們可從其發表的文章來做探討。

（一）林語堂對國民政府的批評

1930 年代林語堂的那顆「土匪」的心曾有將近半年的復活，那即是他參加了中國民權保障同盟。[40]中國民權保障同盟成立於 1932 年 12 月 29 日，它以美國公民自由聯盟（American Civil Liberties Union）為原型組建，主要是為被國民黨囚禁的日益增多的政治犯伸張正義。[41]同盟主席為宋慶齡，副主席為蔡元培，總幹事為楊銓（字杏佛），林語堂擔任的是宣傳主任。同盟成員還包括有魯迅、胡適、伊羅生（Harold R. Isaacs）、史沫特萊（Agnes Smedley）等人。[42]

1933 年 5 月 19 日，第十九路軍總指揮兼軍長蔡廷鍇諭令特務團將福建龍溪民眾教育館長兼抗日會常委林惠元逮捕，不加審訊，立予槍決，並宣布其罪狀為「曾入共黨，歷次暗運械彈接濟共黨」。中國民權保障同盟立刻致電十九路軍指揮者陳銘樞、蔣光鼐、蔡廷鍇，要求予以昭雪。[43]林惠元正是林語堂

[40] 施建偉：《林語堂在大陸》，頁 262。斯諾的太太 Helen Foster Snow 曾在她的回憶錄中苦澀的說：「〔林語堂〕他最後右傾且支持蔣介石。如果他不是於 1933 年左傾的話，他可能永遠不見聞於西方，因為我們不會試著促進他的事業的。」見 Helen Foster Snow, *My China Years* (New York: William Morrow, 1984), p. 121.

[41] Jerome B. Grieder, *Hu Shih and the Chinese Renaissance: Liberalism in the Chinese Revolution, 1917-1937* (Cambridge, Massachusetts: Harvard University Press, 1970), p. 277.

[42] 中國民權保障同盟的史料可見陳漱渝、陶忻編：《中國民權保障同盟》（北京：中國社會科學出版社，1979 年 12 月，初版）。同盟活動大要可見 Shiwei Chen, "Government and Academy in Republican China: History of Academia Sinica, 1927-1949"(Ph. D. dissertation, Harvard University, 1998), pp. 185-196.

[43] 韓信夫、姜克夫主編：《中華民國史・大事記》卷 6（北京：中華書局，2011 年 7 月），頁 4396-4397。

的姪兒。

1933年6月18日，楊銓在上海法租界中央研究院國際出版品交換處門口遭人槍擊身亡。一般相信，楊銓的死與他積極調查和聲稱握有女作家丁玲被特務綁架的證據有關。楊銓死後，中國民權保障同盟的運作就停止了。[44]普遍的看法是，行刺者是國民黨的特務。[45]林太乙回憶她父親林語堂的反應時說：「我記得楊杏佛被殺之後，父親有兩個星期沒有出門，而在我們的門口總有兩三個人站著，不知道他們是誰，我很害怕。後來他們不再站在門口了，父親才敢出去。」[46]因為怕危險，林語堂也沒有參加6月20日楊銓的入殮儀式。[47]林語堂也要求民權保障同盟停止工作，因他擔心同盟的會員都將遭到暗殺。[48]

林語堂對楊銓被暗殺的態度，我們可從他在1933年7月16日（楊銓遇害後第28天）在《論語》所發表的〈談女人〉一文中來考察。[49]林語堂說：

> 近來更覺得談已走入牛角尖之政治，不如談社會與人生。學漢朝太

---

[44] Lin Yutang, *A History of the Press and Public Opinion in China*, p. 174.

[45] 根據出自「軍統」（「軍事委員會調查統計局」的簡稱）的沈醉回憶，負責執行暗殺的是華東區行動組組長趙理君。蔣介石當時決定殺楊銓，最主要的原因是要以此威嚇宋慶齡。見沈醉：〈楊杏佛、史量才被暗殺的經過〉，《軍統內幕》（臺北：新銳出版社，1994年9月，初版），頁129-130。

[46] 林太乙：《林語堂傳》，《林語堂名著全集》卷29，頁81。

[47] 魯迅在6月20日的入殮儀式見到了宋慶齡和蔡元培，但卻沒有見到林語堂，於是向馮雪峰說：「這種時候就看出人來了，林語堂就沒有去；其實，他去送殮又有什麼危險！」見馮雪峰：《回憶魯迅》，魯迅博物館等選編：《魯迅回憶錄（專著）》冊中，頁626。不過，林語堂倒是參加了7月2日的出殯下葬儀式。見不著撰人：〈楊杏佛昨日安葬〉，《申報》，上海，1933年7月3日，版11。倪墨炎為此評論說：「民權保障同盟的活躍份子而又是著名人物者，兩次弔唁活動都不參加的大有人在。林語堂畢竟參加了一次，還是好的。」見倪墨炎：〈為林語堂辨正一件事〉，《新民晚報》，上海，1982年2月18日，收入子通編：《林語堂評說七十年》，頁210。

[48] 宋慶齡：〈追憶魯迅先生〉，魯迅博物館等選編：《魯迅回憶錄（散篇）》冊下（北京：北京出版社，1999年1月，初版），頁1039。

[49] 林語堂：〈談女人〉，《論語》，21期（1933年7月16日）。此文發表時並未署名，但實際上是林語堂執筆。

學生的清議，不如學魏晉人的清談，只不要有人又來將亡國責任掛在清談者之身上。由是決心從此脫離清議派，走入清談派，並書「只求許我掃門前雪，不管他媽瓦上霜」之句於案上玻璃片下以自戒。書完奮身而起曰：「好！我們要談女人了！」[50]

不過 3 個月後，在 1933 年 10 月 16 日的《論語》上，林語堂又發表了諷刺政府的文章〈論政治病〉。[51]林語堂挖苦道，中國的政府裡頭的血虧、胃滯、精神衰弱、骨節酸軟、多愁善病者，總比任何其他人類團體多，「人人在鞠躬盡瘁為國捐驅帶病辦公，人人皮包裡公文中夾雜一張醫生驗症書」。所以，「政治病雖不可常有，亦不可全無。各人支配一二種，時到自有用處。」等時機到了，就可連夜「養疴」去，其實這不過是他們「政治上鬥爭的武器及失敗後撒嬌的仙方」。[52]

自 1931 年「九一八事變」以後，面對日本帝國主義的侵略，國民政府的政策是，先安內，後攘外，對日採取不抵抗政策。林語堂在 1932 年 10 月 16 日的《論語》上發表〈如何救國示威〉一文。[53]林語堂諷刺著說，政府的長期抵抗，枕戈待旦等等方法都言之成理，但只怕不能實行。萬全之策，就是把聞見所及的八個救國方法：何應欽的公娼卻病強種法、張之江的國術救國法、戴季陶的經咒救國法、吳佩孚的名教救國及何鍵的讀經救國法、吳稚暉的學打機關槍救國法、胡適之的坐汽車救國法、馮玉祥的穿草鞋救國法、某將軍的跳舞救國法，「效醫士泡制萬全膏百應丹」，把這八種良劑和合起來，「定可藥到病除」。[54]同期的《論語》又有〈奉旨不哭不笑〉一文。[55]林語堂說今年

[50] 林語堂：〈談女人〉，《拾遺集（上）》，《林語堂名著全集》卷 17，頁 166。

[51] 林語堂：〈論政治病〉，《論語》，27 期（1933 年 10 月 16 日）。

[52] 林語堂：〈論政治病〉，《行素集》，《林語堂名著全集》卷 14，頁 27-30。

[53] 宰予：〈如何救國示威〉，《論語》，3 期（1932 年 10 月 16 日）。宰予為林語堂的筆名。

[54] 林語堂：〈如何救國示威〉，《披荊集》，《林語堂名著全集》卷 14，頁 235。

[55] 林語堂：〈奉旨不哭不笑〉，《論語》，3 期（1932 年 10 月 16 日）。

（1932 年）的 9 月 18 日，政府禁紀念國恥；10 月 10 日，又下令停止國慶，讓人民「哭不得，笑不得」。[56]在〈國文講話〉一文中，林語堂挖苦的說，「不抵抗」這句是白話文，但「『長期抵抗』，便有文彩，是文章」；「不攘外」是白話文，但「『先安內』，便有文彩，是文章」。[57]

1935 年 12 月 16 日，林語堂在《論語》發表一篇措辭強烈的文章〈國事亟矣〉。[58]文章一開頭即氣急敗壞的說：

> 蓋政府向來要我輩鎮靜，我輩亦甚鎮靜，不敢評論時政；政府向來要我輩安分，服從，莫開會，莫遊行，莫談國事，莫談外交，我輩亦安分，服從，不開會，不遊行，不談國事，不談外交——而結果若此！[59]

接著他痛斥政府的箝制言論自由說：

> 今動輒禁止言論，是驅全國國民使之自居於非國民地位，以莫談國事相戒，母戒子者以此，兄戒弟者以此，契友相戒者以此，而謂以此舉國相戒莫談國事之國民可以「共赴」什麼「國難」，其誰信之？故曰禁止言論自由之政策，是政府自殺之政策也。嗚呼痛哉！我國民果天生一副消沉散沙種子乎？抑在人權不保障之下不得不作消沉散沙種子乎？……我敢大膽作一語曰：民權之降落，民志之消沉，以今日為最低紀錄。[60]

---

[56] 林語堂：〈奉旨不哭不笑〉，《拾遺集（上）》，《林語堂名著全集》卷 17，頁 90。

[57] 林語堂：〈國文講話〉，《披荊集》，《林語堂名著全集》卷 14，頁 205。

[58] 林語堂：〈國事亟矣！〉，《論語》，78 期（1935 年 12 月 16 日）。

[59] 林語堂：〈國事亟矣〉，《語堂文集》冊上，頁 240。

[60] 林語堂：〈國事亟矣〉，《語堂文集》冊上，頁 240-241。

林語堂又提醒政府，「馬上可以得天下，不可以馬上守之。」他提到北平學校中，政府屢用學生作奸細，密告同學，造成上下互相猜忌，「正是一百分亡國必要之條件也」。林語堂又譴責政府的無脊梁外交道：「今日國難，決非一般奴顏婢膝無脊梁者所可應付，無脊梁者不必尸位，不必勸國民鎮靜而以奴顏婢膝自豪。」[61]

日本發動「九一八事變」侵占中國東北後，又向華北發動新的侵略，要求「華北政權特殊化」，國民政府決定於 1935 年 12 月 16 日成立「冀察政務委員會」。北平各學校學生群情激憤，於 12 月 9 日舉行了聲勢浩大的請願遊行。清華、燕京等各校學生數千人參加，反對自治運動，要求停止一切內戰，與軍警衝突，三十多人被捕，是為「一二・九運動」。12 月 16 日，北平學生和各界群眾 1 萬 5 千多人，舉行更大規模的遊行示威。[62]

對於學生的遊行，林語堂在 1935 年 12 月 12 日寫下〈關於北平學生「一二・九運動」〉一文。[63]在這篇文章中，林語堂把「一二・九運動」比擬為過去的「五四運動」和「五卅運動」，他盛讚「民眾力量如火燎原」，比中國的軍事力量更令日本人懼怕。他繼續論述說，國民黨的青年運動，即國民黨北伐光榮的歷史也直接受益於民眾運動和學生運動。孫中山先生早知道這個道理，所以留下「喚醒民眾」四字於遺囑中。因此，日本如要求中國制止民眾運動，等於是要求國民黨取消總理遺囑中「喚醒民眾」四字，於理不合。[64]林語堂最後下結論道：

---

[61] 林語堂：〈國事亟矣〉，《語堂文集》冊上，頁 241-242。

[62] 有關「一二・九運動」的資料可參考中國第二歷史檔案館編：《中華民國史檔案資料匯編・第 5 輯第 1 編：政治（4）》（南京：鳳凰出版社，1994 年 6 月，初版），頁 464-574；中共上海市委黨史資料徵集委員會主編：《抗日戰爭時期上海學生運動史》(上海：上海翻譯出版公司，1991 年 7 月，初版），頁 3-14。關於國民黨對「一二・九運動」的操控可參考 Jeffrey Nathan Wasserstrom, “Taking It to the Streets: Shanghai Students and Political Protest, 1919-1949”(Ph. D. dissertation, The University of California at Berkeley, 1989), pp. 267-287.

[63] 林語堂：〈關於北平學生「一二・九運動」〉，《宇宙風》，8 期（1936 年 1 月 1 日）。

[64] 林語堂：〈關於北平學生「一二・九」運動〉，《拾遺集（下）》，《林語堂名著全集》卷 18，頁 219-220。

> 夫民眾運動，如病家之脈息也。醫家言，病症無論如何，要看病家脈息；脈息好，症雖厲害不足慮；脈息不好，症雖輕亦可致命。吾看北平教育領袖及學生脈息不錯，中國其尚有望乎？[65]

這種對群眾運動稱讚的態度，彷彿又讓我們看到林語堂在北洋軍閥時期的衝勁。

1936年1月16日，林語堂在《論語》上發表〈外交糾紛〉一文。[66]林語堂說，北平學生運動及各地學生運動，反對變相式的割地，而擁護中國土地的完整，各地當局以怕引起「外交糾紛」為辭，勸阻學生，「是誠所謂笑話之至。」林語堂指出，外交部的設置，就是專為解決外交之糾紛。如果不敢據理力爭，「何不裁汰外交部，置一聽差，專收日本總領事電話遵命奉行乎？」[67]林語堂說：

> 今日根本問題不是外交糾紛不糾紛，而是華北可以不可以分割。可以分割，則雙手贈送他人亦可；不可分割，則外交之糾紛終不能免也。
>
> 若謂制止學生運動，以後遂可無外交糾紛，便是癡人說夢。[68]

林語堂也問道：「嗚呼，三民主義之民族主義，亦將引起外交糾紛乎？」[69]在〈關於北平學生「一二・九運動」〉和〈外交糾紛〉這兩篇文章中，林語堂口口聲聲「總理遺囑」、「三民主義」，可見其甚為服膺之。

---

[65] 林語堂：〈關於北平學生「一二・九」運動〉，《拾遺集（下）》，《林語堂名著全集》卷18，頁220-221。

[66] 林語堂：〈外交糾紛〉，《論語》，80期（1936年1月16日）。

[67] 林語堂：〈外交糾紛〉，《語堂文集》冊上，頁236。

[68] 林語堂：〈外交糾紛〉，《語堂文集》冊上，頁237。

[69] 林語堂：〈外交糾紛〉，《語堂文集》冊上，頁238。

在有關不民主、無民權、無法治方面，林語堂也發表了一些文章。1932 年 10 月 16 日，林語堂在《論語》上發表〈半部《韓非》治天下〉。[70]林語堂說，今日中國政治問題，有超乎一切政體問題之更大問題，就是人治與法治。「中國人脾氣不改，無論是國民黨來也好，共產黨來也好，法西斯蒂也好，帝制復辟也好，必脫離不了人治精神。」就像中國人民一向以莫談國事為寶訓，並非中國人缺少政治興味，而是談政治者不得法律之保障。大家為求明哲保身，其結果遂有 4 萬萬同胞如一盤散沙之現象。林語堂諷刺的說，韓非的法治學說，為今日救國之唯一正途。[71]

1933 年 3 月 16 日，林語堂在《論語》發表〈談言論自由〉一文。[72]林語堂說，在中國有說話自由的，只有官，「因為中國的官巴掌比民的巴掌大」。現在中國民權保障同盟所提倡的，就是在法律範圍之內，官民都有同等的自由。「所謂人權保障，言論自由，就是叫筆端舌端可以不受槍端的干涉，也就是文人與武人之爭。」[73]林語堂更以東漢太學生遭到黨錮之禍後，導致魏晉的清談之風的歷史為例，以古諷今的說：

> 今日跳舞場生意之旺盛，就是人民被壓迫，相戒莫談國事，走入樂天主義的合理的現象。商女雖然也知亡國恨，但是既然不許開抗日會，總也有時感覺須唱唱後庭花解悶的需要。[74]

1933 年 5 月 16 日，林語堂在《論語》發表〈梳、篦、剃、剝及其他〉一文。[75]文中林語堂感嘆，「今日無一事不可作為詐取民財的題目」。他以四川流

[70] 林語堂：〈半部《韓非》治天下〉，《論語》，3 期（1932 年 10 月 16 日）。

[71] 林語堂：〈半部《韓非》治天下〉，《披荊集》，《林語堂名著全集》卷 14，頁 239。

[72] 林語堂：〈談言論自由〉，《論語》，13 期（1933 年 3 月 16 日）。

[73] 林語堂：〈談言論自由〉，《行素集》，《林語堂名著全集》卷 14，頁 125-126。

[74] 林語堂：〈談言論自由〉，《行素集》，《林語堂名著全集》卷 14，頁 127。

[75] 林語堂：〈梳、篦、剃、剝及其他〉，《論語》，17 期（1933 年 5 月 16 日）。

行的童謠，反映民國的治績，批評中國之官只是讀書土匪。童謠云：「匪是梳子梳，兵是篦子篦，軍閥就如剃刀剃，官府抽筋又剝皮。」可知搜括本領，匪不如兵，兵不如將，將又不如官。林語堂認為，世界好談仁義者，莫如我國，而官僚貪污殘暴，亦莫如我國。「賑災，仁也——要你五百萬；剿共，義也——要你三千萬；航空，勇也——要你五千萬；而民遂死。」林語堂諷刺的說到，現在的軍閥莫不好談孔孟仁義，因「蓋深知不談仁義，便須談法，談法則上至院長，下至法官，皆須坐獄，有許多不便。談仁談義，談忠談孝，則於人無傷，於己無損，既無坐獄之患，且有衛道之名。」[76]林語堂在結論時說：「故儒道愈行，貪污愈甚，貪污愈甚，而儒道愈行。此實為今日軍閥及其幕僚清客好談孔孟之原因。故儒道一日不打倒，法治一日不能實現。」[77]

1933 年 11 月 1 日，林語堂在《論語》發表〈民國廿二年弔國慶（五言詩）〉。[78]從這首詩的內容，我們可知林語堂對當時政府的不滿。詩曰：

> 我生不逢辰，思國令人哀。農村空九室，學校戶半開，讀書稱雅事，算帳號人才。古物東京去，班禪西藏來，關內賊氛炎，長城鬼哭哀。誦經卻倭寇，試士賴長齋，主席逢僧話，遺囑寶剎埋。五卅無人問，八股有誰猜，嗟今讀書人，吃苦尚安排。舉頭望遺囑，低頭思秦淮，孝敬成憲法，信義入招牌。文通忌姓馬，禦寇亦罹災，詩人悲楊柳，義士罵桑槐。正氣遭污辱，文山一聲哀。年來大事類如此，國慶奚為哉。[79]

《論語》就是常有如林語堂所發表的這些諷刺批評時政的文章，所以使當政者感到不快。根據《論語》讀者的一篇文章表示，他當時讀的是一間軍

---

[76] 林語堂：〈梳、篦、剃、剝及其他〉，《披荊集》，《林語堂名著全集》卷 14，頁 276-277。

[77] 林語堂：〈梳、篦、剃、剝及其他〉，《披荊集》，《林語堂名著全集》卷 14，頁 277。

[78] 林語堂：〈民國廿二年弔國慶（五言詩）〉，《論語》，28 期（1933 年 11 月 1 日）。

[79] 林語堂：〈民國廿二年弔國慶〉，《行素集》，《林語堂名著全集》卷 14，頁 31。

事學校，是「中國最革命的學校」，《論語》是和赤化書籍同樣被禁止閱讀。[80]另外，右派文學團體微風文藝社曾在 1934 年 7 月 26 日的《申報》上，[81]刊登該社第一次社務會議的議決案，對林語堂和魯迅一起進行聲討。其內容為：

> ……大會提交聲討魯迅林語堂應如何辦理案，議決（甲）發表通電由梅子、高完白、童赤民起草。（乙）函請國內出版界在魯迅林語堂作風未改變前拒絕其作品之出版。（丙）函請全國報界在魯迅林語堂未改變作風以前一概拒絕其作品之發表及廣告。（丁）呈請黨政機關嚴厲制裁魯迅及林語堂兩文妖。（戊）警告魯迅及林語堂迅即改變其作風，否則誓與周旋。……[82]

微風文藝社竟然把林語堂與左聯的盟主魯迅等量齊觀，可見林語堂這些對政府嘻笑怒罵的文章實在有一定的影響力。

林語堂這些批評時政的文章，後來連左翼作家也看到了。1935 年 8 月 11 日，蕭三在給左聯的信中表明，[83]中國共產黨的領導已把林語堂列為統一戰線的「統戰」團結對象，且同時批評了左聯工作中的錯誤。蕭三在信中說：

> ……當民族危機日益加緊……中國文壇在此時本有組織廣大反帝聯合戰線的可能，但是由於左聯向來所有的關門主義——宗派主義，未能廣大地應用反帝反封建的聯合戰線，把這種不滿組織起來，以致「在各種論戰當中，及以後的有利的情勢之下未能計畫地

[80] 七郎：〈《論語》與我〉，《論語》，59 期（上海：時代圖書公司，1935 年 2 月 16 日），頁 572。

[81] 微風文藝社於 1934 年 7 月在上海成立，是由中國國民黨上海市黨部支助的文學團體，主要成員有朱小春、林庚白、林眾可、章衣萍等。

[82] 不著撰人：〈微風文藝社聲討魯迅林語堂〉，《申報》，上海，1934 年 7 月 26 日，版 16。

[83] 蕭三曾在蘇聯留學和任教，並任左聯駐莫斯科國際革命作家聯盟代表。

把進步的中間作家組織到我們的陣營裡面來」……。[84]

又說：

統治者的虐政，尤其是賣國政策大遭一般知識者的非難，林語堂的「自古未聞糞有稅，而今只有屁無捐」可謂謔而虐之至。[85]

由此我們可知，連左派作家對林語堂也感到有不無讚賞之處。

（二）林語堂對左翼作家的批評

林語堂在 1932 年 9 月創辦《論語》，其後又辦《人間世》、《宇宙風》，提倡小品文、幽默、閒適、性靈。不過由於此小品熱、幽默風，進而引起左翼作家的圍攻。

林語堂在《論語》初期所發表的文章中，提到共產主義或共產黨的言論時，只是說些幽默的話而已。例如 1932 年 10 月 1 日，林語堂在《論語》發表〈馬克思風〉一文。[86]文中說「太陽光，由蘇維埃的三稜鏡分析出來，倘有七色，便是反革命，反馬克斯，反唯物史觀，而應被打倒。反之，倘是分析出來，只有純赤，便是合於辯證法的唯物史論，而應擁護。再如大馬路的西風，由靜安寺吹來，便是帝國主義風，由閘北貧民窟吹來的北風，便是馬克斯風，可以受之無愧。」[87]

---

[84] 蕭三：〈肖三給左聯的信〉，馬良春、張大明合編：《三十年代左翼文藝資料選編》（成都：四川人民出版社，1980 年 11 月，初版），頁 204。肖三即蕭三。

[85] 蕭三：〈肖三給左聯的信〉，馬良春、張大明合編：《三十年代左翼文藝資料選編》，頁 206。「自古未聞糞有稅，而今只許屁無捐」為一題字，見《論語》，2 期（上海：中國美術刊行社，1932 年 10 月 1 日），頁 12。

[86] 林語堂：〈馬克思風〉，《論語》，2 期。

[87] 林語堂：〈馬克斯風〉，《語堂文集》冊上，頁 356。

1933 年 5 月 16 日，林語堂在《論語》發表〈春日遊杭記〉一文。[88]文中林語堂還替共產黨說些好話道：

> ……抗日會不許開，開必變成共產黨。……近日推諉誤國責任頗成問題，國民黨推給民眾，民眾推給政府，政府推給軍閥，軍閥一塌刮子推給共產黨，弄得雞犬不寧，朝野躁動。[89]

1933 年 6 月 16 日，林語堂在《論語》發表〈鄭板橋共產黨〉一文。[90]文中林語堂說：「板橋實一最普羅的作家，使板橋生於今日，必為共產黨無疑。」只因為鄭板橋在家書裡說：「天地間第一等人，只有農夫，而士為四民之末。」林語堂評論道：「此與共產黨口號何異？」家書中又有言道：「……古者一夫受田百畝……若再多求，便是占人產業，莫大罪過。天下無田業者多矣，我獨何人？貪求無饜，窮民將何所措足乎？」林語堂評論道：「此種精神，近乎江西共產黨的均田政策。」林語堂又說，共產黨看不起知識階級，鄭板橋也看不起讀聖賢書人。他舉出鄭板橋的話為例：「吾輩讀書人，一捧書本，便想中舉，中進士，做官，如何攫取金錢，造大房屋，置多田產。」[91]這些其實都是林語堂的玩笑話。

《論語》創刊之初，宋慶齡、魯迅、茅盾等著名的左翼人士都曾為之寫稿。以魯迅為例，從 1933 年 2 月到 9 月，《論語》曾發表 12 篇魯迅的文章。《論語》創刊時，正當左翼作家與「第三種人」論戰的時候，無暇顧及幽默文學。[92]故這段期間並不存在敵對的關係。我們以左聯的盟主魯迅批評《論語》的文章為例，說明左聯這時並沒有把林語堂視為敵人，魯迅這時的批評都還

---

[88] 林語堂：〈春日遊杭記〉，《論語》，17 期（1933 年 5 月 16 日）。

[89] 林語堂：〈春日遊杭記〉，《行素集》，《林語堂名著全集》卷 14，頁 128。

[90] 林語堂：〈鄭板橋共產黨〉，《論語》，19 期（1933 年 6 月 16 日）。

[91] 林語堂：〈鄭板橋「共產黨」〉，《披荊集》，《林語堂名著全集》卷 14，頁 282-283。

[92] 施建偉：《林語堂在大陸》，頁 306, 309。

算溫和。

1933 年 3 月 7 日，魯迅在《申報》的「自由談」專欄中發表〈從諷刺到幽默〉一文。魯迅在文中解釋完《論語》所提倡的幽默在去年流行的原因後，下結論道：

> 然而這〔幽默風行的〕情形恐怕是過不長久的，「幽默」既非國產，中國人也不是長於「幽默」的人民，而現在又實在是難以幽默的時候。於是雖幽默也就免不了改變樣子了，非傾於對社會的諷刺，即墮入傳統的「說笑話」和「討便宜」。[93]

1933 年 3 月 8 日，魯迅在《申報》的「自由談」專欄中發表〈從幽默到正經〉一文。魯迅在文中說，笑笑，原也不能算「非法」的。不過不幸的，東北淪陷了，榆關又失守，熱河吃緊，愛國之士於竭力搜索失地原因之餘，要大家做正經文章，裝正經臉孔，以補「不抵抗主義」之不足。這時候，笑嘻嘻的人可就要遭殃了，因為他會被說為全無心肝。[94]這就有如「無論貞女與淫女，見人時都得不笑不言；……送葬的女人，無論悲哀與否，在路上定要放聲大叫。」[95]魯迅在文末說了句重要的話：「這就是『正經』。說出來麼，那就是『刻毒』。」[96]逼迫每個人擺副正經的臉孔，這正是林語堂所不願意做的；這也是稍後會提到的，林語堂與左翼作家的爭執點。魯迅此時罵為「刻毒」的，他自己後來卻忘卻了。

1933 年 6 月 20 日，魯迅在楊銓的入殮儀式上沒有遇見林語堂，或許是出於對林語堂的反感，在當晚答覆林語堂的約稿信中，拒絕了為《論語》撰寫打油詩。信中說：

---

[93] 魯迅：〈從諷刺到幽默〉，《偽自由書》，《魯迅全集》卷 5，頁 43。

[94] 魯迅：〈從幽默到正經〉，《偽自由書》，《魯迅全集》卷 5，頁 44。

[95] 魯迅：〈從幽默到正經〉，《偽自由書》，《魯迅全集》卷 5，頁 45。

[96] 魯迅：〈從幽默到正經〉，《偽自由書》，《魯迅全集》卷 5，頁 45。

> 語堂先生：
>
> 頃奉到來札並稿。前函令打油，至今未有，蓋打油亦須能有打油之心情，而今何如者。重重迫壓，令人已不能喘氣，除呻吟叫號而外，能有他乎？
>
> 不准人開一開口，則《論語》雖專談虫二，[97]恐亦難，蓋虫二亦有談得討厭與否之別也。天王已無一枝筆，[98]僅有手槍，則凡執筆人，自屬全是眼中之釘，難乎免於今之世矣。……[99]

在此信中，魯迅還是表達他認為現在不是談幽默的時機的看法。

1933 年 9 月 16 日，魯迅在《論語》上發表〈《論語》一年——借此又談蕭伯納〉一文。[100]文中魯迅雖然肯定《蕭的專號》，[101]但他也說：「老實說罷，〔林語堂〕他所提倡的東西，我是常常反對的。先前，是對於『費厄潑賴』，現在呢，就是『幽默』。」「我不愛『幽默』」。「『幽默』在中國是不會有的。」「還能希望那些炸彈滿空，河水漫野之處的人們來說『幽默』麼？」[102]

1933 年 10 月 1 日，魯迅發表了〈小品文的危機〉一文。[103]這是在左聯開始全面攻擊林語堂之前，魯迅發表過對林語堂最嚴厲的文章，但還算溫和的批評。魯迅認為上海正在盛行的小品文（顯然指《論語》等幽默小品），只是供士大夫「清玩」的「小擺設」，於是小品文就走到了危機。魯迅在文末的結論說道：

---

[97] 「虫二」，指「風月」，由「風月無邊」變化而來。

[98] 「天王」，指國民黨當局。

[99] 魯迅：〈致林語堂〉，《書信》，《魯迅全集》卷 12，頁 187。

[100] 魯迅：〈《論語》一年——借此又談蕭伯納〉，《論語》，25 期（1933 年 9 月 16 日）。

[101] 1933 年 2 月 17 日，諾貝爾文學獎得主蕭伯納（George Bernard Shaw）在其環遊世界途中，在上海停留一天，與宋慶齡、林語堂、蔡元培、魯迅、楊銓、伊羅生等共進午餐。在 3 月 1 日出版的《論語》第 12 期，林語堂則製作了迎蕭的專號以為紀念。

[102] 魯迅：〈《論語》一年——借此又談蕭伯納〉，《南腔北調集》，《魯迅全集》卷 4，頁 567，570。

[103] 魯迅：〈小品文的危機〉，《現代》，3 卷 6 期（1933 年 10 月 1 日）。

> 生存的小品文，必須是匕首，是投槍，能和讀者一同殺出一條生存的血路的東西；但自然，它也能給人愉快和休息，然而這並不是「小擺設」，更不是撫慰和麻痺，它給人的愉快和休息是休養，是勞作和戰鬥之前的準備。[104]

在左聯全面攻擊《論語》派的幽默小品之前，衝突已經開始了。1934 年 4 月 5 日，林語堂創辦《人間世》小品文半月刊。在〈發刊詞〉中，林語堂提倡「以自我為中心，以閒適為格調」的小品文，並且界定小品文的內容為「包括一切，宇宙之大，蒼蠅之微，皆可取材，故名之為人間世。」[105]在《人間世》第 1 期，刊出了林語堂精心安排的周作人的兩首五十自壽詩，以及文人名流的唱和詩，結果引來左派文人的攻擊。首先開砲的是埜容（廖沫沙的筆名），他在 1934 年 4 月 14 日《申報》的「自由談」專欄中發表〈人間何世？〉一文。文中一開頭便指著林語堂罵道：

> 主編《論語》而有「幽默大師」之稱的林語堂先生，近來好像還想謀一個兼差，先前是幽默，而現在繼之以小品文，因而出版了以提倡小品文相標榜的《人間世》。有了專載小品文的刊物，自然不能不有小品文「大師」，這是很邏輯的登龍之道吧。[106]

廖沫沙接著譏笑《人間世》〈發刊詞〉中的「宇宙之大，蒼蠅之微，皆可取材」字句，說他讀了《人間世》第一期後，「始終只見『蒼蠅』，不見『宇宙』」，

---

[104] 魯迅：〈小品文的危機〉，《南腔北調集》，《魯迅全集》卷 4，頁 576-577。

[105] 林語堂：〈發刊詞〉，《人間世》，1 期（1934 年 4 月 5 日），頁 2。在解釋他為何提倡小品文時，林語堂說：「我把一種更親切（familiar）的寫作方式的引進，視為把中國散文從儒家陳腔濫調束縛中解放的一種手段。」見 Lin Yutang, “On Sitting in Chairs,” in *Confucius Saw Nancy and Essays About Nothing* (Shanghai: The Commercial Press, Limited, 1936), p. 62.

[106] 埜容：〈人間何世？〉，《申報》，上海，1934 年 4 月 14 日，版 19。

大概又和《論語》一樣，「俏皮埋煞了正經，肉麻當作有趣」。[107]廖沫沙最後說：

> 個人的玩物喪志，輕描淡寫，這就是小品文。西方文學有閒的自由的個人主義，和東方文學筋疲骨軟，毫無氣力的騷人名士主義，合而為小品文，合而為語堂先生所提倡的小品文，所主編的《人間世》。[108]

經過廖沫沙的首先發難之後，先前競相刊出唱和詩的各報刊，竟突然轉向，爭著批判自壽詩和《人間世》，隨後又引出了批判林語堂幽默小品的文章。[109]林語堂亦不甘示弱，1934 年 4 月 16 日，他在《申報》的「自由談」專欄中發表〈論以白眼看蒼蠅之輩〉一文。文中林語堂認為，埜容深惡小品文的態度只是「方巾氣」、「新道學」，和以前反對白話維持道統的文人沒有分別。[110]林語堂又反駁說：「埜容君好談的是世道，是人心，然世道人心若不從微處入手談起，亦每每談得昏頭昏腦，不知所云，讀下去頗有抑揚頓挫，顯微鏡一照卻令人噴飯。」[111]

1934 年 4 月 26 日，林語堂在《申報》的「自由談」專欄中發表〈周作人詩讀法〉一文。文中林語堂稱最近系統攻擊《人間世》的人，如「野狐談佛，癩鱉談仙」。林語堂又藉古喻今的說，清談亡晉之論是錯誤的，晉之亡不在阮籍猖狂，而在昏君暴主殺人如麻使阮籍不得不猖狂之環境。「夫飲酒猖狂，或

---

[107] 埜容：〈人間何世？〉，《申報》，上海，1934 年 4 月 14 日，版 19。

[108] 埜容：〈人間何世？〉，《申報》，上海，1934 年 4 月 14 日，版 19。

[109] 施建偉：《林語堂在大陸》，頁 324；劉心皇：《現代中國文學史話》，頁 652-655。林語堂與左派作家在《申報》的這場論戰可見 Weipin Tsai 蔡維屏，*Reading Shenbao: Nationalism, Consumerism and Individuality in China, 1919-37*, pp. 151-154. 廖沫沙對這場論戰的回憶見廖沫沙：〈我在三十年代寫的兩篇雜文〉，《廖沫沙文集》卷 2（北京：北京出版社，1986 年 6 月，初版），頁 378-380。

[110] 林語堂：〈論以白眼看蒼蠅之輩〉，《申報》，上海，1934 年 4 月 16 日，版 15。

[111] 林語堂：〈論以白眼看蒼蠅之輩〉，《申報》，上海，1934 年 4 月 16 日，版 15。

沉寂無聞，亦不過潔身自好耳。」今天這些「癟鱉」，竟要使潔身自好者負亡國之罪，實在是「一股頭巾氣」。[112]「潔身自好者」，林語堂這裡顯然指的是他自己。

1934 年 4 月 28 日、30 日及 5 月 3 日，林語堂在《申報》的「自由談」專欄中連載發表〈方巾氣研究〉一文。林語堂在文中一開始就說，他在創辦《論語》之時，就認定方巾氣道學氣是幽默之魔敵。2 千年來方巾氣仍舊把 20 世紀的白話文人壓得不能喘氣。[113]林語堂批評左派文人說：

> 今人有人雖寫白話，實則在潛意識上中道學之毒甚深，動輒任何小事，必以「救國」「亡國」掛在頭上，於是用國貨牙刷也是救國，賣香水也是救國，弄得人家一舉一動打一個嚏也不得安閒。[114]

對於左派作家的苦苦相逼，林語堂氣憤的說：

> 所以這種方巾氣的批評家雖自己受壓迫而哼幾聲，唾罵「文化統一」，哀怨「新聞檢查」，自己一旦做起新聞檢查員來，才會壓迫人家的利害。[115]

1934 年 9 月 20 日，在魯迅等左翼作家支持下，《太白》半月刊創刊於上海。圍繞著《太白》，以魯迅、茅盾、陳望道、胡風、聶紺弩、徐懋庸、唐弢、陳子展、夏征農、曹聚仁等人為骨幹，形成了一個「太白派」，以抵制《論語》

---

[112]林語堂：〈周作人詩讀法〉，《披荊集》，《林語堂名著全集》卷 14，頁 178-179。

[113]林語堂：〈方巾氣研究〉，《披荊集》，《林語堂名著全集》卷 14，頁 168, 171。林語堂在其他地方也說過：「〔共產黨〕他們幾乎沒想過——在我點出前他們全無所知——即使他們在思想上似乎很前進，在態度上他們實不過是無幽默宋朝道學氣理學家的殘餘。」見 Lin Yutang, “Let’s Liquidate the Moon,” in *Confucius Saw Nancy and Essays About Nothing*, pp. 296-297.

[114]林語堂：〈方巾氣研究〉，《披荊集》，《林語堂名著全集》卷 14，頁 168。

[115]林語堂：〈方巾氣研究〉，《披荊集》，《林語堂名著全集》卷 14，頁 172。

派的幽默小品為己任。徐懋庸就曾說過：「《太白》的主要的任務，當然是轉移《論語》和《人間世》所造成的頹廢的個人主義的小品文作風，使之成為積極的、科學的、為大眾的。」[116]左派自己的小品文雜誌《太白》的創刊，代表了左翼作家開始全面的批判林語堂，開始視林語堂為敵人。同樣的，魯迅對林語堂的批評也不再留情了。[117]

《太白》的「短論」一欄多為批評《論語》派文學理論的文章。從第 1 卷第 8 期開始，增加了「掂斤簸兩」一欄，則以三言兩語的短論，嘲諷攻擊《論語》派。《太白》創刊半年時，推出了一本名為《小品文和漫畫》的紀念特刊，由魯迅、茅盾等 58 位太白派作家撰稿，收了不少批判《論語》派的文

[116]徐懋庸：〈《太白》的停刊〉，《芒種》，2 卷 1 期（1935 年 10 月 5 日），收入上海文藝出版社編：《中國新文學大系 1927-1937．第 19 集：史料．索引 1》（上海：上海文藝出版社，1989 年 5 月，初版），頁 252-253。

[117]魯迅由溫和的批評林語堂的幽默小品，到《太白》創刊後批判言辭的轉為鋒利，這一個「言辭由溫和轉為鋒利」的原因，錢鎖橋有其獨到的看法。錢鎖橋解釋道，魯迅在左聯的時期（1930-1936 年）所發表的雜文，許多是和馮雪峯、瞿秋白合寫的。1933 年周揚成為左聯新領導人後，魯迅還是時常依左聯的指示寫文章。至少從魯迅寫給胡風的信中我們知道，魯迅在 1935 年所發表 7 篇針對林語堂的〈文人相輕〉系列，全都是奉左聯指示的「捧場」（信中語）文章。錢鎖橋因此大膽的假設，魯迅在《太白》創刊前（1934 年 9 月前）所寫的溫和且不把林語堂當敵人的文章其實是在對林語堂「統戰」，就如 1930 年魯迅被左派「統戰」成功而加入左聯一樣。錢鎖橋的推理過程是這樣的：從魯迅的日記可知，在 1929 年 8 月 28 日晚上，林語堂和魯迅因細故吵架，之後林語堂的名字就從魯迅的日記中消失。但是在《論語》造成風潮後，魯迅又開始與林語堂接觸，且替《論語》寫文章。林語堂的名字於 1933 年 1 月 11 日，又重新在魯迅的日記中出現。魯迅這時的重新與林語堂接觸，在錢鎖橋看來正是魯迅在對林語堂進行「統戰」。在林語堂創辦《人間世》後，林語堂的名望到達了頂點。這兩個雜誌在年輕人和大學生間相當有影響力，從這時開始，左派和林語堂的關係就開始生變了。在《太白》創刊後，巧合的是魯迅與林語堂的關係也破裂了。不過這次破裂沒有什麼私人的細故爭吵，林語堂的名字在 1934 年 8 月 29 日後，又從魯迅的日記中消失了。林語堂的名字又自魯迅的日記中消失，按錢鎖橋的解釋，這代表魯迅對林語堂「統戰」失敗，放棄了「統戰」，故也不再有私人情誼了。魯迅放棄對林語堂「統戰」的當刻，正是配合《太白》雜誌開始全面對林語堂進行批判。錢鎖橋在其文後的註釋又說，有趣的是，林語堂與魯迅第一次爭吵時，也正巧是左聯在籌備中，且中國共產黨正在嘗試拉攏魯迅的時候。這意思即是說，表面上 1929 年 8 月 28 日晚上與林語堂的爭吵是兩人關係破裂的原因，事實上真正決裂的原因是魯迅那時被左聯爭取過去，不得不與林語堂劃清界限。見 Jun Qian, “Lin Yutang: Negotiating Modernity Between East and West,” pp. 44-50, 229, note 10；魯迅：〈致胡風〉，《書信》，《魯迅全集》卷 13，頁 212；林語堂與魯迅於 1929 年吵架的情況可見林語堂：〈憶魯迅〉，《林語堂散文經典全編》卷 3，頁 506。

章。在左派發動的這場圍剿林語堂的運動中，魯迅依然是最重要的作家。他不僅經常在《申報》「自由談」專欄和《中華日報》「動向」專欄上發表反對《論語》派的文章，而且自從 1935 年開始，幾乎每一期《太白》上都有魯迅以其他的筆名所寫的批評林語堂的文章。

對於太白派的攻擊，1934 年 12 月 16 日，林語堂在《論語》上發表〈遊杭再記〉一文，[118]文中他表達了其對左翼作家的不滿。林語堂提到他到杭州中山公園的一段經歷：

> 正出〔公園〕大門，見有二青年，口裡含一枝蘇俄香煙，手裡夾一本什麼斯基的譯本，於是防他們看見我「有閒」賞菊，又加一亡國罪狀，乃假作無精打采，愁眉不展，憂國憂家似的只是走錯路而並非在賞菊的樣子走出來。[119]

左派作家卞正之也立刻予以反擊。1935 年 1 月 20 日，在《太白》上他發表了〈「言志」與「載道」〉一文。他抨擊林語堂說：

> 林〔語堂〕先生寫這一段時，當然滿心是「不載道」的觀念，但是「不載道」的觀念而至於無處不拍合上去，那麼「不載道」這觀念的本身也就成為「道」了。再者，亦唯林先生先有一不同於彼二青年之「道」在，故林先生一見就會「防」起來了。[120]

卞正之又說：「可知林〔語堂〕先生不是絕對不要『道』，卻是為的『道』不同罷了。」「抵死不肯談『牙膏管蓋子』者固然是『方巾氣』，而以為唯有『牙

[118]林語堂：〈遊杭再記〉，《論語》，55 期（1934 年 12 月 16 日）。

[119]林語堂：〈遊杭再記〉，《拾遺集（上）》，《林語堂名著全集》卷 17，頁 246。

[120]卞正之：〈「言志」與「載道」〉，陳望道主編：《太白》，1 卷 9 期（上海：生活書店，1935 年 1 月 20 日），頁 422。

膏管蓋子』是天地間唯一妙文者，亦未始不是『方巾氣』。」[121]

1935 年 3 月 20 日，魯迅在《太白》上發表〈論俗人應避雅人〉一文。[122] 文中魯迅諷刺的說，俗人為了「明哲保身」起見，遇見林語堂這種「雅人」，如果不會幫閒湊趣，就須遠遠避開。不然如果俗人做了「殺風景」的事，帶累了雅人，使他雅不下去，即不免要碰著和雅人口頭不大相同的臉孔和手段。[123]魯迅又說：

> 林語堂先生是佩服「費厄潑賴」的，但在杭州賞菊，遇見「口裡含一枝蘇俄香煙，手裡夾一本什麼斯基的譯本」的青年，他就不能不「假作無精打采，愁眉不展，憂國憂家」（……）的樣子，面目全非了。[124]

1935 年 1 月 1 日，胡風在《文學》上發表〈林語堂論〉一文，全文長達 1 萬 5 千字，代表左翼文壇對林語堂的批評。文中胡風遍引林語堂的著作，從他在北京時期所寫的文章開始，一路講到他最近的作品，是一篇嚴謹的文章，而非一味的濫罵。胡風主要的論點是，他認為林語堂在北京的時期是其「黃金時代」，而其現在在上海所提倡的幽默小品文則是其墮落的象徵。胡風諷刺林語堂的幽默文學說：

> 〔林語堂〕他站在中央，在他的周圍站著成群的知書識理的讀者，有的面孔蒼白，有的肚滿腸肥，有的「滿身書香」，各各從林氏那裡分得了「輕鬆」，發洩了由現實生活得來的或濃或淡的不快或苦

---

[121] 卞正之：〈「言志」與「載道」〉，陳望道主編：《太白》，1 卷 9 期，頁 422。

[122] 且介：〈論俗人應避雅人〉，《太白》，2 卷 1 期（1935 年 3 月 20 日）。且介即魯迅。

[123] 魯迅：〈論俗人應避雅人〉，《且介亭雜文》，《魯迅全集》卷 6，頁 205-206。

[124] 魯迅：〈論俗人應避雅人〉，《且介亭雜文》，《魯迅全集》卷 6，頁 204。

悶，安慰了不滿於現實生活而又要安於現實生活的「良心」。[125]

1935年2月20日，魯迅在《太白》上發表〈「招貼即扯」〉一文。[126]魯迅批評林語堂最喜歡談的袁中郎說，[127]「現在的袁中郎臉孔究竟畫得怎樣呢？……除了變成一個小品文的老師，『方巾氣』的死敵而外，還有些什麼？」魯迅引史料證明袁中郎是一個關心世道，佩服「方巾氣」人物的人。贊《金瓶梅》，作小品文，並不是袁中郎的全部。魯迅最後說道：「中郎之不能被罵倒，正如他之不能被畫歪。但因此也就不能作他的蛀蟲們的永久的巢穴了。」[128]

對於左派作家對他的攻擊，林語堂發表了兩篇最嚴厲的回擊文章——〈我不敢遊杭〉和〈今文八弊〉。

1935年5月1日，林語堂在《論語》上發表〈我不敢遊杭〉一文。[129]林語堂在文中說，春天到了，他滿心想到杭州一遊，但是因為怕革命黨，不大敢去，猶豫不決。林語堂接著述說革命黨的形貌：

> 所謂革命黨，不是穿草鞋帶破笠拿槍桿殺人的革命黨，乃是文縐縐吃西洋點心而一樣雄糾糾拿筆桿殺人的革命文人。雖然明知這班人牛扒吃的比我還起勁，[130]拿起鋤頭，彼不如我，那裡革什麼命，其口誅筆伐，喊喊大眾，拿拿稿費，本不足介意，但是其書生罵書生

[125] 胡風：〈林語堂論〉，子通編：《林語堂評說七十年》，頁256。

[126] 公汗：〈「招貼即扯」〉，《太白》，1卷11期（1935年2月20日）。公汗即魯迅。

[127] 袁中郎（1568-1610年），名宏道，字中郎，湖廣公安（今屬湖北）人，明代文學家。他與兄宗道，弟中道，反對文學上的擬古主義，主張「獨抒性靈，不拘格套」，世稱「公安派」。當時林語堂、周作人等提倡「公安派」文章，借明人小品以宣揚「閒適」、「性靈」。

[128] 魯迅：〈「招貼即扯」〉，《且介亭雜文二集》，《魯迅全集》卷6，頁227-228。

[129] 林語堂：〈我不敢遊杭〉，《論語》，64期（1935年5月1日）。

[130] 牛扒，即「牛排」。

英勇之氣，倒常把我嚇住。[131]

林語堂又歷數那些「充滿方巾氣冷豬肉氣」的左派文人給他安的罪狀，然後一一予以駁斥。

對於左派作家攻擊他提倡幽默，林語堂反擊說，《論語》是以幽默為主，不重視諷刺。但是結果一看，左派刊物除了避開正面，拿幾個文弱書生辱罵出出氣以外，倒也不見得比《論語》大膽諷刺，所暴露之殘酷矛盾頑固，也不比《論語》多，所差只是《論語》不曾為人所豢養，不會宣傳什麼「鳥主義」罷了。最後，只有指出「鳥斯基」、「羊頭斯基」、「狗肉斯基」也都有幽默，左派作家才無話可說。

對於左派作家攻擊他辦《人間世》，提倡小品文，提倡閒適筆調，是「有閒階級」，林語堂回批說，這跟見到「馬」字被禁止讀《馬氏文通》一樣好笑。[132]對於被批評翻印袁中郎的著作，提倡性靈，林語堂回批說，那些說古書有毒的人天天教古文，偷看古書，也曾標點古書，而且作出文章來，古書就抄一大堆。林語堂又諷刺革命文人的「韻事」在於，他們吃牛扒時，一心想農人耕牛之苦，但我林語堂竟只專想牛扒的味道！「他吃牛扒便是革命，我吃牛扒，便是落伍了。」「他一聽蛙聲馬上就革命的想起『農夫在插秧了』，而我只在說蛙聲『很有詩意』，這不是落伍麼？」林語堂挖苦的說道：「原來革命是那麼容易的。」如此一來，革命跟畫符也沒什麼兩樣。拿筆畫張符，不但可以行醫，還可以革命。[133]

1935 年 5 月 5 日、5 月 20 日、6 月 5 日，林語堂在《人間世》上連載〈今文八弊〉一文。[134]林語堂痛陳時文的 8 種弊端，且大多針對左翼作家而發。

---

[131]林語堂：〈我不敢遊杭〉，《拾遺集（上）》，《林語堂名著全集》卷 17，頁 284。

[132]《馬氏文通》為馬建忠所著，曾被四川軍閥誤為馬克思遺著而加以禁讀。見林語堂：〈煙屑（五）〉，《拾遺集（下）》，《林語堂名著全集》卷 18，頁 207。

[133]林語堂：〈我不敢遊杭〉，《拾遺集（上）》，《林語堂名著全集》卷 17，頁 285-288。

[134]林語堂：〈今文八弊（上）〉，《人間世》，27 期（1935 年 5 月 5 日）；林語堂：〈今文八弊（中）〉，

如八弊中的第一弊為「方巾作祟，豬肉薰人」。林語堂批評說，有虛偽的社會，必有虛偽的文學；有虛偽的文學，也必有虛偽的社會。中國文章最常見「救國」字樣，而中國國事比任何國糊塗；中國政客最關心民瘼，而中國國民創傷比任何國劇痛。林語堂又說：「今人言宣傳即文學，文學即宣傳，名為摩登，實亦等吃冷豬肉者之變相而已。」文學革命的目標，不僅在文字詞章，而是要使人的思想與人生較接近，而達到誠實較「近情」的現代人生觀而已。現在政治上的虛偽，實發源於文學之虛偽，就是所謂「載道派」之遺賜。[135]

八弊中的第三弊是「賣洋鐵罐，西崽口吻」。[136]林語堂說，小品文以閒適筆調抒情說理，中外何別。但翻譯西洋小品則說是介紹西洋文化，勾稽中國小品，就被說成搬賣臭銅爛鐵。所以這些人的心理是以身為華人為恥的。林語堂痛斥道：「如此服侍洋大人，必恭必敬，只取洋大人之厭鄙，終身為西崽可耳，豈能一日自作主人翁？吾國文化，自應改良，然一言故舊，則詈為封建，一談古書，則恥為消閒，只好來生投胎白種父母耳。」[137]

八弊中的第四弊是「文化膏藥，袍笏文章」。林語堂批評道，現在製牙膏說是「提倡國貨」，煉牛皮說是「實業救國」，弄到什麼都是在救國。林語堂說：

> 吾國如要得救，個人將手頭小事辦好，便可救得。今捨小就大，貪高騖遠，動輒以救國責人。比方《論語》提倡幽默，也不過提倡幽默而已，於眾文學要素之中，注重此一要素，不造謠，不脫期，為願已足，最多希望於一大國中各種說官話之報之外有一說實話之報而已，與救國何關？《人間世》提倡小品文，也不過提倡小品文，

《人間世》，28期（1935年5月20日）；林語堂：〈今文八弊（下）〉，《人間世》，29期（1935年6月5日）。

[135]林語堂：〈今文八弊〉，《拾遺集（下）》，《林語堂名著全集》卷18，頁117-119。

[136]西崽，舊時對西洋人雇用的中國男僕的蔑稱。

[137]林語堂：〈今文八弊〉，《拾遺集（下）》，《林語堂名著全集》卷18，頁120。

> 於眾筆調之中，看重一種筆調而已，何關救國？吾甚願人人將手頭小事辦好，少喊救國……[138]

八弊中的第五弊是「寬己責人，言過其行」。林語堂描述當今的怪現象說：「言論愈狂放者，其持躬愈謹，治身愈嚴，而言論迂闊，好以小過責人，必欲人人如夷齊孔孟者，反是一般誇躁的輕狂子弟。」林語堂沉痛的說，今日文人求一不關心民瘼者幾不可得，求一不願救國者亦不可得，然紙上談兵，關心愈切而瘡痍愈深，文調愈高而國愈不可救，總因文人言過其行，視文章如畫符而已。[139]林語堂嘆息道：「且寬己責人，以謾罵為革命，以醜詆為豪傑，以成一種叫囂之風，還都是欠反求諸已的一點修養工夫罷了。」[140]

八弊中的第六弊是「爛調連篇，辭浮於理」。林語堂在諷刺左派文人的陳腔濫調時說道，同為記遊，敘事寫景之餘，加兩句「時代不景氣的輪齒已經邁進到農村了」即為前進意識。同為談古書，鑑別版本之餘，加兩句「他們的思想為他們的生活的所決定，這種士大夫階級的藝術必然無疑底的要沒落而不能保全它的存在了」，便是革命情調。[141]

（三）小結

在近代中國歷史中，文學始終被置放在民族國家政治的高位上，文學是啟蒙的工具，是挽救民族危亡的利器。這樣一種文學觀自然不會容忍文學跌落到聊供賞玩、休閒之用的消費品的地位。因此，任何一種試圖把文學從現實政治的層面剝離出來的創作主張和實踐，像「幽默文學」這種標舉性靈、閒適，與現實政治無關的文學流派，必然遭到打壓。其實，無論幽默文學，還是作為新文學正統的五四啟蒙文學，其實都是中國「現代性」的產物。五

---

[138] 林語堂：〈今文八弊〉，《拾遺集（下）》，《林語堂名著全集》卷 18，頁 121-122。

[139] 林語堂：〈今文八弊〉，《拾遺集（下）》，《林語堂名著全集》卷 18，頁 122-123。

[140] 林語堂：〈今文八弊〉，《拾遺集（下）》，《林語堂名著全集》卷 18，頁 123。

[141] 林語堂：〈今文八弊〉，《拾遺集（下）》，《林語堂名著全集》卷 18，頁 123-124。

四啟蒙文學這種佔據統治地位的文學傳統壓抑或是消抹了文學史上的其他流派，使得現有的文學史敘述呈現出一種「線性發展」的模式，是對歷史的一種扭曲。[142]

林語堂於 1930 年代上海時期的政治態度其實不是「左」或者「右」的問題，而應該說中國當時社會本就應該存在著一種聲音，以別於強調集權中央的右派與強調普羅意識型態的左派。對林語堂重新評價的修正主義者，其策略在於找出林語堂的左傾證據，事實上並未擺脫「左」「右」的糾纏。林語堂所辦的一系列雜誌事實上是提供了一個公共空間，讓各種不同理念進行溝通，就如《申報》的「自由談」專欄所發揮的功能一般。[143]

三、林語堂的中國情及與辜鴻銘的比較

1919 年 8 月 16 日，林語堂離開中國到美國留學，那時「五四事件」（1919 年 5 月 4 日）剛過。林語堂回到中國並擔任北京大學英文系教授時已是 1923 年 9 月，這時「五四運動」（1917-1921 年）已經結束，中國正邁向一個不同的思想和社會政治舞台。[144]林語堂對五四運動的態度為何值得我們探討。

1917 年胡適自美國回到中國後，出任北京大學教授，林語堂以清華學校

[142] 倪偉：《「民族」想像與國家統制：1928-1949 年國民黨的文藝政策及文學運動》，頁 15-16, 238。關於啟蒙文論與政治之間的糾結，可見劉鋒傑、薛雯、尹傳蘭著：《文學政治學的創構：百年來文學與政治關係論爭研究》（上海：復旦大學出版社，2013 年 11 月，初版），頁 50-55。

[143] Suoqiao Qian 錢鎖橋, *Liberal Cosmopolitan: Lin Yutang and Middling Chinese Modernity*, pp. 15, 76, 81, 88.

[144] 周策縱對「五四運動」時期的定義為 1917 年至 1921 年。周策縱認為，五四運動雖是個多面性的現象，但若仔細研究這運動的主流就會發現最重要的事件都發生在 1917 年年初到 1921 年年底之間。會選擇 1917 年為開端是因此年為新文化運動的開始。至於斷限於 1921 年，則是此年以後五四運動已發展為政治行動，思想改革和社會改革多少遭受忽略。見 Tse-tsung Chow 周策縱，*The May Fourth Movement: Intellectual Revolution in Modern China* (Cambridge, Massachusetts: Harvard University Press, 1960), p. 6.

教員身份在場歡迎。[145]林語堂對這個生氣勃勃的思想氣氛感到興奮，他稱這種氣氛為「觸電的經驗」和「對這個運動整個進步的態度感到直覺的同情」。[146]他在 1918 年 4 月 9 日寫了封英文信給胡適說道：

> 我要為這個〔白話文〕運動的成功向其領袖道賀。這個運動真的是一日千里。在清華，它掀起了極大的興趣。我可以確定地告訴你，我們圖書館裡的《新青年》由於大量讀者的翻閱，幾乎都要翻碎了。一卷三號看起來已經很破舊了。[147]

林語堂第一篇發表的文章就是刊登在《新青年》，那是一篇討論中文檢索改革的文章。[148]在留學期間又於《中國留美學生月報》（*The Chinese Students' Monthly*）鼓吹文學革命。[149]1961 年 1 月 16 日在美國國會圖書館的演講中，

---

[145]林語堂此時是清華教員，但在〈胡適博士〉一文卻誤記為「北大教員」。另外，林語堂出席胡適的歡迎會在其兩次回憶中都表示在 1918 年，但胡適任北大教授卻是在 1917 年，不知何故。見林語堂：〈胡適博士〉，原載《讀者文摘》1974 年 10 月號，收入《林語堂散文經典全編》卷 3，頁 488；Lin Yutang, *Memoirs of an Octogenarian*, p. 32.

[146]Lin Yutang, *From Pagan to Christian*, p. 44.

[147]轉引自江勇振：《捨我其誰：胡適（第二部・日正當中，1917-1927・上）》，頁 214。信中的「一卷三號」可能筆誤，《新青年》第 1 卷出版的時候，胡適還沒投稿。見江勇振註，同頁。

[148]林玉堂：〈「漢字索引制」說明〉，《新青年》，4 卷 2 期（1918 年 2 月 15 日）。是文為已知林語堂在報刊上所發表的第一篇中文作品。見吳興文、秦賢次：〈「當代作家研究資料彙編」之一・林語堂卷（四）〉，《文訊》，24 期，頁 251。不過萬平近評論說：「林語堂的文章在文學革命中並未產生什麼社會影響，只是表明他對白話文學的贊同，……在文學革命運動期間，林語堂雖在北京，但同文學革命倡導者並沒有直接聯繫。」見萬平近：《林語堂論》，頁 11-12。要注意〈「漢字索引制」說明〉是用文言文寫的，兩個月後他在《新青年》發表了一封信，才是用白話書寫，那是經胡適潤飾過的。所以，林語堂與文學革命的倡導者是有聯繫的。見江勇振：《捨我其誰：胡適（第二部・日正當中，1917-1927・上）》，頁 243。

[149]Yu-t'ang Lin, "The Literary Revolution and What Is Literature," *The Chinese Students' Monthly (Baltimore)*, vol. XV, no. 4 (February 1920), pp. 24-29; Lin Yu-t'ang, "Literary Revolution, Patriotism, and the Democratic Bias," *The Chinese Students' Monthly (Baltimore)*, vol. XV, no. 8 (June 1920), pp. 36-41. 在 1920 年 6 月這篇文章中，林語堂說文學革命的目標並非我手寫我口，文學革命犧牲了文言文之美而提倡白話文，為的是追求邏輯上的清晰與想像力。（頁 41）錢鎖橋認為，林語堂這兩篇大概是英

林語堂說：

> 文學革命並不只是一個語言的革命。在社會和文化方面，它意味著與過去的決裂。它代表一種激進主義的情緒與心態——對過去的反叛。我特地用「激進主義」來形容它，因為它直接導向今日中國的左翼馬克思主義情勢。[150]

然而同時另一方面，林語堂也深受辜鴻銘（1857-1928 年）的影響。辜鴻銘，名湯生，字鴻銘，生於馬來亞的檳榔嶼，他的祖籍是福建同安，母親是西洋人。他 13 歲那年就被送到了歐洲，1877 年在愛丁堡大學獲文學碩士學位。[151]接著他到德、法深造，1882 年左右回到中國，那年 26 歲。所以，文化上（無疑地思想上）辜鴻銘是個西方人。[152]他最為人所知的就是不時用古怪的言論為所有的傳統中國倫理習俗而辯護。[153]

林語堂在述及其廢寢忘食研究中國文化，由一個從小接受西式教育的讀

語世界談論中國新文化運動與文學革命最早的文章。見 Suoqiao Qian 錢鎖橋, *Liberal Cosmopolitan: Lin Yutang and Middling Chinese Modernity* (Leiden: Brill, 2011), pp. 57-58.

[150] Lin Yutang, "Chinese Letters Since the Literary Revolution (1917)," in *Literary Lectures Presented at the Library of Congress* (Washington: Library of Congress, 1973), p.431. 這篇講稿曾由《今日世界》譯為中文刊出，篇名為〈五四以來的中國文學〉。奇特的是，林語堂通篇文章並無提到五四運動，譯文卻一律把'Literary Revolution'譯為五四運動。更妙的是，英文原文中兩次提到文學革命發生於 1917 年，譯者在把「文學革命」替換成「五四運動」後，為了自圓其說竟把年代由 1917 年更改為 1919 年，不知是何用意？見林語堂：〈五四以來的中國文學〉，《語堂文集》冊下（臺北：臺灣開明書店，1978 年 12 月，初版），頁 748-749。

[151] 湯生，是辜鴻銘的英文名（Tomson）的漢譯。其祖籍及生平的資料見黃興濤：《文化怪傑：辜鴻銘評傳》（臺北：知書房出版社，2001 年 7 月，初版），頁 24, 37, 註 2；吳相湘：〈辜鴻銘比較中西文化〉，《民國百人傳》冊 1（臺北：傳記文學出版社，1971 年），頁 355-357。

[152] 艾愷：《文化守成主義論——反現代化思潮的剖析》（臺北：時報文化出版事業有限公司，1986 年 1 月 1 日，初版），頁 168。

[153] 如他對納妾所作的辯護；辜鴻銘說，一夫多妻就像一個茶壺帶四個茶杯，用著很方便。要是一個茶杯帶四個茶壺，那就不像話了。見 Lin Yutang, *From Pagan to Christian*, p. 49; Lin Yutang, *My Country and My People*, p. 157.

書人到回歸中國的思想主流時，說道：「辜鴻銘幫我解開纜繩，且把我推向懷疑之海。」[154]林語堂通過閱讀辜鴻銘著作的「刺激」而「重新發現自己的國家且進行一個探索之旅，穿過中國思想的茂密叢林嘗試達到某種了解。」[155]林語堂第一次發現辜鴻銘是他在就讀聖約翰大學時，讀到辜鴻銘著的《尊王篇》（*Papers From a Viceroy's Yamen*），[156]「見其文字犀利，好作驚人語，已深喜其矯健。」[157]當林語堂在德國讀書的時候（1920-1923 年），那時第一次世界大戰剛結束不久，他就發現辜鴻銘在德國很有名氣。辜鴻銘的《中國牛津運動故事》（*The Story of a Chinese Oxford Movement*）的德譯本在文化界很多人知道。[158]林語堂曾在北京中央公園見到辜鴻銘獨自散步，但林語堂覺得不配接近他，「多麼孤寂的驕傲啊！」林語堂這麼評論辜氏。[159]在林語堂主編的雜誌《人間世》上，也曾製作過「辜鴻銘特輯」。[160]林語堂曾說，如果沒有辜鴻銘，或許他也會回到中國的思想主流。因為沒有一個富研究精神的中國人，

---

[154]Lin Yutang, *From Pagan to Christian*, p. 58.

[155]Lin Yutang, *From Pagan to Christian*, p. 57. 林語堂在許多著作中皆提及辜鴻銘，資料及頁數見 Diran John Sohigian, "The Life and Times of Lin Yutang" (Ph. D. dissertation, Columbia University, 1991), p. 221, note 99. 據筆者的看法，最能反映出辜鴻銘對林語堂影響的文字可見 Lin Yutang, *From Pagan to Christian*, pp. 46-58.

[156]此書是辜鴻銘的英文代表作之一。1901 年由上海別發洋行出版發行。主要是辜鴻銘在義和團運動爆發後至庚子議和前後公開發表的英文文章的合集。此時他在湖廣總督張之洞幕府當幕僚，故稱《總督衙門論文集》。封面題有《尊王篇》三個漢字，乃趙鳳昌手筆。

[157]林語堂：〈辜鴻銘〉，原載《人間世》，12 期（1934 年 9 月 20 日），收入《林語堂散文經典全編》卷 3，頁 492。

[158]林語堂稱他在德國留學時見過辜鴻銘的 *Verteidigung Chinas gegen Europa*，接著說此書為辜鴻銘英文著作 *The Spirit of the Chinese Civilization* 的德譯本，英文原著成於 1915 年。林語堂此處犯了兩個錯誤：第一，此書正確書名為 *Chinas Verteidigung gegen Europäische Ideen*，為辜鴻銘英文著作 *The Story of a Chinese Oxford Movement* 的德譯本，英文原著成於 1910 年。第二，辜鴻銘著有 *The Spirit of the Chinese People* 一書，成於 1915 年，但非林語堂所說的書名。見 Lin Yutang, *From Pagan to Christian*, p. 50；黃興濤：《文化怪傑辜鴻銘》（北京：中華書局，1995 年 5 月，初版），頁 226。

[159]Lin Yutang, *From Pagan to Christian*, p. 49.

[160]《人間世》第 12 期（1934 年 9 月 20 日）。

能滿足於長期的對中國本身一知半解的認識。[161]這句話等於是說，他之所以會熱心鑽研中國文化，辜鴻銘是個關鍵人物。

林語堂既深受新文化運動的影響（在當時被認為是種進步的象徵），卻也同時深受辜鴻銘的影響（在當時被認為是種過度保守的象徵），他說胡適、陳獨秀和辜鴻銘都是「第一流才智的人」。[162]這個明顯的矛盾可以從林語堂與辜鴻銘相似的教育背景得到解釋。林語堂不像其他的新文化主要提倡者，如蔡元培、胡適、陳獨秀、魯迅及周作人，他們全部在舊式經書教育訓練中長大，而且都把中國的積弱不振歸諸於傳統文化。[163]如前面所分析的，辜鴻銘和林語堂兩人都是受西式教育長大的。辜鴻銘從小到歐洲遊歷，歷時十多年；林語堂從小在教會學校長大，一直到大學都是就讀教會學校。兩人的國學根底都一樣的不深。最有趣的是，兩人都同樣經歷了一個「情緒危機」而「覺醒」。[164]在敘述林語堂生平時已提過，在他 22 歲受聘於清華學校後，來到了古都北京，因恥於對中國歷史、哲學等知識的膚淺而開始廢寢忘食的鑽研。辜鴻銘的「覺醒」則發生在 1882 年 26 歲前後。[165]

[161] Lin Yutang, *From Pagan to Christian*, p. 58.

[162] Lin Yutang, *From Pagan to Christian*, pp. 44, 46.

[163] Suoqiao Qian 錢鎖橋, *Liberal Cosmopolitan: Lin Yutang and Middling Chinese Modernity*, p. 58.

[164] 這裡借用艾愷（Guy Salvatore Alitto）的術語；按照他的觀察，許多亞洲的「反現代化」評論者在個人經歷方面有一個相同的特徵，就是：他們就其教育與生活方式言，都是「西化的」知識份子，他們年少時以不同的方式獻身於他們祖國和他們本身生活與事業的「西化」，在他們早年生活的一定點上，他們經歷了一個情緒危機，一個精神的轉捩點，一種類似於宗教「改宗」的經驗；在那之後，他們則全然投身於文化民族主義的使命。見艾愷：《文化守成主義論——反現代化思潮的剖析》，頁 116，169。在中國的「反現代化」評論者艾愷列舉了辜鴻銘、梁啟超、梁漱溟和張君勱等 4 人。

[165] 林語堂與辜鴻銘所經歷的「覺醒」，即是心理學家愛利克・埃里克森（Erik Erikson）所說的「認同危機」（identity crisis）。在眾多探討埃里克森理論與概念的學者中，以 James Marcia 的研究最受重視。Marcia 依照一個人是否經歷「探索」（exploration）以及是否作「承諾」（commitment）將「認同」分為四種：（1）認同混淆（Identity Diffusion）：未經歷探索也未作承諾。（例如：我對宗教沒想那麼多，也不知我信什麼）（2）認同預定（Identity Foreclosure）：未經歷探索但已作出承諾。（例如：我父母是基督徒，所以我也是基督徒）（3）認同遲滯（Identity Moratorium）：經歷過探索但未作承諾。（例如：我喜歡基督教對事物的解釋，但對部份感到懷疑，我一直在尋求其他宗教的看法）（4）認同有成（Identity Achievement）：經歷過探索然後作出承諾。（例如：經過對我的

辜鴻銘是在 1880 年從歐洲回到出生地檳榔嶼，並到新加坡英國殖民政府任職。但 3 年後因與馬建忠的 3 日晤談，[166]「竟使辜鴻銘人生觀及生活方式作一百八十度大轉變，即傾心嚮慕華夏文化，決定返回祖國，研治經史。」[167] 這個「覺醒」的經過是這樣的：1882 年前後，馬建忠因有事經過新加坡，住在海濱旅館（Strand Hotel），辜鴻銘前往飯店拜訪他。[168]當時辜鴻銘並沒有留辮子，身著外國服裝，馬建忠則是留辮著中國服。雙方只能用法文溝通，因為辜鴻銘只通曉廈門地區的閩南方言而不諳官話。馬建忠在知道辜鴻銘唯一閱讀過的中國文學作品只有翟理斯（Herbert A. Giles）所譯的《聊齋誌異》後，告訴辜氏《聊齋》只是「純文學」（belles-lettres）而「不是真正的文學」，並勸他去讀「唐宋八大家」和唐代政治家陸贄的文集。[169]

辜鴻銘在這次會面四十年後回憶說：

> 我和馬建忠在新加坡的會面……在我人生是件大事。因為是他——馬建忠，讓我再次變為一個中國人。雖然那時我已經從歐洲回來超過三年了，但我卻未進入也從不知道中國的思想和觀念世界，……選擇繼續當一個假洋鬼子（an *imitation* Western man）……
> 在和馬建忠會面後三日，我就向殖民當局提出辭呈，而且沒有等待

宗教與其他宗教的探索後，我知道我該信與不該信什麼了）
依照林語堂的早年教育背景，本極有可能成為「認同預定」，但因其經歷過「認同危機」，最終找到其一生的志向。James Marcia 的理論可見 James E. Marcia, "Identity in Adolescence," in *Handbook of Adolescent Psychology*, ed. by Joseph Adelson (New York: Wiley, 1980), pp. 161-162.

[166] 馬建忠（1844-1900 年）是近代著名的早期維新思想家。1876 年赴法國留學，1879 年獲巴黎大學博士學位後回國，成為李鴻章的幕僚。由於他對西方有深刻的認識，旋即成為李氏處理洋務時最重要的顧問。

[167] 吳相湘：〈辜鴻銘比較中西文化〉，《民國百人傳》冊 1，頁 357。

[168] 此次會面經過見Wen Yuan-ning 溫源寧, "Ku Hung-ming," *Tien Hsia Monthly (Shanghai)*, vol. IV, no. 4 (April 1937), pp. 386-387.

[169] Wen Yuan-ning 溫源寧, "Ku Hung-ming," *Tien Hsia Monthly (Shanghai)*, vol. IV, no. 4 (April 1937), p. 386.

> 他們的回答，我就搭第一班汽船回到我在檳榔的老家。在那兒我告訴我的堂兄，即我們家的家長，我願意留辮子和穿中國服飾。[170]

雖然辜鴻銘、林語堂兩人都經過一「覺醒」的過程，受教育的背景也類似，但日後對傳統文化的態度卻大不相同，至少林語堂並沒有變成頑固的守舊份子。我們可以透過他們評論中國文化的代表作來對他二人的同異進行比較。林語堂的《吾國與吾民》與辜鴻銘的《春秋大義》（*The Spirit of the Chinese People*）都是用英文寫成，[171]都對西方人心中的中國形象產生過一定的影響。

林、辜二人皆認為外國人不易了解中國，那些自稱「中國通」的外國觀察家因語言文字、風俗習慣等差異的緣故，對中國的認識往往是一知半解。[172]辜鴻銘認為，「要了解真正的中國人和中國文明，那個人必須是深沉的、博大的和純樸的；因為中國人性格和文明的三個特徵就是深沉、博大和純樸（depth, broadness and simplicity）。」此外，「還要再加一個，而且是最重要的一個，就是靈敏（delicacy）。」[173]這四個特徵除中國人外沒有一個民族全部具備。美國人博大、純樸，但不深沉；英國人深沉、純樸，卻不博大；德國人深沉、博大，卻不純樸；法國人沒有德國人天然的深沉，也不如美國人心胸博大和英國人心地純樸。[174]

林語堂則把中國人比喻為祖父，西方人為年輕小夥子，「一切都是年齡的

---

[170] Wen Yuan-ning 溫源寧, "Ku Hung-ming," *Tien Hsia Monthly (Shanghai)*, vol. IV, no. 4 (April 1937), p. 387.

[171] 《春秋大義》在 1915 年 4 月初版於北京，1922 年再版，封面上同時有漢文名《春秋大義》。主要闡述中華民族的精神和中國文化的價值，鼓吹中國文化救西論，這是最能系統反映辜鴻銘文化思想的一部代表作。

[172] Lin Yutang, *My Country and My People*, pp. 7-10; Ku Hung-ming, preface to *The Spirit of the Chinese People* (Taipei: Committee for the Publication of Dr. Ku Hung-ming's Works, 1956), pp. 2-3.

[173] Ku Hung-ming, preface to *The Spirit of the Chinese People*, pp. 3-4.

[174] Ku Hung-ming, preface to *The Spirit of the Chinese People*, p. 3. 針對辜鴻銘對英、美、德、法思想特徵的看法，林語堂有所評論，見林語堂：〈從辜鴻銘說起談薩爾忒〉，《無所不談合集》，《林語堂名著全集》卷 16，頁 427-428。

問題」。三十歲以下的年輕人難以了解祖父，就像西方的年輕民族無法了解中國一樣。[175]至於中國人能否了解自己，林語堂認為也不容易，「尤其在一個缺乏健全清醒的批評的環境內更是如此」。雖然無語言上的困難，但中國的文史、藝術不易於精通而獲得優美的認識，這個難題困擾著外國研究者，也困擾著中國人。況且比起外國研究者，中國人更缺少一種冷靜超越的態度，因在其心中有「一個對祖先感到自豪和對外國人感到仰慕的衝突」。[176]

（一）辜鴻銘筆下的中國人

辜鴻銘認為，如果要用一個詞來概括典型的中國人，那就是「溫良」（gentle）。這是「中國人賴以生存且特有的，以區別於其他民族尤其是現代歐美人的心靈、性情和情感。」這種「真正的中國人」，在他看來，正在趨於消亡。取而代之的是一種新的類型的中國人——即進步了的或者說是現代的中國人。[177]舊式典型的中國人，「沒有絲毫的蠻橫、粗野或殘暴」，可以稱之為被「馴化了的動物」。他說：「我認為一位最下層的中國人與一個同階層的歐洲人相比，他身上的動物性（即德國人所說的蠻性）也要少得多。」[178]但這種溫良不是精神頹廢的、被閹割的馴良。辜鴻銘繼續說道：

> 在真正中國式的人中，可以說存在有一種溫和平靜、莊重老成的神態，就像你會在一冶煉適度的金屬製品上發現的一樣。確實地，真正的中國人雖有肉體和道德上的不完美，但都被他的溫良特質所消弭了。真正的中國人或不免於粗魯，但不至於粗俗下流；或不免於難看，但不至於恐怖嚇人；或不免於粗率鄙陋，但不至於放肆不覺難為情；或不免於愚蠢，但不至於荒謬；或不免於狡獪，但不至於

[175] Lin Yutang, *My Country and My People*, pp. 49, 51.

[176] Lin Yutang, *My Country and My People*, p. 12.

[177] Ku Hung-ming, *The Spirit of the Chinese People*, pp. 1-3.

[178] Ku Hung-ming, *The Spirit of the Chinese People*, p. 2.

> 邪惡害人。事實上我要說的是，甚至在真正中國人身心及性格的缺點和瑕疵中，也沒有使你厭惡的東西。很少你會發現一個舊式學校或甚至是最低階層的真正的中國人使你確實感到不快的。[179]

辜鴻銘說，中國人因為有「良民宗教」（the Religion of good citizenship），[180]所以「循規蹈矩；知道如何循規蹈矩；知道如何循規蹈矩當個『良民』。」中國良民宗教的本質，也就是中國文明的奧秘，就在「義」（Right）與「禮」（Tact）。特別是禮，更為中國文明的精髓。[181]中國人自覺地遵循孔子的教誨，遵循道德禮義觀念的約束，「甚至很少需要警察這種物質力量來保護」。辜鴻銘又說中國人愛好和平，雖然中國也有戰爭，但在中國，戰爭是一種意外事故（accident），可是在歐洲，戰爭則是一種必需（necessity）。「我們中國人是可能有戰爭的，但我們一直不希望戰爭。」中國從來沒有發生過當前在歐洲所看到的那種軍國主義。[182]

依照辜鴻銘的看法，西方人的「粗暴」與中國人的「溫良」形成了強烈的對比，他認為歐洲的整個社會結構是依賴武力來維持的。歐美人不受廉恥和道德觀念約束，只是依靠「宗教」和「法律」來維持社會秩序，於是不得不養活一大批奢侈又遊手好閒之輩名曰「教士」和「軍警」。[183]歐美人粗魯傲慢，蠻橫無禮，北京的克林德紀念碑就是德國外交蠻橫無禮的標誌。[184]在辜鴻銘看來，第一次世界大戰的根源其實是大不列顛的群氓崇拜（worship of the

---

[179] Ku Hung-ming, *The Spirit of the Chinese People*, p. 3.

[180] Ku Hung-ming, introduction to *The Spirit of the Chinese People*, pp. III-IV.

[181] Ku Hung-ming, preface to *The Spirit of the Chinese People*, pp. 8, 17, 21-22.

[182] Ku Hung-ming, introduction to *The Spirit of the Chinese People*, pp. III-IV.

[183] Ku Hung-ming, introduction to *The Spirit of the Chinese People*, p. VI.

[184] Ku Hung-ming, preface to *The Spirit of the Chinese People*, p. 16. 德國駐華公使克林德（Clemens Freiherr von Ketteler）在庚子之亂期間，被狂熱清朝士兵中的一個瘋子意外殺死。作為對這個瘋子行為的懲罰之一，德國外交官堅持要在中國京城的主街豎立這塊克林德紀念碑，從而在整個中華民族的前額上烙上一個永久恥辱的標誌。

mob）和德意志的強權崇拜（worship of the might）。德國人痛恨分裂與混亂，這使得他們不能容忍大英帝國的群氓、群氓崇拜和群氓崇拜者。當他們看到英國的群氓和群氓政客們發動了對非洲的波耳戰爭（the Boer War）的時候，[185]出於憎恨不義的本能，他們願意為消除這種不義而付出巨大犧牲。這種出於對英國群氓崇拜的憎恨而產生的強權崇拜，最終導致了殘暴可怕的德國軍國主義，使西方文明面臨毀滅的深淵。[186]

辜鴻銘解釋說，中國人的「溫良」不是溫順和懦弱，它是同情（sympathy）與智能（intelligence）相結合的產物。這種智能「既不源於推理，也不出自本能，而是起自人類的同情心和一種依戀之情。」這就如同一匹純種的阿拉伯駿馬之所以能夠明白其英國主人的意圖，並不是因為它學過英語文法，也不是它對英語有本能的反應，而是因為它熱愛並依戀它的主人。[187]正是這種同情的智能（sympathetic intelligence）造就了真正的中國人。這也是為什麼一個外國人在中國居住的越久，就越喜歡中國人的原因。[188]

辜鴻銘認為中國人的溫良是一種同情的智能的產物，但中國人為何具有這種同情的力量？辜鴻銘解釋道，因為中國人完全地或幾乎完全地過著一種心靈的生活（a life of the heart）。中國人的全部生活是一種情感的生活，這種情感既不來源於感官的直覺，也不來源於神經系統奔流的激情，「而是一種心靈的感覺或人類之愛的情感，源自我們人性的最深處」。[189]基於此，辜鴻銘解說外人對中國人特性之缺陷的一些批評。外國人稱中國人對缺乏優美和不甚清潔的生活環境毫不在意，辜鴻銘解釋說那是因為中國人「在很大程度上過

---

[185]波耳戰爭（1899-1902 年），指發生在南非的一場英國與兩個波耳人（the Boers）所建共和國的戰爭。英國戰勝，併吞了德蘭士瓦（the Transvaal）和奧蘭治自由邦（Orange Free State）這兩個波耳人共和國。

[186]Ku Hung-ming, preface to *The Spirit of the Chinese People*, pp. 5-7.

[187]Ku Hung-ming, *The Spirit of the Chinese People*, p. 4.

[188]Ku Hung-ming, *The Spirit of the Chinese People*, p. 5.

[189]Ku Hung-ming, *The Spirit of the Chinese People*, p. 6.

著心靈或情感的生活」，以至於忽視了人所應該的，甚至是必不可少的需要；[190]外國人覺得中國的語言難學，辜鴻銘認為原因是因「中國的語言也是種心靈的語言」。受過理性教育的現代歐洲人，他們是用大腦和智力來思考和使用語言的，所以感到難學。在中國的外國人中，反而兒童和未受教育者學習中文較容易；[191]外國人批評中國人缺乏精確的習慣，辜鴻銘覺得這依然是因為中國人過著一種心靈的生活。心靈是纖細而敏感的，它不像頭腦或智力那樣僵硬、刻板，不能指望心也像頭腦或智力一樣，去思考那些死板、精確的東西；[192]外國人說中國人對抽象的科學缺乏能力，辜鴻銘解釋說，像孩童一樣過著心靈生活的中國人，對抽象的科學沒有絲毫興趣，因為在這方面心靈與情感無計可施。[193]

對某些中國留學生說中國文明是一個停滯的文明這種淺薄看法，辜鴻銘反駁說，中國這個過著孩童生活、心靈生活的民族，雖然在許多地方顯得幼稚，但它卻有著一種心和理性的力量（a power of mind and rationality）；這種心和理性的力量，使得中國人成功地解決了社會生活、政府以及文明中許多複雜而困難的問題。[194]事實上，辜鴻銘認為中國人美妙的特質並非只因他們過著一種心靈的生活，因所有處於初級階段的民族以及中世紀基督徒也同樣過著一種心靈的生活。他認為「中國人美妙的特質是：作為一個已經有悠久歷史的民族、一個有成人智慧的民族，他們到今天還能夠過著孩童的生活——一種心靈的生活。」[195]真正的中國人有著成年人的智能和純真的赤子之心，中國人的精神是心靈與理智完美結合的產物。[196]辜鴻銘最後作結論說：中國

[190] Ku Hung-ming, *The Spirit of the Chinese People*, p. 6.

[191] Ku Hung-ming, *The Spirit of the Chinese People*, pp. 8-9.

[192] Ku Hung-ming, *The Spirit of the Chinese People*, p. 10.

[193] Ku Hung-ming, *The Spirit of the Chinese People*, p. 12.

[194] Ku Hung-ming, *The Spirit of the Chinese People*, pp. 11-12.

[195] Ku Hung-ming, *The Spirit of the Chinese People*, p. 13.

[196] Ku Hung-ming, *The Spirit of the Chinese People*, p. 75.

人的精神是一種心境；「這種能讓我們洞悉事物生命（to see into the life of things）的平靜可喜的心境（the serene and blessed mood），就是有想像力的理性，就是中國人的精神。」[197]

（二）林語堂筆下的中國人

對比起辜鴻銘用「溫良」來概括典型的中國人，林語堂以「老成溫厚」（mellowness）一詞來代表中國人的性格。林語堂評論中國人說：

> 這是個古老民族的古老文化，他們知道生活的意義，不會為不可企及的事物努力。中國人的這種心思使他們失去了希望與渴望。而且因體認到幸福是一隻不可獲得的青鳥而放棄追逐——像中國俗語所說的「退一步海闊天空」，這時中國人發現幸福之鳥早就在自己的手中了，而且還差點在熱切捕捉想像中的鳥影期間把它扼死。就像一位明代學者所說的，「丟一卒而勝全局」。[198]

林語堂對中國人的精神文明方面似乎沒有辜鴻銘樂觀。他模仿辜鴻銘的語氣，嘲諷道：「（辜鴻銘）『中國有臭蟲，固然，但是這正足證明中國之精神文明。只有精神文明的民族，才不沐浴，不顧物質環境。』按，依此說，用揚州馬桶者，比用抽水馬桶者精神文明。」[199]

林語堂認為中國人的性格有以下的特點：（1）穩健（sanity），（2）單純（simplicity），（3）酷愛自然（love of nature），（4）忍耐（patience），（5）消極避世（indifference），（6）老猾俏皮（old roguery），（7）多生多育（fecundity），（8）勤勞（industry），（9）節儉（frugality），（10）熱愛家庭生活（love of family life），（11）和平主義（pacifism），（12）知足常樂（contentment），（13）幽默

---

[197] Ku Hung-ming, *The Spirit of the Chinese People*, pp. 76-77.

[198] Lin Yutang, *My Country and My People*, p. 42.

[199] 林語堂：〈中國究有臭蟲否〉，《披荊集》，《林語堂名著全集》卷 14，頁 270。

滑稽（humor），（14）因循守舊（conservatism），（15）耽於聲色（sensuality）。「但所有這些特質可以被歸納為一個詞『老成溫厚』。」[200]這些特質都有「消極性」，但最糟糕的三個特質是「忍耐」、「消極避世」和「老猾俏皮」。[201]

對於「忍耐」，林語堂批評說，忍耐雖然是中國人的崇高品德，但忍耐的太多反而使它成為惡習。「中國人已經比任何西方人忍耐了更多暴政、混亂和苛政，而且似乎已把它們視為自然法則的一部分。」[202]對於「消極避世」，他解釋說，在一個人權得不到法律保障的社會中，消極避世是最安全的政策；中國人消極避世的習慣就像英國人出門帶雨傘一樣，因為政治氣候對那些試圖單獨做點冒險事業的人來說，有點不大穩定。因此，消極避世在中國有明顯的「活命價值」，中國人已經「學乖了」。[203]這種處世態度就像烏龜培育自己的甲殼一樣，也解釋了眾所皆知的為何中國人是盤散沙。[204]對於「老猾俏皮」，他覺得這或許是中國人「最顯著」的品質了。這種老子精神在詩文諺語中以各種形式表現出來，如「失一卒而勝全局」、「三十六計，走為上策」、「好漢不吃眼前虧」、「退一步海闊天空」等。[205]但是它最大的缺點是與理想主義和行動主義相牴牾；「它粉碎了所有改革的渴望，嘲笑人類努力的無用，且使中國人沒有理想主義和不去行動。」於是養成了麻木不仁和實利主義的態度。[206]

其他中國人性格的特點，林語堂說：「有些與其說是美德，不如說是惡

---

[200] Lin Yutang, *My Country and My People*, pp. 41-42. 這15項特點的中文翻譯參考了2種譯本，見林語堂著，黃嘉德譯：《吾國與吾民》，《林語堂名著全集》卷20，頁41；林語堂著，郝志東、沈益洪譯：《中國人》（上海：學林出版社，2007年1月，初版），頁36。

[201] Lin Yutang, *My Country and My People*, pp. 42-43.

[202] Lin Yutang, *My Country and My People*, p. 44.

[203] Lin Yutang, *My Country and My People*, p. 46.

[204] Lin Yutang, *My Country and My People*, pp. 47, 49.

[205] Lin Yutang, *My Country and My People*, pp. 49-50.

[206] Lin Yutang, *My Country and My People*, pp. 50-51.

習。」[207]他認為，太多思想上的「穩健」常會減損想像力的翅膀，使這民族失去想獲得幸福的瞬間想望；「和平主義」可能變成膽小的惡習；「因循守舊」有時候也可能僅僅是懈怠和懶惰的同義詞。[208]在論及「幽默滑稽」這項中國人特點時，林語堂認為，中國人把人生看成演戲；中文裡就把官員的就職和離職說成「上台」和「下台」；某人提出一項略有誇張的計畫會被稱為「唱高調」。[209]而且，這場劇還是鬧劇，中國人的幽默往往是鬧劇性的幽默，例如把葬禮辦成有如婚禮；這種極富鬧劇性質的葬禮就是中國式幽默的象徵，其實質是只求外部形式而全然不顧其實際內容。能夠欣賞中國式幽默的人勢必也能夠正確理解中國的政治方案。政治方案和官方宣言也只是一種形式，沒有一個中國人會把它們當真。[210]林語堂沉痛的說：「但我希望我的同胞有時候能正經點。幽默正在毀滅中國，其威力甚於其他。人們那種清爽的笑聲有些過分了，因為那又正是老猾俏皮者的笑聲。任何有熱情及理想主義的花朵一碰到他的氣息必然枯萎和死亡。」[211]

（三）林語堂與辜鴻銘對中西國民性的比較

先談辜鴻銘對中西國民性不同的看法。辜鴻銘認為，《聖經》教導歐人要熱愛正義，要行得正。而中國的四書五經——孔子為拯救中華民族而設計的文明藍圖，雖然也這樣教導我們中國人，但它還補充了一句：「要識禮（with good taste）」，[212]所以是「義」「禮」並重的；[213]在歐洲文明中，是充滿著科學

[207] Lin Yutang, *My Country and My People*, p. 41.

[208] Lin Yutang, *My Country and My People*, pp. 41-42.

[209] Lin Yutang, *My Country and My People*, p. 68.

[210] Lin Yutang, *My Country and My People*, pp. 65-66.

[211] Lin Yutang, *My Country and My People*, p. 68.

[212] 辜鴻銘認為「禮」在孔子的學說中最好的譯法是“good taste”。見 Ku Hung-ming, *The Spirit of the Chinese People*, p. 57.

[213] Ku Hung-ming, preface to *The Spirit of the Chinese People*, p. 18.

與藝術的對立，宗教與哲學的對立，造成了人們心靈和頭腦的衝突。但自孔子以來的二千五百年的時間裡，中國人沒有發生心靈與頭腦的衝突，這原因就在於中國的普通百姓不需要宗教。中國人不需要宗教，是因為儒學之中的某些內容可以取代宗教。那就是孔子所傳授的絕對的忠君原則，即「名分大義」。[214]

西方社會賴以建立的基礎是法律，但辜鴻銘認為，「憲法保障或憲法販賣時代通常是一個民族道德淪喪的時代。」中國人沒有現代意義上的成文憲法有兩個原因：第一，中華民族是一個擁有廉恥感——一種高度道德標準的民族；第二，中國政治賴以建立的基礎不是「功利」，而是道德。總之，中國人之所以沒有成文憲法，是因為他們擁有道德憲法。[215]辜鴻銘又說，並不是那些當權者、軍人和外交官們，把無知的人民引入了第一次世界大戰，而恰恰是那些無知的民眾——群氓（the mob），驅使和推動著那些可憐的、無能為力的統治者、軍人和外交官走向戰爭。[216]之所以如此，是因歐洲各國的統治者其言論和行動都受到「自由大憲章」（Magna Charta of Liberty）的約束，所以沒有辦法依照他們認為最好的辦法辦事。所以，要拯救歐洲文明乃至世界文明，唯一出路為徹底撕毀「自由大憲章」，並制定一個全新的憲章——一種像我們中國的良民宗教所賦予中國人的「忠誠大憲章」（Magna Charta of Loyalty）。[217]

另外，辜鴻銘認為，「歐洲之文明及其學說，在使人先利而後義；中國之文明及其學說，在使人先義而後利。」[218]西洋人是為賺錢而活著，中國人則是為享受人生而創造財富。中國人不把金錢本身作為人生的目標，而是為了

---

[214]Ku Hung-ming, *The Spirit of the Chinese People*, pp. 15, 73-74.

[215]辜鴻銘：〈憲政主義與中國〉，黃興濤編：《辜鴻銘文集》冊下（海口：海南出版社，1996 年 8 月，初版），頁 177, 180。

[216]Ku Hung-ming, *The Spirit of the Chinese People*, pp. 155-156, 161-162.

[217]Ku Hung-ming, *The Spirit of the Chinese People*, pp. 156, 159, 176.

[218]辜鴻銘：〈義利辨〉，《讀易草堂文集》，黃興濤編：《辜鴻銘文集》冊下，頁 229。

幸福而活動。也就是說，「西洋人貪得無饜不知足，而東洋人則是知足者常樂。」[219]

林語堂則認為，「中華民族與西方國家比較，進取不足，保守有餘，勇毅有為之精神不足，而動心忍性之功夫甚深。」「中國主陰，外國主陽；中國主靜，西洋主動。」「中國人主讓，外國人主攘。」中國人比西方民族，似乎少了一種奮發勇往邁進的生命力。但這種靜的人生觀，非孔子之過，更非孟子之過；而是到宋儒道學先生的出現，才把中國人變成現在的東亞病夫。[220]「在西方人的美德中，高尚（nobility）、雄心、對改革的熱情、熱心公益的精神、冒險意識和英雄的勇氣，是中國人所缺乏的。」[221]

（四）小結

林語堂自從 1916 年 9 月任教北京清華學校以後，即開始浸淫於中國文學及哲學的研究。根據林語堂的說法，他是帶著對中國傳統無知的羞愧而進行學習的。但對自 1917 年開始的新文化運動，根據他自己的說法，也是深受其影響，這似乎有些矛盾。合理的解釋是，林語堂並不傾向於全盤的反對中國傳統。[222]事實上，他大部份的興趣集中在中國「小傳統」（little tradition）的小說、有道家氣息的詩和平民隱士的文章。換句話說，他的興趣集中在非新

[219] 辜鴻銘：〈東西文明異同論〉，《辜鴻銘論集》，黃興濤編：《辜鴻銘文集》冊下，頁 305。

[220] 林語堂：〈論中外的國民性——由動轉入靜的儒道〉，《無所不談合集》，《林語堂名著全集》卷 16，頁 74-76。

[221] Lin Yutang, *My Country and My People*, p. 55.

[222] 林語堂在《生活的藝術》中譯介 16 世紀屠隆的《冥寥子遊》時，曾有一條小注說：屠隆和同時代的徐文長、袁中郎、李卓吾等作家一向都沒有得到中國正統的批評家的充分承認。余英時據此說：「這條注可以說明他雖不反傳統，卻反正統。就這一點而言，他的傾向大致和胡適、周作人等相同，而和魯迅的激烈反傳統有別。五四以後，中國新文化陣營中有反正統和反傳統兩大流派，我們不能不加分辨。」「林語堂根本不承認正統的觀念，他不喜歡宋明理學便出於反正統的心理。」見 Lin Yutang, *The Importance of Living*, p. 338；余英時：〈試論林語堂的海外著述〉，《現代學人與學術》，《余英時文集》卷 5，頁 464-465。

儒學（理學）正統的文學。[223]整個新文化運動對林語堂最顯著的影響，其實是在於對舊文學的攻擊。[224]白話文的使用影響了每個作家。「隨感錄」形式的散文啟發了後來林語堂自己的寫作風格。[225]新文學改革者攻擊傳統文學理論的核心——文以載道，這個精神變成林語堂文學理想的指導原則和明顯的特徵。[226]我們也不難發現道家思想之所以吸引林語堂的原因。老子的思想主要就是種抗議的聲音：抗議戰爭，抗議苛捐雜稅，抗議虛偽，抗議社會的矯揉造作與僵化，抗議都市生活的膚淺與物質主義。[227]

林語堂之所以欣賞辜鴻銘，因其在辜氏身上看到自己的影子，並利用討論辜鴻銘的時機宣揚自己的理念。林語堂與辜鴻銘對儒家的許多看法類似，尤其是儒家於現代社會中普遍的性格與角色。另外，對比起同時代的五四作家與左翼作家，林語堂在向西方介紹中國古典文學及文化的同時，或許感到被邊緣化了，就像不為世人了解與在乎的辜鴻銘。[228]

林語堂雖受辜鴻銘的影響，但在很多地方兩人都表現不同。如前所述，辜鴻銘說中國人有順從的美德，所以不太需要法律；而林語堂則說中國人因缺乏法律保障而被迫採取了順從的處世態度。但是兩人最根本的不同在於，辜鴻銘認為西方如果要免於毀滅，必須採用儒家；而林語堂則堅持中國要學西方。[229]辜鴻銘為了「替中國人爭面子出氣」，[230]遂對中國事物不分青紅皂白

---

[223] Steven B. Miles, “Independence and Orthodoxy: Lin Yutang and Chinese Journalism in the Republican Era, 1923-1936,” p. 10.

[224] Steven B. Miles, “Independence and Orthodoxy: Lin Yutang and Chinese Journalism in the Republican Era, 1923-1936,” p. 10.

[225] Tse-tsung Chow 周策縱, *The May Fourth Movement: Intellectual Revolution in Modern China*, p. 278.

[226] Tse-tsung Chow 周策縱, *The May Fourth Movement: Intellectual Revolution in Modern China*, p. 271.

[227] Wing-tsit Chan 陳榮捷, “Lin Yutang, Critics and Interpreter,” *English Journal*, vol. 36, no. 1 (January 1947), p. 5.

[228] Chunmei Du 杜春媚, “Gu Hongming and the Re-invention of Chinese Civilization” (Ph. D. dissertation, Princeton University, 2009), pp. 255-256.

[229] 俞祖華、趙慧峰：〈比較文化視野裡的中國人形象——辜鴻銘、林語堂對中西國民性的比較〉，《中州學刊》，5 期（2000 年 9 月），頁 118。

的辯護，舉凡納妾、纏足，甚至稱慈禧太后是「中國文明所培育出的女性之最高典範」。[231]林語堂的態度則與辜鴻銘不同。他說：「現在問題不是我們能不能拯救我們的古老文化，而是是否我們的古老文化可以拯救我們。」「我們只有在遭受外界侵略下沒有滅亡，才談得上保存自己的舊文化」。「現代性」（modernity）雖有其壞的一面，但中國不得不全部承受。「我們願意保護自己的舊文化，而我們的舊文化卻不可能保護我們。只有現代化才能救中國。」林語堂這樣說道。他又剖析說，歷史上並沒有證據表明，成熟的藝術和哲學非得要與一個民族政治上的繁榮保持一致，藝術與哲學不一定救的了國家。林語堂也不認為中國將因現代化而犧牲它的民族性格和民族遺產；相反的，他認為現代化會把中國人的民族性格趨向於更加新鮮和偉大的發明創造活動。[232]這種對現代化的態度，也就是傳承自五四運動精神的態度，就是林語堂和辜鴻銘最大的不同。

我們之所以要討論林語堂與辜鴻銘的關係，是因為這有關於解釋林語堂為何在其後半生轉而支持國民黨。在南京政府 10 年中，林語堂一直與國民黨的政治活動保持距離。當時他的反共立場尚未非常明確和深化，一直到 1930 年代左翼份子對他發動攻勢才有轉變。林語堂對蔣介石表達完全的支持也是到對日抗戰時，那時蔣氏為全國的領袖。[233]在大部份現代作家最終都轉而同情共產黨這個情況下，林語堂轉向國民黨成了個例外。這可從許多不同的社會政治層面來解釋，但他最後對國民黨轉而同情，「傳統的問題」是個重要的因素。[234]就如林語堂所說的：

---

[230]林語堂：〈辜鴻銘〉，《林語堂散文經典全編》卷 3，頁 494。

[231]Ku Hung-ming, preface to *The Spirit of the Chinese People*, p. 2.

[232]Lin Yutang, *My Country and My People*, pp. 336, 340, 342-343.

[233]1939 年，林語堂在其《吾國與吾民》的增訂新版中，加上新寫的第十章，討論中日之間的戰爭。文中林語堂稱讚蔣介石不愧是民族危亡時期的一位民族領袖，其睿智和道德足以應付日本的侵略。見 Lin Yutang, *My Country and My People*, p. 371.

[234]Jun Qian, "Lin Yutang: Negotiating Modernity Between East and West," p. 8.

> 除了政治上的衝突之外，對我來說更基本的，還有一個思想上的鬥爭，基本且尖銳的歧異，暗示了一個既深且無可溝通的隔閡。它根植於國民黨和共產黨兩種絕然不同的基本態度上，一個說傳統中國文化要被拯救且搶救，一個說要把它根除且完全的捨棄。[235]

依照錢鎖橋的看法，林語堂並不相信傳統中國文化應該全部保存，因為當蔣介石發起「新生活運動」來推崇孔子時，他簽署一份請願書表示反對。然而，林語堂卻相信傳統是該被協商（negotiated）和挪用（appropriated）來對抗強勢的西方現代化，以達到一個平衡和整合的現代中國文化。為了要上得了談判桌，雖然立足點不平等，但至少東西方文化都須被視為有效的。國民黨對傳統的過度強調雖在許多方面令林語堂感到生氣，但共產黨的立場卻完全屏除經協商而建立的中國現代性（a negotiatory construction of the Chinese modernity）的希望。既然他對辜鴻銘這個對現代西方文化病態的侵略毫不留情予以攻擊的人感到欽佩，那他絕對不會為「全盤西化」這個醫治現代中國的藥方背書，更不用說馬克思式的全盤西化了。對他來說，西學與中學都應有所選擇而吸收，經過中西論爭與逐漸調和之後，方可整合成一成熟與和諧的現代中國文化。[236]

在評論後五四時期思想界的分裂，即孔子的人文主義與馬克思的經濟決定論唯物主義二者間的衝突，林語堂說：「在中國，孔子和馬克思正在進行一場比賽，我打賭孔子會獲勝。」[237]由此我們可知林語堂對傳統的評價和情感。

---

[235] Lin Yutang, *The Vigil of a Nation* (New York: John Day Co., 1944), p. 57.

[236] Jun Qian, “Lin Yutang: Negotiating Modernity Between East and West,” pp. 8-10; Suoqiao Qian 錢鎖橋, *Liberal Cosmopolitan: Lin Yutang and Middling Chinese Modernity*, p. 61.

[237] Lin Yutang, *The Vigil of a Nation*, p. 58.

第五章　戰火中的小說：《京華煙雲》與《風聲鶴唳》

一、《京華煙雲》：一部描述中國戰亂時期的史詩鉅作[1]

《京華煙雲》（*Moment in Peking*）是林語堂所寫的第一部小說，當時他四十五歲。[2]林語堂多次因此書獲諾貝爾獎（Nobel Prize）提名及推薦。《京華煙雲》的寫作時間在 1938 年 8 月至 1939 年 8 月，這是在卷首中所交代。除

---

[1] *Moment in Peking* 一書起初林語堂囑咐郁達夫翻譯成中文，並將英文著作所引用的原典、人名、地名及中國成語註解詳細，分成兩冊寄給他。林語堂在給郁達夫的信中說：「書名 *Moment in Peking*，似可譯為『瞬息京華』」。可惜郁達夫並沒有完成翻譯。目前流傳最廣的中譯本是收入《林語堂名著全集》中張振玉的中譯本，張振玉在譯序中解釋了為何他採用《京華煙雲》作為書名的理由。郁達夫未完成的工作後來由兒子郁飛完成，書名又改回《瞬息京華》。張振玉與郁飛的中譯本孰優孰劣筆者不敢妄言，但郁飛翻譯本出版在張譯本之後，且自言翻譯時曾參考張譯本，筆者認為其在還原英文原著的中文詩詞方面確實勝過張譯本。見林語堂：〈給郁達夫的信——關於瞬息京華〉，原載《宇宙風》，49 期（1937 年 10 月 16 日），收入《林語堂散文經典全編》卷 2（北京：九洲圖書出版社，1997 年 8 月，初版），頁 433；郁達夫：〈談翻譯及其他〉，原載《星洲日報星期刊・文藝》，1940 年 5 月 26 日，收入林語堂著，郁飛譯：《瞬息京華》（長沙：湖南文藝出版社，1991 年 12 月，初版），頁 787；林語堂著，郁飛譯：《瞬息京華》，〈譯者後記〉，頁 779-780；林語堂著，張振玉譯：《京華煙雲（上）》，《林語堂名著全集》卷 1，〈譯者序〉，譯者序頁 9。

[2] 林語堂說：「我認為長篇小說之寫作，非世事人情，經閱頗深，不可輕易嘗試。……因此，素來雖未著筆於小說一門，卻久蓄志願，在四十以上之時，來試寫一部長篇小說。而且不寫則已，要寫必寫一部人物繁雜，場面寬曠，篇幅浩大的長篇。所以這回著手撰著瞬息京華，也非竟出偶然。」見林語堂：〈我怎樣寫瞬息京華〉，《宇宙風》，100 期（1940 年 5 月 16 日），頁 102。此段文字林太乙在《林語堂傳》中以引號加以引用，但引文計有標點符號錯誤兩處，錯字兩處。見林太乙：《林語堂傳》，《林語堂名著全集》卷 29，頁 160-161。

了說明寫作時間，在這卷首獨立的一頁中他又寫上：「獻給中國勇敢的士兵，因有他們的犧牲，我們的後代子孫才得以成為自由的人民。」因全書寫作時間正值中日第二次戰爭期間（1937-1945 年），故林語堂有此語。在這短短幾行字間，讓人強烈感受到林語堂的愛國心。[3]

（一）《京華煙雲》情節概述

《京華煙雲》主要是在描寫清朝末年至民國 27 年（1938 年）期間，姚家、曾家及牛家三大家族在歷經國內戰亂而興衰的故事。故事開始於清光緒 26 年（1900 年）7 月 20 日，因擔心義和團和八國聯軍即將攻入北京城，男主人姚思安舉家自北京避難到杭州。姚家逃難路線為先走旱路到山東邊境的德州，然後再坐船走運糧河，再到上海和杭州。[4]不料在途中遇到一隊官兵沖散了全家的車隊，姚思安十歲的大女兒姚木蘭不幸在途中走失，被人口販子運到德州販賣。幸運的是，姚思安一位當官的朋友曾文璞正巧全家自北京還鄉山東泰安縣，途經德州把木蘭從人口販子手中買下。木蘭在曾家泰安的家中住了些時日，在這她結交到她一生中最重要的朋友，曾家的一位清寒親戚孫曼娘，兩人並結為姊妹。曼娘後來嫁給曾家的大兒子，與木蘭成為妯娌。至於牛家，男主人牛思道與曾文璞一樣在朝為官，後來兩家互結姻親，牛家把女兒素雲嫁給曾家二兒子，卻因女兒行為放蕩被曾家休妻。

木蘭從人口販子手中被救出後，在泰安曾家住了二個月，與曾家的幾個

---

[3] 哈金（Ha Jin）在敘述到 1987 年《京華煙雲》中譯本在中國大陸出版後所出現的林語堂研究時，評論這些研究充滿了「愛國主義等老生常談」。但筆者卻認為，愛國主義是貫穿林語堂一生重要的特質，也是其小說中的主線之一，是值得反覆申說的。另外，在討論到《京華煙雲》時，哈金給予其劣評，列舉其三大缺失，並且認為這整本小說「都是為西方讀者而寫」，使得林語堂「無法成為一名重要的小說家」。筆者細讀其上下文，無法確定哈金是否指控林語堂媚外。不過對一些不實的指控，余英時曾說：「中國有不少衛道之士，特別是革命的左派，常常信口開河，說林語堂的英文作品都是為了迎合美國讀者的口味而特別設計的。我敢斷言，這是不實的誣詞。」見 Ha Jin 哈金，*The Writer as Migrant* (Chicago: University of Chicago Press, 2008), pp. 16-17, 21；余英時：〈試論林語堂的海外著述〉，《現代學人與學術》，《余英時文集》卷 5，頁 465。

[4] Lin Yutang, *Moment in Peking* (New York: John Day Co., 1939), p. 10.

兒子漸漸熟悉。於情於理她日後終必嫁入曾家，不過在她心中有個秘密，即是她傾心於一位清寒卻有才氣，後來在北京師範大學教生物的青年孔立夫。不過最終木蘭還是嫁了曾家的第三個兒子，她把對立夫的愛隱藏在「內心的角落裡」。[5]

民國 15 年（1926 年）3 月 18 日，北京發生了段祺瑞政府鎮壓遊行群眾的「三一八慘案」，木蘭的 16 歲大女兒也以學生身份參加遊行，不幸慘死。木蘭自童年起一直頗受命運之神的眷顧，但「此刻是她生平第一次傷透了心」。[6]木蘭其實一直盼望過著一種較樸實簡單，擺脫富家豪宅的生活。在國民黨北伐成功統一全國以後，她於是全家搬到南方的杭州，只帶三個佣人。她親自做飯與縫製衣裳，過著一種鄉間的田園生活。

隨著蘆溝橋事變（1937 年 7 月 7 日）的爆發，小說中所有的人物均受到戰爭的影響。被曾家休掉的牛家女兒素雲，原本在北平販賣毒品，後拒絕當日本漢奸而被槍斃。行為放蕩的素雲之所以拒絕當漢奸，是因為她在抉擇之際想起姚思安老先生曾跟她說過的話：「當戰爭爆發時要記住，妳是中國人。」更不能忘的是曾家六歲小孩問她的話：「妳是中國人嗎？為什麼幫著日本人？」[7]木蘭的妯娌曼娘，在中國抗戰期間兒媳婦慘遭日軍姦殺，曼娘自己則在受辱前上吊自殺。隨著日軍攻陷南京與杭州，1937 年 12 月 29 日早晨，木蘭全家加入了數以百萬的中國百姓往中國內地遷徙。

木蘭在全家往內地西遷的途中，在與千千萬萬百姓逃難當兒，因與廣大群眾的接觸而「喪失了自我」，真正融入了人群中。[8]整部小說以木蘭心境的解放作為結束，象徵著全中國人民團結一心以抗日。

---

[5] Lin Yutang, *Moment in Peking*, p. 316.

[6] Lin Yutang, *Moment in Peking*, p. 611.

[7] Lin Yutang, *Moment in Peking*, pp. 729-730, 748. 素雲是小說中少數的反派角色之一，她最後的悔改更坐實了哈金的批評：「在超過八十個眾多人物中竟無一位惡人……這樣美化的敘事導致情節像一部大眾愛情小說。」見 Ha Jin 哈金, *The Writer as Migrant*, p. 17.

[8] 木蘭在發現她其實深愛著立夫時，她「找到了自我」；但現在境界提升了，反而「喪失了自我」。見 Lin Yutang, *Moment in Peking*, p. 808.

全書最令人心疼的人物當屬暗香。木蘭幼時走失被人口販子拐賣到德州時，被關在一間小黑屋子裡。過沒幾天，一個 6 歲大的女孩也被扔了進來，她就是暗香。木蘭被曾家買走時曾求曾家幫助暗香，但曾家不願管。但天可憐見，十多年後當木蘭在徵求佣人時意外發現經人介紹來的女傭竟是她當年的難友暗香，不過暗香這時已 19 歲。暗香自小走失後就被人口販子賣給人當佣人，自從再見到木蘭後人生從此柳暗花明，木蘭把她當姊妹般看待。

（二）當時報刊對《京華煙雲》的評論

《京華煙雲》既然以英文撰寫，讀者對象自然是西方人。我們以三份當時的英文報紙為例，來說明西方世界對這部小說的看法。這三份報紙分別是《紐約時報》（*The New York Times*）、上海的《北華捷報》（*The North-China Herald*）及上海的《密勒氏評論報》（*The China Weekly Review*）。[9]

《紐約時報》評論人 Katherine Woods 在書評中說，[10]姚家與曾家這幾十年間在中國所經歷的重大事件，讓讀者感覺他們並非在閱讀小說，而是「活生生的事實」（This is life.）。林語堂並沒有構思情節，創造人物，是命運創造這一切。林語堂的工作只是把讀者帶到現場，他為讀者打開了通往故事人物生命的那扇大門。正因為如此，「身為小說家，林語堂可謂取得重大的成就」（Lin Yutang reaches great stature here as a novelist.）。林語堂在介紹中國的歷史及風俗習慣給對此不熟悉的西方讀者時，雖然鉅細靡遺，卻不影響他所要傳遞的人道精神的流暢度。[11]

---

[9] 《密勒氏評論報》原名 *Millard's Review of the Far East*，創辦人為密勒（T. F. Millard）。1922 年由鮑威爾（John Bill Powell）接手後，於 1923 年更名為 *The China Weekly Review*。不過原印於報紙首頁的中文名為了避免修改之後所造成的「災難性後果」，於是維持不變。鮑威爾「發現了個有趣現象」，就是中國人對商標些微的修改也會感到疑慮。見 John B. Powell, *My Twenty-Five Years in China* (New York: The Macmillan Co., 1945), pp. 11, 90-91.

[10] Katherine Woods 於 1941 年也對紐約哥倫比亞大學（Columbia University）所出版的《魯迅選集》（*Ah Q and Others: Selected Stories of Lusin*）於《紐約時報》發表書評，見 Katherine Woods, "Chinese Tales," *New York Times Book Review*, July 20, 1941, p. 7.

[11] 哈金認為，《京華煙雲》中雖提供不少珠寶、衣服、家具、花園及食物等細節，不過卻像是林語堂

《北華捷報》在評論《京華煙雲》時認為，這本小說之所以吸引歐美讀者的原因，在於其描述西風東漸時期中國人的日常生活及對西方文明的反映。故事裡的愛情雖非驚濤駭浪，卻足以吸引讀者閱畢全書。不過書評者也承認，全書雖然情節吸引人，在描寫日常生活的細節方面卻過於「瑣碎」（trivial）。與其說是部愛情小說，倒不如說是部社會學研究著作。評論人引用林語堂在〈序〉中所述來印證社會觀察本為小說的宗旨：[12]

> 〔這部小說〕只是敘述當代中國男女如何成長，如何過活，如何愛，如何恨，如何爭吵，如何寬恕，如何受難，如何享樂，如何養成某些生活習慣，如何形成某些思維方式，尤其是在此謀事在人、成事在天的塵世生活裡，如何適應其生活環境而已。[13]

《密勒氏評論報》認為，在詮釋中國這方面，《京華煙雲》比起前此由西方人所撰寫的小說都要來得優秀，甚至於諾貝爾獎得主賽珍珠（Pearl S. Buck）的《大地》（*The Good Earth*）也頗有不及。[14]因為西方作家即使熟知中國，但所描寫的仍是其「想像或者一廂情願相信」的中國人形象。《京華煙雲》雖然篇幅頗長，但林語堂以中國人自身立場出發，有利於描寫真實的中國。書評人且認為，比起 1935 年出版的《吾國與吾民》（*My Country and My People*），1937 年出版的《生活的藝術》（*The Importance of Living*）過於「哲理化」

從其他書中引用來的一樣，不是親身觀察或想像得來。小說中不少介紹中國風俗習慣的段落也遭哈金批評與書中情節格格不入，阻礙敘述的流暢性。哈金這樣的看法正好與 Katherine Woods 的看法截然相反。見 Ha Jin 哈金，*The Writer as Migrant*, pp. 16-17. Katherine Woods 的書評見 Katherine Woods, "Forty Crowded Years in China's Forty Centuries," *New York Times Book Review*, November 19, 1939, p. 2.

[12] 書評見"Forty Years' Fortune," *North China Herald (Shanghai)*, vol. 214, issue 3779 (January 10, 1940), p. 71.

[13] Lin Yutang, preface to *Moment in Peking*. 譯文見林語堂著，張振玉譯：《京華煙雲（上）》，《林語堂名著全集》卷 1，〈著者序〉。此段為張振玉譯文，非筆者所譯。

[14] 賽珍珠於 1938 年獲諾貝爾文學獎。

（philosophizing），後者不及前者。《京華煙雲》則只有適度的哲理化，基本上是好的。小說裡有些章節似乎無關緊要，讓人感覺故事有些冗長，不過林語堂是要藉著這些劇情，以鋪陳出生命中緩慢且不可察知的變化。[15]全書結構浩大且人物複雜，令人佩服，似乎可看到《紅樓夢》的影子。[16]不過，《紅樓夢》之美在於軟弱（weakness）、挫折（frustration）及社會頹廢（social decadence），《京華煙雲》則呈現出一個古老卻生氣勃勃的中國，就如密爾頓（John Milton）筆下的「高貴而生氣勃勃的民族，像一個睡醒了的巨人一樣站起來，抖一抖他那所向無敵的髮綹」。[17]

由以上三份當時報紙的評論我們可知，《京華煙雲》之所以為西方世界所看重的原因在於小說是由一位中國人以英文撰寫，從中國人本身的觀點以小說形式敘述中國這四十年間的動盪。書評人都提到小說提供了類似社會史般的描寫，雖稍嫌冗長，但在呈現中國這方面卻是極為成功的。

（三）《京華煙雲》對中國政治動盪局勢的描寫

如果誠如書評家所說的，《京華煙雲》提供了了解當時中國社會的材料，那麼林語堂是如何理解當時的中國局勢？或者說以這部英文小說，林語堂希望西方讀者如何理解中國目前的處境？

林語堂認為，1919 年的五四運動是中國接下來一連串學生運動的開始。每當國有危難，在老一輩人漠不關心之時，熱血的年輕人往往會站出來。老一輩人因此埋怨學生不認真唸書，而學生則回敬以其不會治國。國民黨充分利用了年輕學子的愛國心，掌握了這股強大的力量，最後國民革命才得以於

---

[15] "New Books of Interest in the Far East: Lin Yutang's Novel," *China Weekly Review (Shanghai)*, Dec 16, 1939, p. 121.

[16] 林語堂自己也承認《京華煙雲》的寫作受到《紅樓夢》的影響，見林語堂：〈我怎樣寫瞬息京華〉，《宇宙風》，100 期，頁 102。

[17] "New Books of Interest in the Far East: Lin Yutang's Novel," *China Weekly Review (Shanghai)*, Dec 16, 1939, p. 122. 譯文見密爾頓（John Milton）著，吳之椿譯：《論出版自由》（*Areopagitica*）（北京：商務印書館，1958 年 9 月，初版），頁 44。

1927 年成功的推翻北洋政府。[18]

至於五四運動後於 1925 年所發生的「五卅運動」，[19]林語堂敘述其起因於幾個國民黨的政治鼓動份子被上海的英國巡捕所殺，於是國民黨的政治、學生及勞工組織全都動了起來，學生鼓吹罷工且在全國大街小巷喚醒民眾。[20]

在談到 1926 年的「三一八慘案」時，林語堂認為，如果沒有學生對政治的熱情及其喚醒民眾，1926 至 1927 年的國民革命就不可能成功。[21]但要革命成功，這些年輕人可要付出鮮血的代價。[22]木蘭的大女兒在參加「三一八」遊行時慘遭段祺瑞執政府衛兵殺害，她只是個意外的犧牲者，她並非打算犧牲性命而上街遊行的。但在三個月後開始的北伐中，不知有多少青年愛國志士為了新中國的誕生而寧願拋棄自己的性命。[23]

在描述令人失望的北洋政府時，林語堂說，中國一般的年輕人都反對政治破產的北洋政府，他們堅信需要有第三度革命來掃蕩這些軍閥以成立一個真正現代化的政府。國民黨於此時提供了一個詳盡的中國重建計畫，因而吸引了這些政治上覺醒的大學生。[24]

在描述北伐成功後 1930 年代的中國時，林語堂寫道，這時已有顯著的跡

---

[18] Lin Yutang, *Moment in Peking*, p. 578. 北伐成功在 1928 年年底，林語堂不知何故在此說北洋政府於 1927 年被推翻。

[19] 「五卅運動」發生於 5 月 30 日，張振玉中譯本誤譯為 5 月 13 日。1995 年作家出版社出版張振玉中譯修訂版，並無改正此處。郁飛中譯版則是正確的。見林語堂著，張振玉譯：《京華煙雲（下）》，《林語堂名著全集》卷 2，頁 259；林語堂著，郁飛譯：《瞬息京華》，頁 569。

[20] Lin Yutang, *Moment in Peking*, pp. 601-602.「五卅運動」是國民黨與共產黨共同合作的成果，林語堂此處沒有提到共產黨的貢獻。5 月 30 日當天被英國巡捕開槍打死的共有 13 人，2 人是共產黨員，有些是遭無妄之災的路人，但並無國民黨員，林語堂說國民黨員被殺並無根據。見〈五卅殉難者調查表及部分烈士傳略〉，上海社會科學院歷史研究所編：《五卅運動史料》卷 1（上海：上海人民出版社，1981 年 11 月，初版），頁 720-728。

[21] 國民革命應該起自 1926 年，終於 1928 年。林語堂不知何故在此說終於 1927 年。

[22] Lin Yutang, *Moment in Peking*, p. 604.

[23] Lin Yutang, *Moment in Peking*, p. 610.

[24] Lin Yutang, *Moment in Peking*, p. 594.

象顯示中國終於邁向進步的道路。內戰已經停止了，國內的重建工作也飛快的進行著。因國家統一且政府穩定，財政狀況也慢慢復甦。最令人可喜的是，不論是在民間或是在政府單位裡，都存在著一股新的愛國精神及民族自信心。[25]

1937年7月17日，在蔣介石發表廬山談話，決心對日抗戰之後，林語堂這麼描寫蔣介石：

> 「〔蔣介石〕這個人是我所見過最冷靜頑固的人」，蓀亞說。〔筆者按：蓀亞是木蘭的丈夫〕「他完成了諸葛亮（《三國演義》人物）也辦不到的事。統一中國是世上最艱鉅的工作，但他完成了。現在他要帶領中國抗日，這是一項更為艱鉅的工作。他就像一隻在海上風暴中發現其本性的海燕，且或許樂在其中。他一定會堅持抗戰到底，我已經觀察他十年了。他是如此清瘦，但瞧瞧他的嘴巴！他臉上表現出的固執與奸巧（wiliness），[26]是我所見過最奇特的組合。」[27]

（四）小結

由以上的分析可以得知，林語堂在對西方人解釋中國這四十年間的動盪時，他認為1919年的五四運動是往後一連串學生運動的開始，「五卅運動」與「三一八慘案」都是愛國學生運動的例子。南方的國民黨爭取到這些愛國

---

[25] Lin Yutang, *Moment in Peking*, p. 710.

[26] “wiliness”在此不易翻譯，張振玉譯為「足智多謀」，郁飛譯為「深沈」。筆者查閱林語堂晚年所編的《林語堂當代漢英詞典》（香港：香港中文大學，1972年），並無“wiliness”此字，但凡“wily”出現之中文詞條皆為負面之義（計有「賊」「刁」「譎」「詭」「鬼」「狼」「狡」）。所以林語堂在此運用“wiliness”這個字時，恐怕不是「足智多謀」，而是稍有政治人物「奸巧」之意。線上檢閱可至《林語堂當代漢英詞典》（http://humanum.arts.cuhk.edu.hk/Lexis/Lindict/）（2013/12/26點閱）。張振玉與郁飛譯文見林語堂著，張振玉譯：《京華煙雲（下）》，《林語堂名著全集》卷2，頁459；林語堂著，郁飛譯：《瞬息京華》，頁738。

[27] Lin Yutang, *Moment in Peking*, p. 778.

青年的支持，終於進行第三度革命，北伐推翻腐敗的北洋政府。國民政府統一全國之後，氣象一新，各項建設逐漸進入軌道。領導北伐統一全國的蔣介石現在有一項新的任務，就是帶領全中國人民抵抗日本。

二、《風聲鶴唳》：一部描寫中國對日英勇抗戰的小說

《風聲鶴唳》（*A Leaf in the Storm*）是林語堂繼 1939 年出版的《京華煙雲》之後，於 1941 年所推出的第二部小說。書名有副標題「烽火中國」（*A Novel of War-Swept China*），當時又正逢中日第二次戰爭期間（1937-1945 年），可知小說一定是以中國抗戰為背景。林語堂於 1940 年 5 月曾帶全家人自美國回中國的重慶，[28]一直居住到當年的 8 月才回美國，這段親身戰火的經歷想必對《風聲鶴唳》的成書有所幫助。[29]林語堂於此時回國居住的理由，大概如其長女林如斯所說，[30]是不能忍受同胞在國內艱苦抗戰，她們一家人卻在國外旅遊。[31]

[28] 林語堂回國這段期間居住在離重慶四十里外的北碚，房屋為林語堂購買，林語堂回美國後，北碚的房屋借給「中華全國文藝界抗敵協會」（簡稱「文協」）當作「辦事處」（林太乙與舒乙皆誤為「文協」北碚「分會」），由老向及老舍分住，見林太乙：《林家次女》，頁 129，151-154；舒乙：〈家在語堂先生院中〉，《回顧林語堂：林語堂先生百年紀念文集》，頁 50-55。舒乙為老舍之子；段從學：《「文協」與抗戰時期文藝運動》（北京：北京大學出版社，2012 年 7 月，初版），頁 19，253。

[29] 林語堂這段回國居住的經歷（1940 年 5 月至 8 月），可見其三個女兒所合著的 *Dawn Over Chungking* 一書。三個女兒為大女兒林如斯（Adet Lin）、二女兒林太乙（Anor Lin）與三女兒林相如（Meimei Lin），見 Adet Lin, Anor Lin, and Meimei Lin, *Dawn Over Chungking* (New York: John Day Co., 1941). 她們當時各為 17 歲、14 歲及 10 歲，見"Publisher's Foreword"。另外，這段回國經歷的回憶也可參考林太乙：《林家次女》，頁 128-162。林語堂不給女兒取英文名字，因為他認為中國人不需要英文名字。不過因為中文名字外國人不好發音，所以依林如斯的乳名「阿麗」取其名 Adet，林太乙的「阿 No」變成 Anor，林相如的 Meimei 想必是「妹妹」轉音。見林太乙：《林家次女》，頁 14, 81。當時的中國通（China Hands）之一 Thomas Arthur Bisson（1900-1979 年）盛讚 *Dawn Over Chungking* 一書運用「簡單樸拙的文字」（simple, unaffected words and phrases），為近日訪問重慶者當中對戰地中國最佳的描述。見 Thomas Arthur Bisson, "The Dream of China," *Saturday Review of Literature (New York)*, vol. XXIII, no. 24 (April 5, 1941), p. 20.

[30] *Dawn Over Chungking* 於 1941 年在美國出版後，1942 年 4 月於桂林出版林平的中譯本《重慶風光》，

但居住了三個月後，林語堂考慮到與其整日在中國跑警報躲避日軍空襲，倒不如回美國替中國做抗日宣傳，這才離開重慶。[32]

1941 年 5 月 4 日在接受《紐約時報》專訪時，林語堂談到其即將出版的小說，內容是在描述一個永不被擊敗的中國，身處絕境卻尋獲生機的中國。林語堂且預測中日戰爭將會陷入僵局，但僵局意味著中國的勝利。[33]

（一）《風聲鶴唳》情節概述

《風聲鶴唳》故事所發生的時間在 1937 年 10 月至 1938 年 9 月，[34]當時中日正處於戰爭當中。小說是在描寫一位女子在戰爭中的故事。林語堂在小說中說，戰爭就如同一陣狂風，數百萬中國人民如同秋天的落葉般被吹得四散於各地，待風稍停時有些落葉可在一安靜的角落稍做喘息，等到下一陣風起時又四散飛舞於空中。每片葉子都同等重要且獨特，各有其愛恨情仇，但

不過譯筆頗為粗糙。1986 年重慶出版社加以重印，書名改為《戰時重慶風光》，並訂正了一些錯誤。不過因無英文原本以供查對，故只能就譯文加以修訂。見北京圖書館編：《民國時期總書目（1911-1949）：文學理論•世界文學•中國文學》下冊（北京：書目文獻出版社，1992 年 11 月，初版），頁 1124；林如斯、林無雙、林妹妹著，林平譯：《戰時重慶風光》（*Dawn Over Chungking*），〈編後記〉（重慶：重慶出版社，1986 年 12 月，初版），頁 270。林無雙後來改名為林太乙。

[31] 林如斯書中原文是"They suffered, they fought, while we were leisurely enjoying ourselves and traveling around in foreign lands for the past three years. I could not bear that thought any longer. I must go back no matter what or how. Perhaps it was for selfish reasons too, but anyhow back we must go."（底線為筆者所加）劃底線部份林如斯表明了回中國是為了抵消其罪惡感，所以「或許也是為了自私的理由」，不過林平卻翻譯為「或者也還是為了些私事吧」，意思就完全不對了。見林如斯等著，林平譯：《戰時重慶風光》（*Dawn Over Chungking*），頁 7；Adet Lin 林如斯, "The Decision to Go Home," in *Dawn Over Chungking*, p.3.

[32] 林太乙：《林家次女》，頁 151。林語堂說他本有在中國寫作的計畫，不幸回到中國後不久因滇越鐵路（Indo-China railway）關閉導致缺乏需要的參考書，只得回美國。而且他也覺得，他應該在國外替中國發聲，這件工作在當時做的人不多。見 Lin Yutang, *The Vigil of a Nation* (New York: John Day Co., 1944), pp. 30-31.關於日本要求法國關閉滇越鐵路可見 Rana Mitter, *China's War with Japan, 1937-1945: the Struggle for Survival* (London: Penguin Books, 2014), p. 221.

[33] Robert Van Gelder, "An Interview With Doctor Lin Yutang," *New York Times Book Review*, May 4, 1941, p. 2.

[34] Lin Yutang, *A Leaf in the Storm* (New York: John Day Co., 1941), pp. 3, 368.

林語堂說他只是要描寫這數百萬葉子當中的一片葉子。[35]

小說主要的人物有三人，即丹妮、博雅、老彭。丹妮即林語堂所要描寫的數百萬葉子中的那一片葉子；博雅是《京華煙雲》中木蘭的姪子，木蘭父親姚思安長子的兒子；老彭是博雅的好朋友。《風聲鶴唳》與《京華煙雲》中的人物有部份重疊，不過並不強調故事情節的延續。丹妮是個身世坎坷的美麗女子，[36]由母親獨自扶養長大，家境貧窮。在她 17 歲那年母親過世，丹妮於是開始靠家教與投稿報刊等打零工為生，談過幾場不順遂的戀愛，也當過別人的情婦。之後她在北平時遇見了已婚的博雅，兩人陷入熱戀。後來日本人在北平逐屋搜查中國游擊隊，（北平當時已淪陷）為了安全丹妮於是匆匆的由博雅的 44 歲好友彭大叔（老彭）護送逃到上海，最後又到了漢口，與老彭一起幫助佛教紅十字會（Buddhist Red Cross）協助戰爭災民。在此期間，丹妮結識了因戰亂逃離家鄉的少女玉梅。玉梅是從鄉下來的，並不識字。丹妮與老彭同心協力照顧災民，日久丹妮發現她竟愛上了老彭，但她已懷了博雅的孩子。小說最後以博雅發現了丹妮的心意，或許為了成全他們，博雅與日本人發生槍戰而身亡。丹妮最後仍然選擇與已故的博雅舉行婚禮，並產下一子。

全書最感人的一幕在於 10 歲女童苹苹的死亡。苹苹是南京失陷前逃出的災民之一，由於日曬雨淋加上營養不良而得了肺病，她與丹妮很親近，稱丹妮為「觀音姊姊」。苹苹一直期待等戰爭一結束，要請丹妮到她江蘇靖江老家吃晚餐，她已想好要安排丹妮坐在哪一桌，她自己那天要穿什麼衣服，但隨著她的病死這一切都已成空。林語堂在小說中評論道，戰爭所帶來的災害無法僅靠死亡人數或財物損失等數據來衡量，苹苹的死使任何戰爭賠償顯得可笑。[37]

---

[35] Lin Yutang, *A Leaf in the Storm*, pp. 218-219.

[36] 丹妮童年時名為蓮兒，遇見博雅時名為崔梅玲，崔是母親的姓。後又改名為丹妮。

[37] Lin Yutang, *A Leaf in the Storm*, p. 316.

（二）當時報刊對《風聲鶴唳》的評論

《風聲鶴唳》出版後，當時西方英語世界的反映為何，我們以四份報刊的評論為代表來說明，分別是《紐約時報》、《新群眾》（*The New Masses*）、[38]《星期六文學評論》（*The Saturday Review of Literature*）[39]及《國家》（*The Nation*）。[40]

《紐約時報》評論人 Katherine Woods 在書評中談到，林語堂不久前才自戰亂中的中國回來，所以這部小說可視為其以藝術、美學及人性觀點手法，描述在中國所見的實際生活情況。[41]小說中不少人物雖在《京華煙雲》裡已出現過，但《風聲鶴唳》情節獨立且完整，並非其續集。小說中對南京大屠殺日軍殘忍行徑的描寫，令人不忍卒讀。這部愛情小說的結尾令人震驚且富戲劇性，完全是中國式的。小說以多方面的愛來點出「人類成長」這個主題。但整體來說，不論是故事背景或是故事主角都是戰爭中的中國。[42]

《新群眾》雜誌在評論《風聲鶴唳》時說道，這部小說涵蓋的時間大約是自 1937 年中國軍隊從上海撤軍，直到 1938 年的台兒莊大捷。而這段時間也是中日戰爭中最關鍵的期間。林語堂書中主角丹妮的故事，脫離不了中國悲慘愛情的傳統模式。雖說丹妮的遭遇帶有些獨特的西方風味，但若非林語堂對中日戰爭的洞見，丹妮這些遭遇是吸引不了人的。在漢口，丹妮親眼見到受苦的難民，進而投入協助災民的工作，對那種可以呵護她遠離風暴的愛情的渴望，漸漸消減了。另外，林語堂透過這部小說讓讀者認識到個人對中國認同的重要。在過去，中國人民沒有認同感，中國人口只有統計數字上的

---

[38] 《新群眾》創刊於 1926 年，1948 年停刊，是美國當時有影響力的馬克思主義雜誌。

[39] 《星期六文學評論》創刊於 1924 年，1952 年後更名為《星期六評論》（*The Saturday Review*）。

[40] 《國家》創刊於 1865 年，是美國歷史最悠久的週刊之一。

[41] Katherine Woods, “China at War: A Leaf in the Storm,” *New York Times Book Review*, November 23, 1941, p. 6.

[42] Katherine Woods, “China at War: A Leaf in the Storm,” *New York Times Book Review*, November 23, 1941, p. 7.

意義。[43]

《星期六文學評論》評論人為海倫・斯諾（Helen Foster Snow，筆名 Nym Wales），[44]她一開始盛讚林語堂的《京華煙雲》為自 1915 年中國文藝復興以來最好的小說，[45]不過因為小說是用英文撰寫，中國人恐怕不能同意它為最好。她繼續評論道，以戰爭為題撰寫小說這構想雖好，但可惜在《風聲鶴唳》中情節未能與戰爭背景充分融合。小說中的愛情故事似乎可不受影響地獨立出來，所以戰爭對書中的主要人物影響甚小，因在以其他主題為背景的情況下這愛情故事也是可發生的。海倫・斯諾感嘆道，林語堂擁有這麼豐富的戰爭素材卻未善加利用，卻選擇敘述一些不相干的人物，未掌握住戰爭對中國幾百萬人生活的改變。書中唯有玉梅這個農村來的姑娘令人覺得清新可喜，一掃腐朽平凡之氣。海倫・斯諾最後總評這部小說時認為，《風聲鶴唳》雖然不及《京華煙雲》出色，卻不失為美國人了解中國的一部精彩及重要之作。它呈現了一幅戰時中國的遼闊場景，穿插了許多真實的歷史事件，且不忘陳述日本人的殘暴。[46]

---

[43] Alan Benoit, "Lin Yutang's New Novel," *New Masses(New York)*, vol. 42, no. 10 (March 10, 1942), pp. 24-25. 關於中日戰爭時期中國的民族主義與認同問題可見 Henrietta Harrison, "War, nationalism and identity," in *China: Inventing the nation* (London: Arnold, 2001), pp. 207-225. Henrietta Harrison 在結論中說，中國共產黨在中日戰爭中從國民黨手中贏得民族主義認同，見 ibid., 224.

[44] 海倫・斯諾（1907-1997）為埃德加・斯諾的太太，為一同情中國共產黨的美國在華記者，1949 年與埃德加・斯諾離婚。她的筆名 Nym Wales 中 Wales 代表來自其母親的英國威爾斯傳統，Nym 則是筆名（pseudonym）之意。見 Kelly Ann Long, "To the Yen-An Station : the Life and Writing of Helen Foster Snow (A. K. A. Nym Wales)" (Ph. D. dissertation, The University of Colorado, 1998), pp. 21, 32; Kelly Ann Long, *Helen Foster Snow: an American Woman in Revolutionary China* (Boulder: University Press of Colorado, 2006), p. 3.

[45] 海倫・斯諾此處說中國文藝復興始於 1915 年，大概是因胡適在美國與朋友討論中國文學問題時，提出「文學革命」口號的時間就是 1915 年。胡適在美國與朋友的爭論見 Hu Shih, *The Chinese Renaissance* (New York: Paragon Book Reprint Corp., 1963), pp. 50-51. 不過胡適自己倒是說得很清楚，中國的文藝復興起自文學革命，而文學革命發生在 1917 年。見 Hu Shih, "The Renaissance in China," *Journal of the Royal Institute of International Affairs*, vol. V. (1926)收入 Chih-P'ing Chou 周質平, ed., *English Writings of Hu Shih* (Heidelberg: Springer, 2013), vol. 2, *Chinese Philosophy and Intellectual History*, pp. 19, 23.

[46] Nym Wales [Helen Foster Snow], "One Leaf Among Millions," *Saturday Review of Literature (New York)*,

《國家》雜誌的書評認為，一個作家的寫作方式泰半源於其過去的風格，另一半才是其創新之處，可惜林語堂在維持其舊有的寫作風格與創新這兩方面都沒做好。這其中的原因在於林語堂受中日戰爭影響過劇，做為其靈感來源的傳統被因戰爭而需求孔急的新價值所阻絕。《風聲鶴唳》是一部戰爭愛情故事，戰爭故事是一個林語堂須處理的文學新風格，愛情故事則須擷取自過去的文學傳統，林語堂在新舊方面都沒有成功。對比起《京華煙雲》，《風聲鶴唳》是一部失敗之作。其所鋪陳的情節後來並無敘述，顯見其不連貫。讀者無法感受書中人物的情感，能見的唯有林語堂對書中角色刻意的操弄，故人物的表現多半矯揉造作。[47]《風聲鶴唳》最大的缺陷在於僅有 368 頁的篇幅，過於簡短。如果有兩倍的篇幅，戰爭場景定能更好地融入劇情，人物也可表現得更為自然。小說中所敘述的戰爭部份固然精彩，但感覺上並非必要，以致於顯得離題。《京華煙雲》之所以成功，在於其場景的設定於有固定傳統的社會，人物的獨特性在此框架下可充分展現。戰時所作的小說一般來說都比較草率，人物描寫也不成功，而這正是林語堂才華在《風聲鶴唳》無法發揮的原因。[48]

由以上四份報刊的評論看來，一般認為《風聲鶴唳》比不上其前一部小說《京華煙雲》。雖肯定《風聲鶴唳》的以戰爭為素材，介紹戰時中國與譴責日軍的暴行，但卻認為戰爭的描述與書中的故事沒有很好的搭配。

（三）《風聲鶴唳》對戰時中國的描述

幾乎所有的書評都指出，林語堂於《風聲鶴唳》中對中日戰爭做了相當的描寫。現在我們要探討林語堂於小說中描寫戰爭的幾個場景。臺灣學生都很熟悉的 1937 年 10 月 26 日至 11 月 1 日謝晉元團長率領八百壯士（實際人

---

vol. XXIV, no. 32 (November 29, 1941), p. 7.

[47] H.P. Lazarus, "War and the Writer," *Nation (New York)*, vol. 154, no. 4 (January 24, 1942), p. 97.

[48] H.P. Lazarus, "War and the Writer," *Nation (New York)*, vol. 154, no. 4 (January 24, 1942), p. 98.

數僅其半）死守四行倉庫的故事，[49]小說中也花了整整一頁敘述。林語堂首先提到，雖然中國軍隊已自上海閘北撤出，閘北落入日軍手中，但謝晉元團長仍率領第 88 師約 500 人死守四行倉庫。隔蘇州河對岸的國際區居民在河堤邊觀看兩軍交火，丹妮也在觀看的人群中。

> 卻正好看到一位中國女孩在槍林彈雨中沿河遊去，把一面中國國旗送給孤軍營。少女回來的時候，旁觀者呼聲響徹雲霄。國旗升上了倉庫的屋頂，在藍天中隨風飄搖。一絲陽光穿透雲層，在紅底藍徽上映出一道金光，象徵著中國人民輝煌的勇氣。丹妮不覺流出淚來。她被這面國旗感動，她為戴鋼盔的中國狙擊手和黑裙棕衣的女童軍感動，內心頗為同胞而驕傲，她慶幸自己逃出天津和北平。她比過去更愛中國了。[50]

在描述到 1937 年 12 月 13 日首都南京陷落時，林語堂說，恐怖的不是戰場上的坦克機槍手榴彈，不是天上飛來的炸彈，也不是戰爭帶來的死亡；恐怖的是日軍在中國的暴行。自上帝創造人類以來，從未看過軍人笑著把嬰孩拋向空中然後用刺刀承接，聲稱這是一項運動；從未看過俘虜被蒙上雙眼排成一列，站在壕溝旁被當成刺刀練習活靶。而這些正是日軍在南京所做的事。自國軍蘇州潰敗一直到南京陷落，有兩個日本軍官相互打賭競賽誰先殺滿一

---

[49] 謝晉元團長率領第 72 軍約 400 人死守上海四行倉庫的英勇故事，藉由女童子軍楊惠敏冒險送上國旗懸掛於倉庫上而被當時中外記者大肆報導，直至國民政府退守臺灣仍被當成殉道傳奇故事教導於中小學生。見 Frederic E. Wakeman Jr., *The Shanghai Badlands: Wartime Terrorism and Urban Crime, 1937-1941* (Cambridge: Cambridge University Press, 1996), p. 151, note 46; Diana Lary, *The Chinese People at War: Human Suffering and Social Transformation, 1937-1945* (New York: Cambridge University Press, 2010), p. 17. Frederic Wakeman 於書中誤植四行倉庫保衛戰於 1932 年，見同書頁 23。

[50] Lin Yutang, *A Leaf in the Storm*, p. 163. 譯文見林語堂著，張振玉譯：《風聲鶴唳》，《林語堂名著全集》卷 3，頁 176。此為張振玉譯文，非筆者所譯。

百人。[51]林語堂接著痛斥日軍連大猩猩都不如，他說大猩猩不會將其俘虜聚集在棚子裡，然後笑著火燒棚子；大猩猩不會喜歡看雄猩猩性交，竊喜等會兒將輪到自己，完事後不忘用刺刀將雌猩猩生殖器刺穿；大猩猩也不會在性凌辱時要雌猩猩的配偶在一旁觀看。[52]

在小說中林語堂也提到了宋美齡。在漢口，老彭向丹妮解說道，每當日軍空襲一結束，蔣夫人總會親自出來幫忙安置孤兒。[53]老彭接著說：「妳想的到我們士氣會這麼高嗎？我們人民從沒有過這樣關心戰爭災民福祉的政府。」[54]一位農夫在見到宋美齡照料傷患，感動之餘嘆道：「有這樣的政府，誰不願意戰下去呢？」[55]這同時，見到宋美齡親自指揮女性工作人員協助災民，丹妮不禁以身為婦女為傲，她從不知中國婦女有這麼一面。[56]

---

[51] 即 Mukai Toshiaki（向井敏明）與 Noda Takeshi（野田毅），見 Iris Chang 張純如，*The Rape Of Nanking: the Forgotten Holocaust of World War II* (New York : Basic Books, 2011), p. 56；中國第二歷史檔案館、南京市檔案館編：《侵華日軍南京大屠殺檔案》（南京：江蘇古籍出版社，1987 年，初版），頁 328-329, 614-622；中央檔案館、中國第二歷史檔案館、吉林省社會科學院合編：《日本帝國主義侵華檔案資料選編：南京大屠殺》（北京：中華書局，1995 年，初版），頁 827-832。日本國內關於此事是否真實的辯論見 Takashi Yoshida, "A Battle over History: The Nanjing Massacre in Japan," in *The Nanjing Massacre in History and Historiography*, ed. by Joshua A. Fogel (Berkeley: University of California Press, 2000), pp. 81-83.

[52] Lin Yutang, *A Leaf in the Storm*, pp. 214-215. 對於日軍在南京性犯罪可能原因的討論見 Yuma Totani, "Legal Responses to World War II Sexual Violence: The Japanese Experience," in *Sexual Violence in Conflict Zones: From the Ancient World to the Era of Human Rights*, ed. by Elizabeth D. Heineman (Philadelphia: University of Pennsylvania Press, 2011), pp. 218-220.林語堂這一大段對日軍暴行的描述被日本研究南京大屠殺的歷史學家洞富雄（Hora Tomio）大篇幅引用，見洞富雄（Hora Tomio）著，毛良鴻、朱阿根譯：《南京大屠殺》（上海：上海譯文出版社，1987 年 8 月，初版），頁 247-249。

[53] 例如 1937 年 10 月 23 日，宋美齡在趕往上海探視傷兵的途中汽車失去控制而翻車，她被拋出車外而昏厥，結果背部拉傷且斷了根肋骨。見 Laura Tyson Li, *Madame Chiang Kai-shek: China's Eternal First Lady* (New York: Grove Press, 2006), p. 141.

[54] Lin Yutang, *A Leaf in the Storm*, p. 227.

[55] Lin Yutang, *A Leaf in the Storm*, p. 247.

[56] Lin Yutang, *A Leaf in the Storm*, p. 247. 有關中日戰時的「新婦女」，可參考 Diana Lary, *The Chinese People at War: Human Suffering and Social Transformation, 1937-1945*, pp. 97-99. 中日戰時女性的參與可參考 Harriet Zurndorfer, "Wartime Refugee Relief in Chinese Cities and Women's Political Activism, 1937-1940," in *New Narratives of Urban Space in Republican Chinese Cities: Emerging Social, Legal and*

在中國軍民協力抗戰時，林語堂卻也描繪出上海上流階層的一些景象。小說中提到上海一些百貨公司及銀行家老闆的貴婦太太，口操英語，對中國的戰爭漠不關心，對中國文化也一無所知。這些人當中甚至有些連中國當時的文化及政治領袖的名字都沒聽說過，只因英文報紙上沒寫。她們活在自己舒服的世界裡，對她們來說，好萊塢（Hollywood）與紐約比南京距離還近。對她們來說，生活中有法國餐廳、附空調戲院、私家轎車及鄉村俱樂部就足夠了。[57]

（四）小結

林語堂藉著出版《風聲鶴唳》的機會，把中國在抗戰中所作的努力在小說中敘述出來，可達到一定的為國宣傳效果。整部小說除偶爾提到中國共產黨的八路軍外，[58]所敘述的都是國民政府軍隊的英勇作戰。另外，林語堂從稱讚蔣介石之後，更進一步稱讚宋美齡，讓讀者有一種國家元首夫人的印象。

Governance Orders, ed. by Billy K. L. So and Madeleine Zelin (Leiden: Brill, 2013), pp. 65-91.

[57] Lin Yutang, *A Leaf in the Storm*, p. 272. 這種奇特的現象不只發生在上海，一位在漢口淪陷前夕的美國軍官也觀察到，漢口上層階級有一幫年輕人跳舞、玩樂、舉行精緻的雞尾酒會和宴會，簡直忘記了他們的同胞正為民族生存而戰鬥。見埃文斯· 福代斯· 卡爾遜（Evans Fordyce Carlson）著，祁國明、汪杉譯：《外國人看中國抗戰：中國的雙星》（*Twin Stars of China*）（北京：新華出版社，1987年9月，初版），頁252；Laura Tyson Li, *Madame Chiang Kai-shek: China's Eternal First Lady*, p. 146.

[58] Lin Yutang, *A Leaf in the Storm*, pp. 108, 130, 301.

第六章　《枕戈待旦》：論對國共的態度

林語堂於中日八年戰爭期間曾兩度回到中國。第一次是 1940 年 5 月至 8 月舉家回國，林語堂回美國後寫成小說《風聲鶴唳》。第二次是 1943 年 9 月 22 日離開美國前往中國，1944 年 3 月 22 日回到美國，在中國共計 6 個月，[1] 這次是獨自一人前往並未攜帶家眷。回美國後，林語堂據其在中國所見所聞寫成遊記《枕戈待旦》（*The Vigil of a Nation*），[2]於 1944 年出版。

林語堂寫作《枕戈待旦》的動機，據其在〈序〉中說，因他見二次世界大戰結束在即，中國將面臨戰後重建與工業化的問題，戰後急需中美兩國的合作。但是美國人民對中國卻了解甚少，尤其是在過去的一年裡中美兩國互相更有誤會。林語堂說，他對中國政府對外的宣傳不能確信，但種種對中國的媒體報導卻困擾著他，所以，他要親自回到中國做第一手的調查。他強調說，此書雖基本上是遊記，但他遊歷範圍遍及七省，以自己親身經驗所寫下的記錄當更深刻地點出中國當前所面臨的問題，這不是幾篇政治經濟學上的論文可企及的。至於寫這本書時他的立場，是「身為一個既非國民黨員，也非共產黨員的中國人」，且對在重慶的中央政府「尚未失去信心」。在這趟中國旅程之後，林語堂自覺並未有「幻滅」之感，因經 7 年的戰爭中國不可能不問題叢生。（當時戰爭未結束故曰 7 年）[3]

---

[1] Lin Yutang, *The Vigil of a Nation*, p. 3.

[2] 「枕戈待旦」四字為林語堂用毛筆書寫於英文著作的扉頁上，故不能另譯為他名。

[3] Lin Yutang, preface to *The Vigil of a Nation*, pp. 1-2.

一、國共對立的思想層面

（一）寫作的材料和方法

林語堂在全書進入正文前，特別寫了一章〈關於本書的方法與材料〉當作開場白。林語堂說他從未寫過遊記的書，他覺得比寫小說要難得多，因為遊記不是創作，無法虛構所見景物。不過遊記作者可加入自己的感情與想像力，於是乎在目中所見的三度空間之外又可加上第四度空間「時間」，以及第五度空間「作者的情感」。遊記中因有了「時間」，作者便可神遊於過去與現在之間，所見自不限於眼前之物。林語堂認為，遊記中「作者的情感」是最重要的。因為這個緣故，他認為他的遊記是主觀的。事實上，林語堂認為凡是可稱作「藝術」的事物都是主觀的。所以在他這部遊記中，主題以及敘述方式都是他特有的。林語堂解釋說，書中他的評論比客觀的現實要來的重要，因「無形之物比可見之物來的重要」。他的評論會盡量公平，所謂的公平並不是沒有評斷，而是有權衡各種說法。但即便如此，林語堂承認書中的評論終究是他自己的看法。[4]

林語堂感嘆道，旅遊者當如「文化流浪者」（cultured vagabond），[5]但現在已不可得。「文化流浪者」是不談統計數字也不談社會安全措施的。現在到中國的所謂西方「中國觀察家」，手握紙筆，觀察人就像觀察實驗室白老鼠一般，令人避之唯恐不及。就如我們不想與卡內基（Dale Carnegie）握手一樣，因不知這是否又是他贏得人際關係的手段。林語堂認為，若要從事新聞工作，須研習莎士比亞（Shakespeare）以及具備「敏銳的心」（a penetrating mind），而這兩者是新聞學院教不出來的。[6]「文化流浪者」與人交談，但卻不採訪任何

---

[4] Lin Yutang, *The Vigil of a Nation*, pp. 7-8.

[5] 關於「旅行家須如流浪者」這個想法，林語堂在《生活的藝術》（*The Importance of Living*）一書中早有提到，見 Lin Yutang, *The Importance of Living* (New York: John Day Co., 1937), pp. 331-333.

[6] 林語堂稱讚《紐約時報》的記者愛金生（Justin Brooks Atkinson, 1894-1984）與其他在中國的西方記

人；不報導任何事物，卻帶著感情娓娓道出。林語堂期許自己能有「詩人的敘事能力，歷史學家的想像力，以及預言家的眼光」。[7]

最後，林語堂表明寫這本書的身份及立場。他覺得他目前處境艱難，因他「不是共產黨員」。林語堂說道，「很明顯的，好似今天中國的自由派份子（liberals）都須是共產黨員，且為推翻國民黨政府提供協助」。他接著說，10年前（1934 年）他與中國左派文人筆戰時，對方總以他是個堅持思想自由的「自由派份子」而加以訕笑，認為他已經落伍了。左派文人推崇盧那察爾斯基（A. V. Lunacharsky）的看法，認為文學應該為黨的宣傳來服務。但是，林語堂挖苦說，現下為著對美國宣傳，這些左派份子竟爭先恐後掛上「自由主義」（liberalism）的招牌。林語堂繼續說，中日這場戰爭最大的成就，就是所有馬克思主義者都開始自稱「民主人士」（democrats）、「自由派份子」，甚至「親資本主義者」（procapitalists）。[8]

林語堂說，在他這本書中，只要是破壞國內團結或者箝制新聞自由的行為，不管是重慶中央政府或是延安的共產黨，他都以無黨無派的立場予以譴責。他再次重申，「我是個獨立作家，唯一的收入來源是我的著作。我並不受僱於中國政府，不對它負責也不向它報告。」[9]林語堂承認他進入美國是用「官員簽證」，但這只是為了方便起見罷了。[10]要獲得「官員簽證」須有個官方的

者與觀察家不同，不同的原因正因「他從未上過新聞學校」。見 Lin Yutang, *The Vigil of a Nation*, p. 10.

[7] Lin Yutang, *The Vigil of a Nation*, pp. 10-12.

[8] Lin Yutang, *The Vigil of a Nation*, pp. 13-14.

[9] 林語堂於 1940 年回國時接受了蔣介石「侍從室顧問」的頭銜，雖然他說只是為了方便持用護照，也沒拿政府一文錢。但他說「不向〔政府〕它報告」也非事實，至少我們可知 1944 年 2 月 28 日林語堂向侍從室上呈其對國是的意見，開頭即稱「介公主座賜鑒，語堂猥以庸才屢蒙垂顧……」（標點為筆者所加，若干林語堂用簡體書寫的字筆者改為繁體字，以下皆如此處理），見「林語堂函陳國際宣傳及兵役意見」（1944 年 2 月 28 日），〈國是意見〉，《國民政府》，國史館藏，典藏號：085010906；Lin Yutang, *Memoirs of an Octogenarian* (Taipei: Mei Ya Publications, Inc., 1975), p. 74.

[10] 林語堂說，在 1940 年之前他拿的都是「遊客簽證」，迫使他全家每 6 個月就須離開美國一次。見 Lin Yutang, *The Vigil of a Nation*, p. 14.

任務，那即是「中美文化關係研究」。這個工作在林語堂看來，應該是無時無刻地「詮釋中國」。他說，如果他選擇支持整合中國的力量而不支持分裂勢力，那是他做為中國公民的權利。如果他在所當支持之處支持中國政府，在所當批評之處批評政府，那也是他的權利。[11]

（二）林語堂在重慶

林語堂是在 1943 年 9 月 22 日自美國邁阿密市（Miami）搭飛機，繞經非洲及印度，經「駝峰航線」（The Hump）到達重慶。[12]林語堂首先感嘆，在抗戰爆發前最後幾年，在南京政府帶領之下中國有一股新中國誕生的希望，正在為著未來加緊建設。不料，就如黏土器皿在巧匠捏製成形前即被送入窯中，因戰爭爆發這一切全成泡影。林語堂觀察到，3 年前他來到重慶時，城中近三分之二被日軍空軍轟炸過。但現在空襲已停，一切都在重建中，餐廳及戲院擠滿了人。即使生活困苦與運輸不便，但洋溢著一股戰爭勝利即將到來的氣氛。[13]

雖然因通貨膨脹而物價高漲，[14]但人民知道這是無可避免的。林語堂很驚訝一些在重慶的外國人竟會認為市民心中感到「憤懣」（sullen），甚至暗示人

---

[11] Lin Yutang, *The Vigil of a Nation*, p. 14.

[12] Lin Yutang, *The Vigil of a Nation*, pp. 15, 23, 30. 日本自 1941 年 12 月起發動緬甸戰役，中美英三國盟軍作戰失利，中國的物資補給線滇緬公路因此被切斷，因而另闢印度自昆明的一條航空補給線，稱為「駝峰航線」。見 John D. Plating, *The Hump: America's Strategy for Keeping China in World War II* (College Station: Texas A&M University Press, 2011), pp. 33-58.

[13] Lin Yutang, *The Vigil of a Nation*, pp. 33-34.

[14] 雖然物價每週皆有波動，但林語堂就記憶所及還是記下了 1943 年 10 月重慶的物價，如公務員月薪為 4000 元，大學教授為 2500 至 4000 元，但一塊普通肥皂卻要 20 至 50 元，書籍 30 至 150 元，報紙 2 元，飯館吃一頓 50 至 100 元。若參考 1937 年的物價指數，則物價飆升 200 倍。所以一位月薪 4000 元的員工其實際購買力只相當於月薪 20 元，雖說政府名義上有補助米糧，林語堂補充說。見 Lin Yutang, *The Vigil of a Nation*, pp. 41-42. 當時一位印度駐重慶政府官員 K.P.S. Menon 也自重慶當地報紙抄下了物價上揚的情況，如在重慶 1943 年 100 元能買一隻雞，1944 年 100 元只能買一袋米，但 1937 年 100 元能買兩頭牛。見 Krishna Menon, *Twilight in China* (Bombay: Bharatiya Vidya Bhavan, 1972), p. 213. 轉引自 Diana Lary, *The Chinese People at War: Human Suffering and Social Transformation, 1937-1945*, pp. 121-122.

心「厭戰」(war-weary)。林語堂斬釘截鐵的表示：「受苦，有。但憤懣，絕對沒有。」林語堂指控道，重慶政府給外人有「暮氣」(somber) 的印象，實為中國共產黨利用日軍封鎖滇緬公路所造成的通貨膨脹，落井下石的宣傳手法。林語堂解釋說，中國人天生就喜在酒樓餐館聊是非、批評時政，這是一種「中國人癖好」(an inveterate Chinese habit)。中國人私下雖罵得起勁，但公開講演時就不批評政府了。一些「聰明」「睿智」的美國人不察，竟有「預感」認為中國人已離心，且心懷不滿與厭戰。再加上中國的新聞檢查已讓在華美國人不相信任何報紙上的報導，於是便妄自憑空猜測。[15]林語堂要大家注意，中國人的國民性是對邪惡以及其他許多匪夷所思的艱難都有耐受力。因文化背景不同，外國人往往以為在戰時這等困苦下中國人心理上已然撐不住。林語堂說，如果「厭戰」這詞彙指的是中國從上至下都希望戰爭及早結束，那是對的，而且蘇聯與英美的人民也是這般。但如果「厭戰」這詞指的是中國人民準備棄甲曳兵、背離重慶政府，他斬釘截鐵的說他從未在中國任何地方發現有任何中國人有這種想法，「除了〔中國〕共產黨人」。[16]

林語堂在重慶時，特地到 40 里外的北碚拜訪「游擊隊之母」趙洪文國。[17]趙老太太當時年約 60，他的兒子隸屬於中央政府的游擊隊，而非共產黨。[18]林語堂指出，美國大眾有個不正確的觀念，即認為對日作戰的游擊隊全出自共

---

[15] 林語堂提及在重慶時孫科告訴他，曾有一美國人在即將離開中國之際與孫科談到中國的集中營，且透露在孫科重慶官邸附近就正好有一集中營。孫科聽了大奇，跟那美國人說：「你指在復興關那個？唉呀，那是中央訓練團！」林語堂因此評論道，有時最不可靠的報導反而來自那些「剛自中國回來」的外國人。見 Lin Yutang, *The Vigil of a Nation*, p. 48.

[16] Lin Yutang, *The Vigil of a Nation*, pp. 42-43.

[17] 趙洪文國的事蹟在林語堂的小說《風聲鶴唳》中有記載，其為小說中的人物之一且所佔篇幅不少。可惜譯者張振玉不知小說中的 Grandma Chao 與 Mrs. Chao 為何人，於是全書皆譯為「裘奶奶」與「裘老太太」，其兒子「趙侗」(Chao Tung) 誤譯為「裘東」(中譯本頁 325)。梁守濤與梁綠平的中譯本一樣錯譯為「周奶奶」，顯見也是不知其為何人。見林語堂著，梁守濤、梁綠平譯：《風聲鶴唳》(廣州：花城出版社，1991 年 8 月，初版)。

[18] 有關趙洪文國的事蹟可參考袁小倫：〈村婦・「游擊隊之母」・匪首——讀有關趙洪文國的零星史料〉，《黨史天地》，10 期 (2001 年)，頁 36-39。

產黨。當趙老太太敘述兒子如何受共產黨伏擊而死時「沒有流下一滴淚」，聲音沒有半分顫抖，但林語堂幾乎不忍再聽下去。[19]林語堂決心自己到中國西北去找出真相。[20]

（三）國共兩黨意識型態的對抗

林語堂此行在重慶會見了不少國民政府要人，如孫科、熊式輝、[21]孔祥熙、吳國楨、陳布雷、俞大維、朱家驊、董顯光、梁寒操、張道藩、于右任、曾養甫、顧毓琇、陳立夫等人，[22]當然最重要的是蔣介石。這些政府要人有時也不解，為何國外開始出現這些對國民政府不友善的批評？為何有國民政府不認真抗日的傳言？是誰在背後主導？不過林語堂說，這些政府官員其實有許多重要事情等待完成，他們更關心如何把這些事情做好，而不是追究哪些國家散佈這些傳言。

中國所面臨的挑戰除日軍外，還有純粹思想方面的問題，也就是對傳統的看法上存在著兩股截然不同的意識型態。國民黨與中國共產黨在民族傳統、道德與習俗的保存上態度有很大的紛歧，林語堂因而與教育部長陳立夫

---

[19] 趙洪文國的兒子為趙侗，其生平可見劉國銘主編：《中國國民黨百年人物全書》下冊（北京：團結出版社，2005 年 12 月，初版），頁 1665，〈趙侗〉條目。趙侗被共軍圍殺的經過見陳重編：《四年來的中國共產黨》（大公出版社，1941 年 4 月，初版），頁 25-26。

[20] Lin Yutang, *The Vigil of a Nation*, pp. 78-79.

[21] 熊式輝在其回憶錄中也記錄了與林語堂的會面，時為 1943 年 10 月 11 日。「11 日」在書中打字錯誤，打成「11 月」。見熊式輝：《海桑集：熊式輝回憶錄（1907-1949）》（香港：星克爾出版有限公司，2010 年 1 月，初版），頁 256。

[22] Lin Yutang, *The Vigil of a Nation*, pp. 52, 54-57. 評論熊式輝在頁 52，評論孫科在頁 54-55，評論陳立夫在頁 56-57。會見的這些人當中，有些林語堂並未提及其官銜，有特別提到的除蔣介石外計有熊式輝（時任中央設計局秘書長）、孔祥熙（時任行政院副院長）、陳立夫（時任教育部長）。林語堂在介紹熊式輝官銜時特別提到蔣介石為中央設計局局長，不過一些民國史辭典皆謂熊式輝於 1943 年任局長，應為辭典記載錯誤。熊式輝在其回憶錄中即道：「民國三十二年八月廿日余到設計局接任秘書長事，局長為總裁兼攝。」見熊式輝：《海桑集：熊式輝回憶錄（1907-1949）》，頁 251；陳旭麓、李華興編：《中華民國史辭典》（上海：上海人民出版社，1991 年 8 月，初版），頁 497，〈熊式輝〉條目；張憲文、方慶秋、黃美真編：《中華民國史大辭典》（南京：江蘇古籍出版社，2001 年 8 月，初版），頁 1872-1873，〈熊式輝〉條目。

就此問題談了三個時辰。陳立夫認為，一個國家若喪失其傳統將不能生存，故不能與過去一刀兩斷。林語堂評論說，陳立夫是個百分之百的國民黨人，是個頭號反共份子，最為共產黨所恨。[23]林語堂認為：

> 除了政治上的衝突之外，對我來說更基本的，還有一個思想上的鬥爭，基本且尖銳的歧異，暗示了一個既深且無可溝通的隔閡。它根植於國民黨和共產黨兩種絕然不同的基本態度上，一個說傳統中國文化要被拯救且搶救，一個說要把它根除且完全的捨棄。[24]

這個思想上的衝突，「外國人並未完全知曉」，林語堂說。他繼續分析道，雖然極端份子鼓吹「中國青年不當研讀中國古書」、「中國書都有毒」（如含有封建思想），[25]但顧頡剛、馮友蘭、朱自清等人卻為中國古代文化及生活哲學辯護，[26]且不認為整部中國歷史是一部貪污腐敗與剝削平民大眾的歷史。但這些同情中國傳統的看法卻受到重慶中共《新華日報》不斷的攻擊。[27]

林語堂說，除了反傳統外，中共也對中國歷史上的民變依馬克思史觀重新做了解釋。殺人劫掠的太平天國之亂（1851-1864年）份子被譽為為民眾奮鬥的「革命家」，[28]連惡貫滿盈沒有人會為其辯護的李自成也搖身一變為「革命家」。有位年輕人批評林語堂在《京華煙雲》中提及庚子拳亂（1899-1901

[23] Lin Yutang, *The Vigil of a Nation*, pp. 56-57.

[24] Lin Yutang, *The Vigil of a Nation*, p. 57.

[25] 林語堂於1936年時就曾說過：「古書有毒，也不過一二革命領袖一時過激的話吧。」見語堂：〈古書有毒辯〉，《宇宙風》，18期（1936年6月1日），頁269。

[26] 馮友蘭為何自五四反傳統的一份子蛻變至保守的民族主義者，原因的歸納可見翟志成：《馮友蘭學思生命前傳（1895-1949）》（臺北：中央研究院近代史研究所，2007年8月，初版），頁99-101.

[27] 林語堂說他自己也是《新華日報》攻擊的目標，該報紙刊登了至少六篇文章詆毀他，其中指控他只會寫洋涇浜英文（pidgin English）且對中西文化一竅不通。見 Lin Yutang, *The Vigil of a Nation*, p. 57.

[28] 林語堂痛斥太平天國叛亂群眾把他的故鄉福建漳州殺得十室九空，這場屠戮就發生在他祖父在世時。見 Lin Yutang, *The Vigil of a Nation*, p. 57.

年）時沒有把握到它是個農民大眾的革命運動，沒有提到引起「庚子拳亂的經濟因素」。[29]林語堂反駁說，他一直認為庚子拳亂發生的原因植根於「激烈的排外思想」。[30]對於古代人物的評價，中共也以馬克思史觀重新評價。林語堂舉例，中共對蔣介石《中國之命運》這本書最惡毒的批評，在於蔣介石對中國古代道德及文化的迴護，而這正是他「封建反動」的證明。蔣介石在書中對曾國藩的稱讚，[31]召來了許多無理且強烈的批評。曾國藩只因是儒家人物就被貶抑，替曾國藩的道德品格辯護就是替「反革命思想」辯護，邏輯就是這樣簡單。[32]林語堂評論說道：

在中國，孔子和馬克思正在進行一場比賽，我打賭孔子會獲勝。[33]

---

[29] 這位年輕人並非共產黨員，但林語堂說，這件事正反映了馬克思主義的影響力有多麼普遍。見 Lin Yutang, *The Vigil of a Nation*, p. 57.

[30] 但近年的研究成果卻強調「庚子拳亂的經濟因素」。如法國學者 Marianne Bastid-Bruguiere 認為，庚子拳亂是太平天國後更加廣泛的中國農村秩序崩潰過程中的一個具體表現。庚子拳亂是緊跟在 1895 至 1898 年山東省西部一系列自然災害、饑荒和征糧之後爆發的。Joseph Esherick 則指出了如何因天主教教會這個新的權威體制侵入山東省西部而加劇了由於其他原因而不斷增強的緊張局勢，以及隨著庚子拳亂的逐步開展，又賦予這個運動以其所特有的排外反基督的色彩。這兩位學者都認為義和團的這股反西方敵意，主要是受中國農村情況迅速惡化的結果。見 Paul A. Cohen, *Discovering History in China: American Historical Writing on the Recent Chinese Past* (New York: Columbia University Press, 2010), pp. 50-52. 唐德剛曾提及「社會經濟史」因一開始就與社會革命攜手，而革命口號往往危言聳聽與過份誇大，遂引起胡適一派有正統訓練的經院派學人反感。所以，林語堂在這裡對「庚子拳亂的經濟因素」嗤之以鼻大概出於此心態。見唐德剛：《胡適雜憶》（上海：華東師範大學出版社，1999 年 1 月，初版），頁 116。

[31] 林語堂提及，曾國藩是位正直的儒家學者政治家，幾可為儒家美德典範的完人。見 Lin Yutang, *The Vigil of a Nation*, p. 58.

[32] Lin Yutang, *The Vigil of a Nation*, p. 58. 如陳伯達在〈評《中國之命運》〉一文中說，中國自來有兩種文化傳統思想，一種是民眾的、革命的、光明的，一種是反民眾的、反革命的、黑暗的。太平天國與孫中山就是代表前者，曾國藩及現在中國的一切反共份子就是代表後者。曾國藩儘管滿口舊中國的仁義道德，實際上卻是雙重的奴才，滿奴才和洋奴才。見 Chen Pai-ta 陳伯達, “Critique of Chiang Kai-shek’s Book: ‘China’s Destiny’,” *The Communist (New York)*, vol. XXIII, no. 1 (January 1944), p. 47.本文原載於 1943 年 7 月 21 日《解放日報》，此所引為英譯版。

[33] Lin Yutang, *The Vigil of a Nation*, p. 58.

林語堂感嘆道，任何對這兩股思潮公正的討論都是不可能的了，因這已經變成是黨派政治上的問題。不但如此，論辯雙方似乎沒覺察到根本衝突之點在於孔子的人文主義與馬克思的經濟決定論唯物主義。中共認為除群眾革命外過去歷史傳統全無價值，把這理念當成革命教條自然能吸引年輕人，誰不想推倒什麼東西然後被當作「進步的」呢？不過林語堂繼續說道，這種反傳統的教條也可能變成其弱點。如果馬克思主義這種生活方式行得通，它將會被繼續奉行。但如果馬克思主義導致人天生對家庭與社會生活的渴望無法得到滿足，造成一種道德真空的狀態，那代表它行不通。時間將會說明一切，現在多費唇舌也無用。[34]

林語堂又自述其在這次訪華其間所遭到左派圍攻的經歷。事發在重慶中央大學，當時林語堂在演講中提到，若學者對儒家哲理感到興趣，可研讀《易經》。[35]林語堂憤然道，如果在一般普通國家，這般的學術評論根本不會引起注意，最多不過在一小撮學者間引起些微波瀾罷了。不料這卻在《新華日報》引發軒然大波，指控林語堂要「青年讀《易經》」。[36]林語堂說，共產黨對《易

---

[34] Lin Yutang, *The Vigil of a Nation*, p. 58.

[35] 此演說題目為〈論東西文化與心理建設〉，時為 1943 年 10 月 24 日，後講辭刊登在重慶《大公報》上。見林語堂：〈論東西文化與心理建設〉，《林語堂散文經典全編》卷 2，頁 286-291。據秦賢次編的〈林語堂年表〉，此次演講林語堂是用英文演說，不過秦賢次誤記時間為 12 月 24 日，連帶以下條目皆誤記為 12 月。（應為 10 月）見吳興文、秦賢次：〈「當代作家研究資料彙編」之一‧林語堂卷（九）〉，《文訊》，29 期（1987 年 4 月），頁 282-283。另外，林語堂對昆明西南聯合大學學生演講的情況與學生反應，可見 John Israel, *Lianda: a Chinese University in War and Revolution* (Stanford: Stanford University Press, 1998), p. 327.當時任西南聯大教授的吳宓也曾於西南聯大聽林語堂演講，日期為 1943 年 12 月 22 日上午 10 至 11 點，見吳宓：《吳宓日記》冊 9(北京：三聯書店，1999 年，初版），頁 171。當天講題為〈精神文明與物質文明〉，吳宓日記中並未記錄講題，但可見姚丹：《西南聯大歷史情境中的文學活動》(桂林：廣西師範大學出版社，2000 年 5 月，初版），頁 425。當時任教西南聯大的沈從文也作了篇聽講感想，對林語堂冷嘲熱諷，見沈從文：〈歡迎林語堂先生〉，《沈從文全集》卷 14（太原：北岳文藝出版社，2002 年 12 月，初版），頁 168-172。

[36] 如郭沫若於 1943 年 11 月 2 日於重慶《新華日報》發表〈啼笑皆是〉反駁林語堂，見郭沫若：〈啼笑皆是〉，《沸羹集》，《郭沫若全集‧文學編》卷 19（北京：人民文學出版社，1992 年 1 月，初版），頁 400-403。郭沫若此篇文章發表時間秦賢次誤記為 12 月 27 日。見吳興文、秦賢次：〈「當代作家研究資料彙編」之一‧林語堂卷（九）〉，《文訊》，29 期，頁 282-283。除此之外尚有田漢的〈送抗戰的觀光者——林語堂先生〉、曹聚仁的〈論幽默兼談幽默大師之發跡〉等批判林語堂

經》的敏感，好似發放《摩爾・弗蘭德斯》（*Moll Flanders*）給美國學童閱讀一樣，[37]這就是共產黨批評他的一貫水平。如果當天他談的是柏拉圖（Plato）、羅馬小說家佩特羅尼烏斯（Petronius）或者希臘詩人莎芙（Sappho），中共就會認為他「前進」，甚至可能變成「革命」的。原因無他，只因他談了外國的東西。[38]

對於中國共產黨的這股思潮，林語堂做個總結道：「整體來說，這是個好現象；這代表中國想要改變，但對理想目標之公正理解可能要 10 年後方能獲得。」[39]

（四）林語堂論蔣介石

林語堂這次回到中國與蔣介石夫婦會面達六次之多，[40]且多屬無其他賓客在場的午宴與晚宴。如此的私人談話有時歷時數小時，若蔣介石中途離去處理公務則只剩宋美齡單獨與林語堂談話。[41]林語堂認為蔣介石夫婦或許是喜聽政治圈外人的意見，而且也知他絕不出任公職。（意思是他非有所求而來）這幾次會面對林語堂而言最大的收穫，是他得聞自「中國歷史上最了不起的人之一」的沈著、寬容與廣大見識，蔣介石思考的是幾十年後所要發生的事。[42]

的文章二十篇，後於 1944 年 3 月由江西吉安的東方出版社集結出版，見北京圖書館編：《民國時期總書目（1911-1949）：文學理論・世界文學・中國文學》下冊，頁 1137。田漢的文章可見田漢：〈送抗戰的觀光者——林語堂先生〉，《田漢全集》卷 18（石家莊：花山文藝出版社，2000 年 12 月，初版），頁 567-574。

[37] 《摩爾・弗蘭德斯》為英國作家丹尼爾・笛福（Daniel Defoe, 1660-1731 年）所著的小說，內容敘述女子摩爾・弗蘭德斯的一生。她有過五位丈夫，曾當過小偷與性工作者。見"Daniel Defoe," in *Encyclopedia of World Biography*, 2nd ed. vol. 4 (Detroit: Gale, 1998), pp. 458-459.

[38] Lin Yutang, *The Vigil of a Nation*, pp. 58-59.

[39] Lin Yutang, *The Vigil of a Nation*, p. 59.

[40] 林語堂於抗戰期間第一次回國時與蔣介石夫婦會面情況，林如斯與林太乙分別有敘述，見 Adet Lin 林如斯，"Visit to the Generalissimo," in *Dawn Over Chungking*, pp. 220-222; Anor Lin 林太乙，"The Generalissimo and Madame Chiang," in *Dawn Over Chungking*, pp. 223-225.

[41] 林語堂稱宋美齡為「世上最迷人的女性之一」。見 Lin Yutang, *The Vigil of a Nation*, p. 59.

[42] Lin Yutang, *The Vigil of a Nation*, p. 59.

蔣介石那平穩且悠閒的心智已成功的解決許多棘手的問題，且對未來的險阻成竹在胸。[43]

林語堂稱他對蔣介石有三個印象。第一個印象是 1940 年抗戰期間他第一次回國時，他驚詫於蔣介石以 57 歲的年紀竟無半分皺紋。第二個印象則是這次回國時，蔣介石的沈著冷靜使他印象深刻，而這或許是蔣介石無半分皺紋的原因。林語堂說，蔣介石似乎不似身處兵馬倥傯的人，而像是一位胸有成竹的弈棋者，對手的一舉一動皆在掌握之中，悠閒的等待對方投降。這就是為何在如此艱困的國際情勢之下，他能夠領導中國進行這場百折不撓的對日戰爭。[44]

林語堂對蔣介石的第三個印象，也是林語堂認為最重要的一點，即是蔣介石無論是生活態度或者生活方式都屬於儒家，深受傳統人文主義（humanistic）文化的薰陶。比起年少時，蔣介石現已表現得更加寬容，因經驗的累積也顯得更加成熟。曾國藩對蔣介石的影響至深且鉅，[45]他要蔣經國仔細研讀《曾文正公家書》，對蔣經國的教育他強調努力工作、自律、固定作息、節儉與謙抑，也是取自《曾文正公家書》。[46]林語堂認為，曾國藩對蔣介石的不良影響只有一點，即蔣介石事必躬親的習慣，過於注重細節。這若是一位

---

[43] 林語堂稱每當蔣介石用手指搔其光頭，然後以指輕輕撫摩頭皮的時候，他可感到蔣介石心思快速轉動思索問題，猶如愛因斯坦（Albert Einstein）思考時猛抓頭髮一般。（筆者按：林語堂形容蔣介石髮型時用的字是 close-cropped（極短的頭髮），但似可逕稱為光頭。）見 Lin Yutang, *The Vigil of a Nation*, p. 60.

[44] Lin Yutang, *The Vigil of a Nation*, pp. 60-61.

[45] 蔣介石最敬佩曾國藩之處在於他「不為聖賢，便為禽獸；莫問收穫，但問耕耘」的精神。見黃仁宇：《從大歷史的角度讀蔣介石日記》（北京：九州出版社，2008 年 1 月，初版），頁 12。關於蔣介石與曾國藩的關係，可見芮瑪麗（Mary C. Wright）著，房德鄰等譯：〈中興的遺產〉，《同治中興：中國保守主義的最後抵抗（1862-1874）》（*The Last Stand of Chinese Conservatism: The T'ung-Chih Restoration, 1862-1874*）（北京：中國社會科學出版社，2002 年 1 月，初版），頁 377-395。

[46] 蔣介石若無暇回覆蔣經國的請安問候信，便指定《曾文正公家書》的其中篇章代替答覆，要蔣經國自行參詳。甚至蔣經國偶爾報告身體生病，蔣介石也回信說蔣經國定沒好好閱讀《曾文正公家書》，因其中載有保健身體之法。見蔣經國：《我的父親》（臺北：燕京文化事業股份有限公司，1976 年 8 月，初版），頁 83。

軍事將領的習慣就無妨，若是人民的領袖有此習慣就不甚好。善騎者應如老子一樣，無形中駕馭卻不露痕跡，只須委以能幹助手（如「老虎崽」薛岳將軍）重任，唯他是問即可。不過這只屬於小節瑕疵，重要的是蔣介石具有廣大的見識、歷史的眼光、奠基於中國文化的容忍及成熟的生活哲學，這些特質對未來解決內部衝突實為重要。他早年東征西討那股肅殺怨氣現已見不著了。[47]林語堂說：

〔蔣介石〕他雖以優異的軍力及戰略統一中國，但我們不可再把他當作一位能幹的將軍及戰略家。現下我們須把他當作是位轉型期國家的統治者，各派系的調解人。他身居最高位，竭心盡力貫徹建立現代國家所必經的緩慢過程，使國家脫離封建及半封建階段。[48]

林語堂認為，若離開當代中國局勢則不能正確理解蔣介石。對於蔣介石有時被稱為「獨裁者」，林語堂分辯道，目前統治中國者固然只有蔣介石一人而無旁人，但過去 17 年中除 1927 年後開始的肅清共產黨人外，蔣介石並沒有進行「政治謀殺」或如德國及蘇聯的全面「肅反」（purges）。他不曾與革命同志翻臉成仇，也不曾殺害他們其中任何一人。他偶爾會幽禁政敵，置他們於嚴密監視之下，像胡漢民和陳銘樞，[49]但不久就將他們釋放。蔣介石與馮玉祥、閻錫山、白崇禧、李宗仁、唐生智及蔡廷鍇都曾兵戎相見，但之後卻也能爭取他們的支持而相互合作。中國的局勢便是如此，蔣介石也幸有這些人的合作，例如桂系的將軍們。蔣介石對這些半獨立的軍閥採取容忍與耐心等

[47] Lin Yutang, *The Vigil of a Nation*, p. 61.

[48] Lin Yutang, *The Vigil of a Nation*, p. 61.

[49] 關於 1931 年 3 月 1 日發生胡漢民被囚禁的「湯山事件」，可見胡漢民：〈湯山被囚始末〉，全國政協文史資料委員會編：《中華文史資料文庫》卷 9（北京：中國文史出版社，1996 年，初版），頁 1878-1887；Yee Cheung Lau 劉義章，“Hu Han-min 胡漢民: a Scholar-Revolutionary in Contemporary China” (Ph. D. dissertation, The University of California at Santa Barbara, 1986), p. 190.

手段，且總在一適當時機把他們爭取過來。[50]一日在午飯過後與蔣介石夫婦於官邸客廳閒談時，望著他們夫妻的相處模式，林語堂驀的形成對蔣介石的印象：他是個「莊嚴卻不嚴厲，謙恭、鎮定且泰然自若」的人。[51]

對於蔣介石的生活習慣，林語堂也有描述。他說，蔣介石不抽煙也不喝酒，只喝白開水。蔣介石過著自律的生活，幾乎到了斯巴達式的禁慾主義。[52]蔣介石不能忍受灰塵、邋遢與欠缺紀律。[53]他靈敏且年輕的外貌是道德修養的顯現，不是透過養生功夫得來的。「西安事變」後他平安歸來時，全國歡聲雷動的慶祝一定使他深有所感，使他變成一更仁慈更寬容的人。林語堂說，蔣介石偶爾也會發怒。在 1936 年「西安事變」中，他被張學良綁架且囚禁，他對這件事深感恥辱且狂怒不已，從此拒絕再跟張學良說話。林語堂評論道，蔣介石如有過錯，就是他太過頑固。[54]張學良與楊虎城是有能力殺掉他的，但他就是不肯妥協，他堅持要無條件被釋放。[55]

---

[50] Lin Yutang, *The Vigil of a Nation*, pp. 61-62.

[51] Lin Yutang, *The Vigil of a Nation*, p. 62.

[52] 林語堂敘述蔣介石的生活作息如下：不分寒暑，每日 5 點或 5 點半起床。8 點至 11 點批閱由秘書陳布雷準備的文件。中午 12 點半或 1 點吃午餐，午餐時順便與各省官員或訪客談話。接著休息，然後練習書法或者閱讀。下午 5 點再度接見訪客，有時會留客人吃晚餐。晚上 10 點就寢。見 Lin Yutang, *The Vigil of a Nation*, pp. 62-63.

[53] 林語堂敘述蔣介石於中日戰前前往中央航空學校查勤時，總會檢查各房間的窗台及門的頂部有無灰塵，見 Lin Yutang, *The Vigil of a Nation*, p. 63.蔣介石這習慣似乎終生不變，其兩位傳記作家回憶在臺灣一起服預備軍官役時，蔣介石會親自檢查廚房和廁所。見李敖、汪榮祖：《蔣介石評傳》上冊（長春：時代文藝出版社，2012 年 11 月，初版），頁 66。

[54] 張學良晚年回憶起西安事變時也說道：「蔣先生這個人很頑固，很守舊的，太守舊了！」見張學良口述，唐德剛撰寫：《張學良口述歷史》（北京：中國檔案出版社，2007 年），頁 123。

[55] Lin Yutang, *The Vigil of a Nation*, pp. 63-64. 不過依歷史學家事後研究，蔣介石的確做了部份妥協，所以他的釋放也不是「無條件的」，這是林語堂於 1944 年無法得知的。歷史學家目前有共識，蔣介石於釋放前口頭做了幾項承諾，目前專家所難以確定的是這些承諾是否由宋子文及宋美齡簽字擔保。見黃仁宇：《從大歷史的角度讀蔣介石日記》，頁 123-124。也可見楊奎松：《西安事變新探——張學良與中共關係之研究》（臺北：東大圖書股份有限公司，1995 年，初版），頁 364-370。根據新史料如《宋子文西安事變日記》等所做出的評論見 Jay Taylor, *The Generalissimo: Chiang Kai-shek and the Struggle for Modern China* (Cambridge, Massachusetts: Harvard University Press, 2009), pp. 125-137.

蔣介石除了氣張學良的魯莽以外，他對內政也頗為氣惱。他想要創建一個現代化國家，每當聽到官員濫權腐敗或人民的懶散他總是大為生氣。這就是為何他這麼看重「中央訓練團」。[56]蔣介石預備在中央訓練團中培育出具熱情、新思維、守紀律且隨時準備全心投入工作的一批靈敏的人，所以他常不厭其煩的在中央訓練團發表冗長的演說。在許多場演說中他批評國家的許多弊端、人民身心上的懶惰以及太晚起床。蔣介石在演說中常使用道德上的鞭策，這是中國人常用的手法。不過林語堂評論道，他自己畢業於教會學校且成長於中國儒家社會中，所以對「說教」（sermon）已失去信心。林語堂認為當今中國的「說教」已經過多了。[57]

二、戰時國共軍事衝突

（一）林語堂論國共摩擦

當時美國有一股同情中共，醜化國民政府的聲音。故林語堂此行的重點之一，就在於考察國共之間的關係，如此一來陝西省是非去不可的。《枕戈待旦》一書的第八章為「內戰」（“The Civil War”），林語堂於此章中討論「國共摩擦」的問題。所謂「國共摩擦」，意為對日抗戰期間國民黨的中央政府與共產黨之間的軍事衝突。

---

[56] Julia C. Strauss 認為民國時期的政府（北洋及國民政府）在創建政府體制時一直存在有兩條路線：一是「韋伯/專家治國式」（Weberian/ technocratic），另一是「英雄式的」（heroic）；前者強調「好制度」（good institutions）的重要，後者強調「好人」（good men）的重要。但當對日抗戰爆發，為因應此緊急情況，這兩條路線遂合而為一成為「訓練」模式。1938 年創立的「中央訓練團」的目的就在此，這模式也代替了之前的「專家治國」方式。對比起動輒數年的專業訓練，意識型態的「訓練」相對便宜，對戰時鼓舞士氣與獲得人民支持來說是條便捷的路。見 Julia C. Strauss, “The Evolution of Republican Government,” in *Reappraising Republican China*, ed. by Frederic Wakeman, Jr. and Richard Louis Edmonds (New York: Oxford University Press, 2000), pp. 80-96.

[57] Lin Yutang, *The Vigil of a Nation*, p. 64.

林語堂先自重慶搭飛機至陝西寶雞，再搭火車經隴海鐵路至西安。[58]林語堂之所以到西安，因其為一重要政治軍事中心。西安為戰幹團（戰時工作幹部訓練團）、黃埔軍校西安分校（主任胡宗南）、國軍游擊隊訓練學校等的所在地。[59]另外，也是拘禁共黨份子的勞動營（集中營）所在地。[60]西安地理位置也甚重要，要從日本佔領區前往國民政府統治的自由中國，路線是自安徽與河南交界的城市「界首」往北至洛陽，然後向西至西安，接著往南到達重慶。西安也是華中與重慶之間的唯一交通孔道，「封鎖」共產黨的國軍就駐紮在這裡。[61]

在西安，林語堂有機會與一群剛自各省回來的戰幹團黨工交談。由這些團員口中林語堂得聞自 1939 年起在河北、山東、安徽與山西進行的一場未公開的內戰。其中有位團員告訴他，共黨游擊隊「游而不擊」，「日人來了就游，國軍來了就擊」。[62] 因此河北省國民黨黨工曾分別穿著共軍與日軍制服假扮對方身份挑釁，結果引起共軍與日軍互相攻殺。國民黨此計成功多次，等到陰謀被共軍發覺後，共軍憤而活埋國民黨黨工洩憤。[63]來自山東的一位戰幹團團員告訴林語堂國軍秦啟榮部被殲滅的故事。[64]背景是國軍于學忠將軍的兩

---

[58] Lin Yutang, *The Vigil of a Nation*, pp. 79, 83.

[59] 林語堂此處所稱的國軍游擊隊訓練學校似乎是「國民政府軍事委員會西北游擊幹部訓練班」。據《長安縣志》：「（西北抗日游擊幹部訓練班）民國 28 年（1939 年）設立，位址翠華山，訓練對象主要是國民黨第一戰區、第十戰區和晉察、蘇魯地區各部隊副營職以上現任軍官。每期 3 個月。迄民國 32 年（1943 年），共辦 8 期，培訓 500 餘人。」轉引自凡雨：〈翠華山西北抗日游擊幹部訓練班〉，《西安晚報》，西安，2014 年 7 月 13 日，版 8。

[60] Lin Yutang, *The Vigil of a Nation*, p. 104.

[61] Lin Yutang, *The Vigil of a Nation*, p. 104.

[62] 早在 1940 年，中共已向國民政府主席林森及軍事委員會委員長蔣介石表達對有關共軍「游而不擊」謠言的抗議，見〈朱德等關於毀謗八路軍"游而不擊"及國民黨破壞抗戰等問題致林森、蔣介石等電（1940 年 1 月 15 日）〉，《中國人民解放軍歷史資料叢書》編輯組編：《八路軍・文獻》（北京：中國人民解放軍出版社，1994 年 5 月，初版），頁 444-446。

[63] Lin Yutang, *The Vigil of a Nation*, pp. 107-108.

[64] 毛澤東於 1940 年 2 月 1 日於延安發表的演說中稱山東的秦啟榮之所以攻擊中共游擊隊，是受汪精衛傀儡政府所利用來破壞重慶政府與中共間的聯合戰線，見 Mao Tze-tung, "The Balance of Forces and

萬部隊奉調他處，在接替的人選尚未到達之際，共軍的首領李福澤竟自南方攻擊國軍，同時日軍也自北方夾擊，最後於 1943 年 8 月 7 日秦啟榮不降而自殺。[65]來自遼寧的戰幹團團員向林語堂談到了中共的「個人主義」思想，鼓吹民眾脫離家庭體制。林語堂認為，這是中共統治區內最不受人民歡迎的一項，因為中國人民先天上是忠於家庭的。中共要求其治下民眾脫離「封建」的家庭，除了極少數自命「開明」的人外，已使得人民暗自銜恨。另有所謂的「婦女解放」，一旦太太加入「婦聯」（邊區各界婦女聯合會），[66]中共整個黨就是其後盾。太太若要求離婚丈夫不敢不從，不然有被冠上「叛徒」甚至「托洛斯基主義者」（Trotskyites）的危險，雖然他對自己的罪名代表什麼意思實在一無所知。[67]

針對中共這些行為，林語堂感嘆道，中共為爭奪地盤而把黨的利益置於全國團結與對日抗戰之上。在抗戰頭兩年，中共游擊隊吸引了大批愛國青年加入，但這些青年是為了打日本而加入其隊伍，興趣不在黨的鬥爭。不過現在這些青年要避開黨的鬥爭而專心抗日已不可得，因為中共把不服從的份子

Our Tasks," in *Friction Aids Japan: Documents Concerning Instances of Friction, 1939-1940* (Chungking, China: New China Information Committee, 1940), p. 49.

[65] 李新總編的《中華民國史》稱：「山東省建設廳長兼省府魯西辦事處主任秦啟榮率反共軍進攻魯中根據地。八路軍第一一五師一部被迫自衛還擊，將秦啟榮擊斃。」見韓信夫、姜克夫主編：《中華民國史・大事記》卷 10（北京：中華書局，2011 年 7 月），頁 7183。中共中央軍委會於 1943 年 9 月 16 日致電八路軍第一一五師代師長羅榮桓，稱國民黨以秦啟榮受共軍襲擊一彈自殺之事向國外宣傳，同年 9 月 26 日又致電羅榮桓稱「嗣後山東反頑戰爭應取誘頑來攻，我軍反擊因而消滅之政策，使我處在有理地位」，第一一五師於 10 月回電，報告秦啟榮數年來攻擊八路軍、勾結日本人等情事。見黃瑤主編：《羅榮桓年譜》（北京：人民出版社，2002 年 11 月，初版），頁 336, 339, 344；Sherman Xiaogang Lai 賴曉剛, *A Springboard to Victory: Shandong Province and Chinese Communist Military and Financial Strength, 1937-1945* (Leiden: Brill, 2011), p. 169.

[66] 1938 年 3 月 8 日「三八」婦女節當天中共在延安舉行全邊區婦女代表大會，經討論後成立了邊區婦女運動統一領導機關——邊區各界婦女聯合會（簡稱婦聯）。見中華全國婦女聯合會婦女運動歷史研究室編：《中國婦女運動歷史資料（1937-1945）》（北京：中國婦女出版社，1991 年，初版），頁 95-96。

[67] Lin Yutang, *The Vigil of a Nation*, pp. 109-110.

視為敵人，不從者因而有被「了結」(liquidation) 的危險。[68]

林語堂接著述說熊大正的故事。熊大正畢業於清華大學物理系，留任助教。抗戰爆發後辭去教職加入河北正定附近呂正操的冀中游擊隊，呂正操為國軍萬福麟麾下的一名少校，並非共產黨員。[69]熊大正協助平津四五百位師生到此中共根據地加入其團隊，使呂正操的游擊隊人數膨脹至 5 萬 5 千人。熊大正被任命為供給部長，他所引進的平津技術人員使得中共冀中軍區軍事工業得以發展。熊大正一心只在抗戰，呂正操也是用人不問黨派。眼看著呂正操部隊勢力漸增，共黨於是從內部滲透，以至到最後呂正操發現他部隊士兵甚至廚師都是共產黨員。1939 年 3 月，熊大正被中共下令逮捕監禁，呂正操被送至延安「訓練」，另有超過一百八十位平津來的師生拒絕加入共產黨而牽涉在內。中共這次「肅反」成功的獲取了冀中游擊隊的控制權，其擴張勢力的手法每每類此。[70]熊大正等人被中共的「鋤奸部」所逮捕，這種在中共根據地發生的情況就如國民政府統治區內共黨份子被送入「集中營」一樣。[71]

林語堂嘆道，這些國共摩擦的事實讀來令人不快，他自己身為中國人卻

---

[68] Lin Yutang, *The Vigil of a Nation*, p. 110.

[69] 1938 年 5 月，中共成立冀中軍區，呂正操任軍區司令員。呂正操另統帥改編後的八路軍第三縱隊，任縱隊司令員。同月中共成立冀中行政公署，呂正操為主任。呂正操原為國軍五十三軍六九一團團長，（五十三軍軍長為萬福麟）但已於 1937 年 10 月率隊脫離國軍。見呂正操、程子華、楊成武：〈冀中平原抗日游擊戰〉，《中國人民解放軍歷史資料叢書》編輯組編：《八路軍・回憶史料》冊 1（北京：中國人民解放軍出版社，1990 年 10 月，初版），頁 436；肖一平、王秀鑫：《中國共產黨史稿》冊 3（北京：人民出版社，1983 年 12 月，初版），頁 26。另外，呂正操於 1937 年 5 月 4 日成為共產黨員，林語堂說其非黨員顯然有誤，見呂正操：《呂正操回憶錄》（北京：解放軍出版社，1988 年 3 月，初版），頁 60。

[70] 林語堂對呂正操的背景似乎理解有誤，前註中筆者已指出呂正操早於 1937 年即為共產黨員，其統屬的軍隊更是中共八路軍第三縱隊，故自然無林語堂所謂「中共滲透」而後受其控制等情事。呂正操受肅反被送至延安這事不見於其回憶錄當中，但他卻記錄了熊大正的事蹟。熊大正是被晉察冀軍區鋤奸部逮捕，罪名是「國民黨特務」，1986 年已遭平反。見呂正操：《呂正操回憶錄》，頁 178, 180。熊大正被誣陷的經過可見胡升華：〈葉企孫先生與“熊大縝案”〉，錢偉長主編：《一代師表葉企孫》（上海：上海科學技術出版社，1995 年 4 月，初版），頁 261-273。熊大縝是葉企孫在清華大學任教的學生，到中共冀中根據地後改名為熊大正。

[71] Lin Yutang, *The Vigil of a Nation*, pp. 110-111.

把這些寫出來也不光彩，但為了使讀者了解國共衝突的本質他不得不說。他知道他所述說的只是事實的一面，若要以另外一個角度來看國共衝突他建議讀者可以參考斯諾（Edgar Snow）的《為亞洲而戰》（*The Battle for Asia*）。[72]但林語堂爭辯道，斯諾這種為中共辯護的觀點在美國已廣為流傳且人盡皆知，美國人也應該聽聽為國民政府辯護的說法。只可惜國民政府諱言中共，只把它當作內政問題而對國內外反共新聞做了嚴格的審查，生怕給外界認為中國沒有團結一致抗日，所以對中共的破壞抗戰行為裝聾作啞。中共對衝突的細節也有所隱諱，是故國共這 6 年來的內戰外界竟一無所知。但林語堂認為，中共問題不談則已，若談則國共兩造說法須兼顧。[73]

林語堂接著又舉一中共破壞抗戰的實例。1943 年夏天在太行山國軍被日軍以優勢人力三面包圍，共軍竟自第四面合圍，導致國軍兩位將領遭日軍逮捕。根據蔣鼎文將軍的電報，7 月 8 日共軍聯合日軍，於平順、高平與固縣等三地，埋伏且殲滅國軍二十七軍。[74]共軍的這些行為國民黨不准記者報導，林語堂在紐約時聽聞過二位將軍被日軍逮捕的事，但直到回國後在重慶才獲得完整的真相。[75]

林語堂頗為無奈的說，國共摩擦實在是中國抗戰最不光彩的一頁，他實不欲寫出來讓日本人心下竊喜，只可惜日本人已經知曉，且每每國共摩擦發生時還會慶賀一番。林語堂痛心的說，如果互相攻殺可達 15 天之久，兵力加總達 4 萬人，這樣的內戰可以低估嗎？如果戰役是多年間綿延數省有組織計畫的進行，且必殲滅對方軍隊至一兵一卒，又驅逐兩省省長，逮捕一省省長，這可稱做偶然發生的「摩擦」嗎？林語堂很肯定的說，依中共這種擴張的速

[72] 林語堂要讀者參考 353 至 356 頁。依斯諾的看法，國民黨要為國共摩擦負最大的責任，見 Edgar Snow, *The Battle for Asia* (New York: World Publishing Co., 1942), pp. 353-356.

[73] Lin Yutang, *The Vigil of a Nation*, pp. 111-112.

[74] 蔣鼎文的電報可見〈十八集團軍在太行山與敵呼應夾擊國軍事件〉，秦孝儀主編：《中華民國重要史料初編——對日抗戰時期：第五編，中共活動真相（二）》（臺北：中國國民黨中央委員會黨史委員會，1985），頁 41。

[75] Lin Yutang, *The Vigil of a Nation*, p. 112.

度，不出一年只要日本佔領半個中國，那半個中國就等於落入中共手中。國民政府對此無能為力，除非蔣介石對中共宣戰。中共目前已在日軍佔領地的五、六個省建立其根據地，這些根據地因在敵後故非國民政府所能完全控制。但其實從一開始，重慶政府已在各戰區任命民政與軍事首長，除了正規軍外尚包括游擊隊，負責執行河北、山東、江蘇與安徽的行動。[76]另外，還有各大小不一的「民軍」以及村民組織的「保安隊」。每個縣有重慶政府指派的縣長，另有三民主義青年團、戰幹團、國民黨地下工作機關。這些全是由國民政府軍事委員會指派下在各「戰區」所成立的。中共的八路軍（後改為第十八集團軍）的行動區被指派到陝北、綏遠東部、察哈爾省、河北省北部（含平津地區）。中共的新四軍被指派到南京與蕪湖間的長江兩岸區域，橫跨江蘇與安徽兩省。[77]林語堂下個結語說：

> 如果全國統一指揮部〔筆者按：指國民政府軍事委員會〕這樣的軍隊調度安排有被遵守，根本不會有摩擦發生。[78]

依照林語堂的看法，到底是誰不遵守國民政府軍事委員會的軍隊調度安排？答案自然是中國共產黨。林語堂指控中共在國共摩擦中「占盡了便宜」，因為中央政府軍並不準備與共軍宣戰，故無法發動大規模的聯合軍事行動，共軍卻有此能力而且真的付諸行動。所以共軍的優勢，就在於一個鐵了心的侵略者攻擊一個三心二意的守衛者。共軍之所以攻擊國軍的一個重要誘因，是因為「從老大哥手中奪取來福槍與軍火比從敵人手中奪取容易的多」。共軍每到一地，首要之務便是從民軍和保安隊手中奪取來福槍與軍火，並搜刮錢

---

[76] 在河北省，由鹿鍾麟任省長，孫良誠為游擊指揮官，朱懷冰為九十七軍軍長；在江蘇省，韓德勤任省長，顧祝同任正規軍司令；在山東省，沈鴻烈任省長，于學忠軍隊駐紮於此；在安徽省，李宗仁掌管軍事；在山西省，閻錫山掌管自己的軍隊。見 Lin Yutang, *The Vigil of a Nation*, p. 113.

[77] Lin Yutang, *The Vigil of a Nation*, pp. 112-113.

[78] Lin Yutang, *The Vigil of a Nation*, p. 113.

糧。更不利的是，國軍距共軍事基地過於遙遠，以致最終彈盡援絕。林語堂責備中共道，現在事實很明顯，國軍從未進入中共根據地攻擊他們，反倒是共軍以抗日的名義攻擊日本佔領區內中國人的組織。中共現在公開承認其勢力已擴張至山東、河北、江蘇、安徽，甚至湖北，且因而沾沾自喜。但他們這些土地是透過血腥戰役，自中國人而不是日本人手中奪來的。[79]

（二）林語堂論「新四軍事變」

林語堂認為，要討論這 6 年來的國共摩擦恐須寫一大部頭的專著才能辦到，故他只提綱挈領的描述其過程，但其引用的資料已足以顯示出這場內戰的本質。[80]1941 年 1 月，國共發生了最嚴重的摩擦「新四軍事變」，林語堂分析道，這事變須從 1939 年說起。共軍大規模有系統的軍事行動起自 1939 年 6 月，一直持續到 1940 年 3 月底，之前只有零星的國共摩擦。[81]共軍軍事行動起於冀中，之後才向南推進。

林語堂筆下的中共破壞抗戰起自河北省「北馬莊事件」。張蔭梧將軍為河北民軍總司令兼河北省政府民政廳長，軍隊駐紮在平漢鐵路正定以東之處，

[79] Lin Yutang, *The Vigil of a Nation*, p. 114. 抗戰之初，共軍以抗日為號召在日本敵後動員農民加入共軍，發展農村根據地。國民政府因無暇兼顧，只有接受中共根據地的既成事實。但一旦日軍要以戰養戰，對敵後的農村發動攻擊時，國民政府因有喘息機會，必會開始限制中共軍令和政令之外的發展。此為抗戰期間國共摩擦的根本原因。因此，陳永發認為：「了解這一點後，應該不難同意，討論國共兩黨摩擦和衝突過程中誰是誰非、誰要負多大責任，徒然耗費時間」。見陳永發：《中國共產革命七十年》上冊（臺北：聯經出版事業股份有限公司，2001 年 8 月，再版），頁 297。

[80] 林語堂自述其資料引用的來源是陳重編 1941 年 4 月出版的《四年來的中國共產黨》，此書記錄國共摩擦的史實，書中資料蒐集至「新四軍事變」為止。林語堂感嘆道，陳重這本書若有被翻成英文，憑書中所記中共破壞抗戰與其政治陰謀，美國任何正直之士都不會對此外患之際的內亂行為表示敬佩。見 Lin Yutang, *The Vigil of a Nation*, pp. 114-115.

[81] Lin Yutang, *The Vigil of a Nation*, p. 116. 在 1939 年 6 月之前的摩擦如 1938 年 1 月，八路軍於新河攻擊河北民軍趙雲祥部隊。1938 年 12 月，八路軍於博野令冀察戰區冀中游擊司令部繳械，此即「博野事件」，或稱「民八事件」。關於「民八事件」可見鄭一民：〈張蔭梧與河北民軍〉，全國政協文史資料委員會編：《文史資料選輯》輯 111 (北京：中國文史出版社，1987 年 7 月)，頁 195-198。1938 年 12 月，八路軍於石家莊順中村奪取民軍戰利品。1939 年 4 月，八路軍襲擊民軍王子耀的部隊。可參考陳重編：《四年來的中國共產黨》，頁 28。

民軍於這一帶與日軍打過幾場成功的游擊戰。中共本應是民軍得力助手，不料 1939 年 6 月 21 日，北馬莊民軍總部突然被八路軍的賀龍以兩團的軍力包圍。經過兩日兩夜的激戰，民軍彈盡援絕，最後全體被共軍繳械。張蔭梧也是三民主義青年團河北支團長，其團員於這場戰爭中也大批被槍決。張蔭梧帶著殘部突圍而出逃到平漢鐵路以西，但八路軍的賀龍、劉伯承、呂正操部隊總約四、五萬人在後窮追不捨，直到民軍全被殲滅為止。此一戰役，河北民軍三個師、一特務旅、一獨立團、一游擊支隊、輜重營通訊營全被殲滅，大批軍火落入共軍手中。[82]

1939 年 8 月 1 日，駐守在距離正定以南 50 公里處贊皇的民軍十一旅遭到共軍的合圍。民軍十一旅由王致和率領，遭到共軍自北方與東方攻擊，共軍另一支青年縱隊自南方的邢台夾擊。最後民軍被共軍擊破，被劫走彈藥十萬餘發，來福槍千餘支，官兵被俘五百餘名。至此，共軍取得了正定以南平漢鐵路以東及以西兩側的控制權。[83]

緊接著在 1939 年 12 月 2 日，又發生共軍襲擊事件。河北有一支民眾自行組織的自衛隊伍，在孫仲文領導下編為國民政府冀察戰區的游擊第三支隊。不料卻受到八路軍邢仁甫二千餘人的攻擊，最後孫仲文被捕殺害。[84]共軍接下來的任務，就是把國軍勢力趕出冀南。國民政府冀察戰區的游擊總指揮為孫良誠，統有四個縱隊橫跨冀南平漢鐵路。1940 年 1 月 12 日，八路軍襲擊駐軍邢台夏維禮的第二縱隊、駐軍元氏侯如墉的第四縱隊、正前往接受檢閱的喬明禮民軍部隊，超過一千人遇害，其中包含國民政府軍事委員會游擊隊

[82] Lin Yutang, *The Vigil of a Nation*, p. 116. 另可參考陳重編：《四年來的中國共產黨》，頁 22-25。八路軍總司令朱德曾說：「張蔭梧殺死活埋了一〇四七個共產黨員與八路軍，我們能不自衛嗎？」見〈華北抗戰的總結——朱總司令在延安幹部會上報告〉（1940 年 6 月 20 日），中國人民大學中共黨史系資料室編：《中共黨史教學參考資料：抗日戰爭時期（中）》（北京：中國人民大學中共黨史系資料室，1980），頁 102。

[83] Lin Yutang, *The Vigil of a Nation*, pp. 116-117；陳重編：《四年來的中國共產黨》，頁 27。

[84] Lin Yutang, *The Vigil of a Nation*, p. 117；陳重編：《四年來的中國共產黨》，頁 26-27。

檢閱官多人。[85]1940 年 2 月 8 日，八路軍開始攻擊孫良誠總部以及駐軍河北河南交界處趙雲祥的第三游擊縱隊。經過六晝夜的戰爭，國軍逃入山東與河南兩省，共軍直追至河南省。這場戰役共持續了 15 日，殲滅國軍的能力，「連日本人也望塵莫及」，林語堂驚嘆道。[86]

至此，冀中與冀南完全落入共軍手中，只剩下朱懷冰的九十七軍尚未屈服，九十七軍當時正與日軍進行游擊戰。八路軍於是結集四萬餘名軍隊（一二九師十個團、一一五師一部、青年縱隊、少年先鋒隊），自 1940 年 3 月 4 日起歷時 7 天包圍朱懷冰部隊，最後九十七軍防地被共軍佔領。[87]這場戰爭規模之大，直如兩正規陸軍作戰，是 1940 年 3 月之前最血腥的戰役。[88]河北省長鹿鍾麟在此不利情況下加上共軍對其省政府所在地猛攻，倉皇逃離。這位「在敵後冒險抗日的頭髮花白老人」，幾乎是隻身逃回重慶向國民政府報告他的遭遇。依照鹿鍾麟的說法，中共以罰鍰禁止農民賣穀物給他的軍隊，宣稱他是日軍的傀儡。當國軍秘密行軍通過某些地帶，中共會組織歡迎隊伍向日軍暴露國軍行蹤。中共只有在對其有利時才會承認鹿鍾麟的合法性。[89]

林語堂嘆道，這一切都發生在中國正與外國作戰時，而這時本應全國一

---

[85] Lin Yutang, *The Vigil of a Nation*, p. 117；陳重編：《四年來的中國共產黨》，頁 27-28。中共對此事的記載可見姜克夫編著：《民國軍事史》卷 3 上（重慶：重慶出版社，2009 年 11 月，初版），頁 235。

[86] Lin Yutang, *The Vigil of a Nation*, p. 117；陳重編：《四年來的中國共產黨》，頁 29-30。

[87] 朱德指控朱懷冰不打日軍卻殺害八路軍，說道：「我們能不自衛嗎！」見〈華北抗戰的總結——朱總司令在延安幹部會上報告〉（1940 年 6 月 20 日），中國人民大學中共黨史系資料室編：《中共黨史教學參考資料：抗日戰爭時期（中）》，頁 102。

[88] Lin Yutang, *The Vigil of a Nation*, pp. 117-118；陳重編：《四年來的中國共產黨》，頁 28-29。中共對此事的記載可見姜克夫編著：《民國軍事史》卷 3 上，頁 273-277。1939 年 12 月至 1940 年 3 月這段期間被毛澤東稱做「第一次反共高潮」，國共衝突主要發生在陝甘寧邊區與部份山西省的八路軍基地周圍。另在河北、河南與山東這些地區也有國共為搶地盤而發生的衝突，見 Gregor Benton, *New Fourth Army: Communist Resistance Along the Yangtze and the Huai, 1938-1941* (Berkeley: University of California Press, 1999), p. 424; Lyman Van Slyke, "The Chinese Communist movement during the Sino-Japanese War, 1937-1945," in *The Nationalist Era in China, 1927-1949* (New York: Cambridge University Press, 1991), pp. 227-228.

[89] Lin Yutang, *The Vigil of a Nation*, p. 118.

致對外才對。不過話鋒一轉，林語堂認為，正因中國現在正與外國作戰，中共才會攻擊國軍。若在平時，國軍絕不會容許這種情況繼續下去。不過一旦重慶中央政府接受共軍的挑戰，這意味著一場公開的內戰，而這正是國民政府所竭力要避免的。[90]這局勢對中共極為有利，共軍在河北省的擴張伎倆被應用到其他省分，其勢力於是由河北推向山東。林語堂不無諷刺的讚道，朱德是中國最好的戰略家之一，而毛澤東是最好的政治宣傳家之一。[91]

在山東省，許多當地的自衛組織在 1939 年已被中共繳械。隨著中共在冀中與冀南的軍事勝利，中共勢力在 1940 年往南推進至山東，展開新一波的攻勢。光是 1940 年這一年當中，國共摩擦就多達 27 次。比如中共集結 3 萬 5 千軍隊攻打魯村的山東省政府；[92]八路軍彭明治部五六千人在宿縣及泗陽邊境圍攻保安隊第七旅；當日軍正在進攻棲霞的時候，八路軍第五支隊趁機攻擊國軍二十七旅及招遠縣政府。[93]

敘述完中共在河北與山東的行為後，林語堂接著談論山西省。他認為，在山西所發生的國共摩擦最能看出中共殺害友軍的伎倆。1940 年 5 月 16 日八路軍在軍事會議中決定：

---

[90] 在公開場合，中共一貫地把國共摩擦說成是國民黨當地將領不顧中央政府的指揮所引起的，雖然他們知道情況並非如此。對此，蔣介石也不便公開否認。見 Lyman Van Slyke, "The Chinese Communist movement during the Sino-Japanese War, 1937-1945," in *The Nationalist Era in China, 1927-1949*, p. 228.

[91] Lin Yutang, *The Vigil of a Nation*, p. 118.

[92] 此戰由朱瑞所策劃，其時任中共中央北方局山東分局書記，見 Sherman Xiaogang Lai 賴曉剛，"A Springboard to Victory: Shandong Province and Chinese Communist Military and Financial Strength, 1937-1945" (Kingston, Ontario, Canada: Ph. D. dissertation, Queen's University, 2008), p. 120; 鄭建英：〈朱瑞〉，胡華主編：《中共黨史人物傳》卷 15（西安：陝西人民出版社，1984 年），頁 93；中共中央組織部、中共中央黨史研究室、中央檔案館：《中國共產黨組織史資料：抗日戰爭時期，1937.7-1945.8（卷 3）》（北京：中共黨史出版社，2000 年，初版），頁 196；〈有關共軍襲擊國軍併吞地方團隊之概要說明〉（1975 年 6 月），秦孝儀主編：《中華民國重要史料初編——對日抗戰時期：第五編，中共活動真相（二）》，頁 451。

[93] Lin Yutang, *The Vigil of a Nation*, pp. 118-119；陳重編：《四年來的中國共產黨》，頁 33-37。

（一）對晉綏軍加以投降份子名義，將積極份子予以消滅。

（二）對中央直屬各游擊部隊，先進行挑撥離間，繼則相繼予以消滅。

（三）對中央部隊暫避免正面衝突，先以政治力量分化，然後待機消滅。[94]

1940 年 3 月間，中共在山西舉行一場緊急軍事會議，出席者有朱德、彭德懷、劉伯承、何長立等將領。在朱德報告國內外情勢之後，議決：

一、十八集團軍均不戴青天白日帽徽，以示提高警惕性。

二、鞏固晉東南根據地，收復已失政權。

三、消滅冀察石友三鹿鍾麟部隊。

四、掃蕩晉東南，先消滅獨八旅及二戰區游擊隊全部。

五、儘量屯積粮秣食物。[95]

在這次會議後，八路軍自晉東察北集結五萬軍隊，部署在平順、陵川、壺關一帶，並抽調八路軍一一五師的六八八、六八九、三六九各團，會同晉豫支隊二千餘人組織暫編第一旅，晉東南的「掃蕩」軍事行動就此展開。這項軍事行動是緊接國軍在冀南軍事失利之後展開的，當時國軍殘部越過邊界來到山西東南部。當日軍攻擊八路軍位於晉東北五台山的基地時，共軍依無優勢人數不戰的策略棄基地而走。等到國軍新二師擊退日軍，第二戰區規定五台由金憲章的新二師駐防，朱德部隊卻又回來搶奪。在新二師前往五台的途中，

---

[94] Lin Yutang, *The Vigil of a Nation*, p. 119；陳重編：《四年來的中國共產黨》，頁 37-38。對於陳重書中所記載中共會議各項決議的內容，林語堂表示或許有人會質疑其正確性。但他反駁說，從投誠的共產黨員與許多查獲的文件顯示，這些中共會議的決議並不讓人感到意外。

[95] Lin Yutang, *The Vigil of a Nation*, pp. 119-120；陳重編：《四年來的中國共產黨》，頁 39。

於壽陽縣大柳樹南溝里、正太路的曹家村、和順安房村遭八路軍襲擊，[96]最後共軍集中火力於榆樹縣大敗新二師。林語堂感嘆道，儘管他依照「唯物辯證法」（materialistic dialectic）的邏輯，還是實在想不通中共這種行為如何能幫助中國抗戰。[97]

林語堂接著談論中共與國軍在江蘇的摩擦。中共自從在魯南軍事占國軍上風後，便把目標放在蘇北上。依照所破獲的文件顯示，（許多文件是「新四軍事變」後所查獲）中共攻擊蘇北的計畫在 1940 年初江蘇沛縣所舉行的軍政工作會議中已擬定。會議記錄中談到：

> 一、報告本黨（共黨）最近竭其全力，奪取蘇北整個政權，計分三期，三階段，以分路圍擊方法，在三個月後，即可將蘇北及沿海區佔据。其所謂三期三階段：
> （一）第一期在中秋節，
> （二）第二期在雙十節，
> （三）第三期在民國三十年元旦完成。
>
> 二、第一階段為擾亂階段，採取化整為零，以小部作土匪式行動，擾亂地方治安，進行地方工作，發動民眾反對政府，加緊抽糧、抽捐。
> 第二為突擊階段，採取以有力部隊，向國軍空虛之處，施行猛烈突擊，或繳零星部隊，及政治團體槍械。
> 第三為圍擊突變階段，[98]以全部軍力威脅圍擊，佔領全部蘇北。[99]

---

[96] 林語堂把「和順安房村」這個地名筆誤濃縮為「順安」（Shunan），實則「和順」為「和順縣」。

[97] Lin Yutang, *The Vigil of a Nation*, p. 120；陳重編：《四年來的中國共產黨》，頁 39-40。

[98] 這裡「突變」二字林語堂翻譯成‘coups d'etat’，意思猶如今日的「政變」。

[99] Lin Yutang, *The Vigil of a Nation*, p. 121；陳重編：《四年來的中國共產黨》，頁 16-17。

總之，中共的計畫是要新四軍北渡長江，位在山東的八路軍則向南行進，形成一鉗形攻勢，向江蘇省長韓德勤位於蘇北的部隊發動襲擊。1940 年 7 月，新四軍由江南防區度過江北，襲擊如皋附近的國軍基地，佔領一小塊區域建立自己的行政系統。1940 年 10 月，新四軍從江南增調 2 團（原有 8 團，現增為 10 團）兵力向韓德勤部獨立六旅及八十九軍三十三師進攻。[100]在同時，彭明治率領八路軍五千餘人自山東邊界南下，佔領了阜寧。從 10 月至 12 月初，國共雙方就在北至阜寧南至東台之間這塊地區發生戰鬥，尤其是自 11 月 29 日起的一周間戰況最為激烈。這便是之後發生「新四軍事變」的背景。[101]

對以上所述的國共摩擦，林語堂認為這其實就是一部中共勢力擴張史。其擴張起自 1938 年的冀中與冀南，自河北正定而南下，至 1939 年轉趨激烈，最後以 1940 年頭 3 個月的一場大規模軍事行動做為結束。隨著在河北省的勝利，共軍日漸強大，於是緊接著在山東發動大規模全面的軍事行動。在山東獲得勝利之後，中共的延安總部於是計畫把在江蘇的國軍攆出去。中共的計畫是山東八路軍自北南下，與自南北上的新四軍聯合夾擊國軍。1940 年秋，重慶中央政府要求蘇北國共雙方停火，且為了避免日後雙方衝突，下令新四軍移防長江以北。但中央政府要求新四軍北移的最後期限一直延後且不被理會。1940 年冬，新四軍在安徽省江北地區橫衝直撞，攻擊縣政府、屠殺，令地方團隊繳械。另有一部份新四軍駐守在安徽蕪湖北面的長江以南地區，一樣被中央政府要求移防長江以北。為了拖延時間，新四軍要求必須先獲得開拔費及彈藥各 50 萬，不但不北移反而南撤。此時顧祝同的四十師正由蘇南換

---

[100] 新四軍這場於 1940 年 10 月與韓德勤部隊的戰爭即為「黃橋戰役」，結果國軍戰敗。可參考〈江蘇省政府主席韓德勤呈蔣委員長報告蘇北共軍進犯李軍長守維被衝落水生死不明電〉（1940 年 10 月 9 日），秦孝儀主編：《中華民國重要史料初編——對日抗戰時期：第五編，中共活動真相（二）》，頁 427；〈有關共軍襲擊國軍併吞地方團隊之概要說明〉（1975 年 6 月），秦孝儀主編：《中華民國重要史料初編——對日抗戰時期：第五編，中共活動真相（二）》，頁 451-452。對雙方戰力及成敗因素的分析可見 Gregor Benton, *New Fourth Army: Communist Resistance Along the Yangtze and the Huai, 1938-1941*, pp. 465-483.

[101] Lin Yutang, *The Vigil of a Nation*, pp. 121-122.

防，於 1941 年 1 月 1 日抵達安徽省三溪（位於蕪湖南方），新四軍也已南撤至茂林，[102]距顧祝同軍隊 18 公里之遙。依照國民黨的說法，顧祝同的軍隊於 1 月 4 日晚間遭新四軍埋伏攻擊，顧祝同下令反擊，至 12 日，新四軍被國軍擊敗且繳械，軍長葉挺被捕。中共延安中央要求釋放葉挺，且以對戰軍隊的口吻要求重慶國民政府道歉。國民政府於是撤銷新四軍番號，中共中央則以委任新將領率領新四軍作為反擊。[103]

對於中共在華中這一連串的軍事行動，林語堂斷定這絕非偶發事件，這背後定有涵蓋甚廣的特定目的與一貫的方針，「誰才是堅定的侵略者不用說也知」。林語堂說，蔣介石不是沒有能力像朱德一樣發動聯合攻勢或進行包圍攻擊。他接著道：

> 蔣〔介石〕若想內戰的話，胡宗南部隊可輕易長驅直入延安打垮中共，不必以「封鎖」（blockade）為滿足。[104]

---

[102] 中共中央已同意重慶中央政府的號令，要求項英所率領的新四軍撤往江北，所以中共黨史指責項英南撤之舉「正應了國民黨所謂新四軍不是去江北抗日」，「使新四軍在政治上輸了理」。見姜克夫編著：《民國軍事史》卷 3 下，頁 353，355。

[103] Lin Yutang, *The Vigil of a Nation*, pp. 115-116；陳重編：《四年來的中國共產黨》，頁 50-54。陳永發認為，自從劉少奇到華中主持中共黨政軍工作以後，把國共統一戰線轉變成國共互相鬥爭，所以國共在華中摩擦的加劇「劉少奇〔被賦予〕的任務」必須負責。要國民黨無視中共發展其根據地是不可能的，新四軍事變只不過是中共發展其勢力過程當中的「副產品」，若不是項英一直強調與國民政府軍隊的和諧關係，嚴重的衝突早就爆發。見 Yung-fa Chen 陳永發，*Making Revolution: the Communist Movement in Eastern and Central China, 1937-1945* (Berkeley: University of California Press, 1986), pp. 75-77.對國民政府來說，其並未從新四軍事變得到任何好處。事變過後不但引起美、英、蘇等國不滿，且除了新四軍總部被剷除外，餘下十分之九的新四軍軍力並無損傷。國軍也未獲得任何領土，因皖南新四軍被淨空後的土地很快就被日軍佔領。項英（任新四軍副軍長，新四軍實際領導人）所率的新四軍被擊敗更是讓毛澤東、劉少奇找到批判項英的藉口，使這位不熱心搶奪國軍地盤的同志離開權力核心。見 Gregor Benton, *New Fourth Army: Communist Resistance Along the Yangtze and the Huai, 1938-1941*, pp. 599-601.所以陳永發的結論是，中共中央充分利用了「新四軍事變」這個注定發生的悲劇，毛澤東與劉少奇更是利用此事變做為鬥爭王明與項英的工具。見 Yung-fa Chen 陳永發，*Making Revolution: the Communist Movement in Eastern and Central China, 1937-1945*, p. 77.

[104] Lin Yutang, *The Vigil of a Nation*, p. 122.

正因為中共這種有計畫的侵略國軍性格，使林語堂相信中共將用同樣的伎倆奪取河南、湖北、湖南及廣西的控制權，日本人前腳到中共後腳就跟著來。林語堂認為，這種情況再持續下去中共終不免公開與國軍進行內戰。但相反的，中央政府卻會繼續姑息中共，讓他們一省接一省的擴張，也不願在抗戰中冒著內戰的風險。[105]

（三）林語堂論戰時中共的謀略

在徵引資料論述中共的圖謀之前，林語堂先對中共未來的動向做了大膽的預測。林語堂認為中共過去的紀錄已顯示其精於宣傳以及不講道德，所以抗戰勝利後中共定會用盡所有手段奪取政權。中共趁日軍攻打中國時對國軍襲擊之無恥（unscrupulousness），唯有其對外宣稱支持中國團結之靈巧差可比擬。中共甚至連假裝延安有出版或個人思想自由都省了，直接建立徹底黨的獨裁。即便如此，中共在把自己塑造成支持重慶政府的出版自由及憲政民主上倒是頗為成功。可以想見，二次大戰之後為了獲得政權，中共不僅會披上民主的外衣，甚至會披上擁護資本主義的外衣，就像美國共產黨現在正在做的一樣。[106]林語堂警告道：「美國人若低估了中共，那將是對自己最大的危害。」[107]

林語堂接著引用毛澤東的著作來說明國共摩擦的根源。林語堂先舉中共中央所頒佈的《黨的建設》一書的第一章中說：[108]

---

[105] Lin Yutang, *The Vigil of a Nation*, p. 122.

[106] Lin Yutang, *The Vigil of a Nation*, pp. 122-123.

[107] Lin Yutang, *The Vigil of a Nation*, p. 123.

[108] 《黨的建設》是「抗日民族統一戰線」成立後中共用來訓練幹部的教材。見《黨的建設》，〈序言〉（臺北：陽明山莊，1951 年 2 月），序頁 1。此書於 1938 年 7 月與 12 月國民黨曾兩度翻印，（見首頁，無頁碼），1951 年第三度翻印。林語堂在 1960 年為一本書所寫的〈前言〉當中，聲稱當 1944 年《枕戈待旦》出版的年代，美國沒有一個記者、東方學家或亞洲事務學教授有對美國大眾說實話，因為他們稱中共不過是「自由派份子」（liberals）及「農業改革者」。林語堂指責這些（理論上）看得懂中文的美國專家們，竟不知或者懶得看這本廣為流傳的《黨的建設》。見 Lin Yutang, foreword to Ching-wen Chow 周鯨文, *Ten Years of Storm: The True Story of the Communist Regime in China*, trans.

在中國革命的現階段上，擴大與鞏固共產黨〔，〕保障共產黨在政治上和組織上的完全的獨立性，保障共產黨的成份的純潔和布爾什維克的鐵的團結，是……準備革命轉變到社會主義去的最基本的條件。[109]

毛澤東在〈論新階段〉（1938年10月12日至14日）中曾說：「為了克服困難戰勝敵人，共產黨必須擴大其組織。」[110]在〈《共產黨人》發刊詞〉中，（1939年10月4日）毛澤東是這麼鼓吹「武裝鬥爭」的：[111]（林語堂評論道，「武裝鬥爭」一詞在中文只能指「內鬥」，不能指對抗外敵）

& ed. by Lai Ming 黎明 (New York: Holt, Rinehart and Winston, 1960), pp. ix-x.

[109] Lin Yutang, *The Vigil of a Nation*, p. 123；《黨的建設》，頁3；陳重編：《四年來的中國共產黨》，頁6-7。

[110] Lin Yutang, *The Vigil of a Nation*, p. 123；陳重編：《四年來的中國共產黨》，頁7；毛澤東：〈中國共產黨在民族戰爭中的地位〉，竹內實監修：《毛澤東集》卷6（東京：蒼蒼社，1983年，再版），頁246。〈中國共產黨在民族戰爭中的地位〉為〈論新階段〉的第7章。

[111] 毛澤東於1925至1927年的革命失敗後，領悟了兩件事：（1）中國革命的道路應由中共依中國的情勢決定，而不是由莫斯科決定。（2）由於中國沒有民主的傳統及機制，且中國正處於國家統一的進程，槍桿子才能出政權。1927年8月7日在漢口舉行的中共中央緊急會議（八七會議）上，毛澤東說道：

從前我們罵中山專做軍事運動，我們則恰恰相反，不做軍事運動專做民眾運動。蔣唐都是拿槍桿子起的，我們獨不管。……以後要非常注意軍事。須知政權是由槍桿子中取得的。（〈在緊急會議上的發言〉）

毛澤東在此強調「軍事運動」比「民眾運動」重要得多，這等於在說「武裝鬥爭」比「政治鬥爭」來得重要。毛澤東強調「槍桿子出政權」這個觀念在中國當時雖然是老生常談，但對中共來說卻是一意識型態上的突破，因為這偏離了列寧主義。列寧相信俄國革命本質上是政治的，他視武裝暴動為政治鬥爭結束後的產物，「是政治鬥爭的一種特別形式」。列寧不認為內戰是必須的，也不認為槍桿子出政權。因為列寧主義，更重要的是因來自莫斯科的指示，中共黨中央才會這麼多年來堅持中國革命本質上是「政治的」。於是過去中共視在城市裡的政治鬥爭為政治權力的來源，導致焦點都放在於城市做政治鬥爭。毛澤東認為過去只注重「民眾運動」（政治鬥爭），忽視「軍事運動」（武裝鬥爭）。見Chuande Tu, "The 1945-1946 GMD-CCP Peace Talks and the Origins of the Chinese Civil War" (Ph. D. dissertation, University of Wisconsin-Madison, 2000), pp. 16-18；毛澤東：〈在緊急會議上的發言〉，竹內實監修：《毛澤東集補卷》卷2（東京：蒼蒼社，1984年，初版），頁298。

> 十八年的經驗告訴我們，統一戰線與武裝鬥爭，是戰勝敵人的兩個基本武器。……而黨的組織，則是掌握統一戰線與武裝鬥爭這兩個武器……[112]
>
> 十八年來，我們黨是日益學會了並堅持了武裝鬥爭這個路線。我們懂得，在中國，離開了武裝鬥爭，就沒有無產階級的地位，就沒有人民的地位，就沒有共產黨的地位，就沒有革命的勝利。十八年來，我們黨的發展鞏固與布爾塞維克化，是在革命戰爭中進行的，是與游擊戰爭不能分離的，沒有武裝鬥爭，沒有游擊戰爭，就不會有今天的共產黨。這個拿血換來的經驗，全黨同志都不要忘記。[113]

林語堂認為，因為〈《共產黨人》發刊詞〉是毛澤東於抗戰爆發幾年後所寫，所以文中「武裝鬥爭」與「黨的發展」的涵義，只須以中共的所作所為加以對照就可以明白了。[114]

另外，毛澤東在1940年11月間在延安對分發戰區之黨校學生訓話，說明5點中共的立場：

> 一、國際環境變化與本黨（共）不利，故目前本黨除竭力發展實力外，決避免犧牲，保全實力；
>
> 二、本黨目前要抱定外表吃虧主義，但絕對不可與中央（國民黨）妥協，乘機儘量擴軍，以資應付未來；
>
> 三、以晉省為根據地，分頭向冀察魯豫綏等省發展組織，逐漸轉向

---

[112] Lin Yutang, *The Vigil of a Nation*, p. 123；陳重編：《四年來的中國共產黨》，頁8-9；毛澤東：〈《共產黨人》發刊詞〉，竹內實監修：《毛澤東集》卷7，頁78。

[113] Lin Yutang, *The Vigil of a Nation*, p. 123；陳重編：《四年來的中國共產黨》，頁8；毛澤東：〈《共產黨人》發刊詞〉，竹內實監修：《毛澤東集》卷7，頁74。此段毛澤東的引文陳重書中所載頗多脫落，（無使用刪節號，故非刪節）林語堂書中引文翻譯自陳重書，故情況一致。筆者這裡引文出自《毛澤東集》。

[114] Lin Yutang, *The Vigil of a Nation*, pp. 123-124.

平原，對華中積極發展實力；

四、本黨領導之軍隊，在戰區對中央軍之態度，以日軍之勢力為轉移，日軍較我雄厚，即向中央軍讓步，反之即壓迫中央軍，以增加我軍實力；

五、積極發展本黨組織，逐漸用壓力肅清黃河北岸國民黨之勢力。[115]

林語堂解釋說，陳重編的《四年來的中國共產黨》資料明顯來自從延安逃出的共產黨人。對共黨感到幻滅的人著實不少，光是共軍一二九師就有六七百位逃離延安。此事毛澤東定會加以否認，但他無法否認他自己發表過的著作。此外尚有許多破獲的文件，其真實性與《田中奏摺》一樣，都可公開質疑檢驗的。[116]不過就如《田中奏摺》一樣，這些中共的資料因隨後局勢的變化都顯得過時了。林語堂認為，中共目前的所作所為已是其本質最好的註解，這比其之前公開或私底下說過什麼都來得重要。[117]

林語堂感嘆道，國共摩擦這些資料讓人看了實在洩氣，因為這些衝突本可能或應該避免的。國共摩擦現已歷時 6 年，範圍擴及 7 省，達到了太平天國的規模。中共現在所誇口的根據地擴張自始至終都不是平和的，而是毛澤東口中所謂的以「武裝鬥爭」及「流血」的方式。至於中共所宣稱的抗日，林語堂認為有必要加以解讀。中共宣稱殺了 1 個日本人的同時，沒對外透露其實也殺了 5 個中國人；中共宣稱自日本人手中奪回 1 個城鎮時，沒透露其實也自其他中國人手中奪取 50 個城鎮；中共宣稱與敵人的數百場戰役中，沒

---

[115]Lin Yutang, *The Vigil of a Nation*, p. 124；陳重編：《四年來的中國共產黨》，頁 12-13。

[116]《田中奏摺》是 1927 年日本首相田中義一呈給日本天皇的一份奏摺，其中提出日本征服中國的戰略為先支配滿蒙的經濟，然後再擴大到中國其他地區。雖然目前學者一般認為這份奏摺是偽造的，但在 1930 年代則普遍被認為是真的，因而引起中國民眾的反日情緒。見柯博文（Parks M. Coble）著、馬俊亞譯：《走向"最後關頭"：中國民族國家構建中的日本因素（1931-1937）》（*Facing Japan: Chinese Politics and Japanese Imperialism, 1931-1937*）（北京：社會科學文獻出版社，2004 年 7 月），頁 28-29；Iris Chang 張純如, *The Rape Of Nanking: the Forgotten Holocaust of World War II*, pp. 177-178.

[117]Lin Yutang, *The Vigil of a Nation*, p. 124.

透露其實一大部分是包含與中國「敵人」(即國軍)。中共自日軍手中奪取軍火固然令國人感到驕傲，但其武器配備卻有一半奪取自國軍游擊隊及正規軍。中共宣稱在日本佔領區內壓制 35 萬日軍及 20 萬日偽軍，但卻沒提到壓制 50 萬國軍，而這 50 萬國軍其實也在日本佔領區內壓制同樣數目的日軍及偽軍。中共及其美國同路人（fellow traveler）氣勢洶洶批評在重慶沒有出版自由與要求國家團結的當兒，對延安的出版自由及國共摩擦等問題又不願說明，只推說這都是國民政府的「封鎖」(blockade)。不論是斯諾、宋慶齡或是最偏激的共黨人士都不否認在延安沒有思想及出版自由，也沒否認延安是嚴格控管思想的極權主義政權，與蘇聯的極權旗鼓相當。[118]

林語堂接著述說 3 件發生在他朋友或信任的人身上的故事。第一件是于斌主教告訴林語堂，[119]他胞弟曾含淚訴說在山東與國軍對抗日本人時，[120]被共軍自後襲擊的事情。第二件是「游擊隊之母」趙洪文國告訴林語堂，她兒子與國軍在躲避日軍的當口，於船中被河堤上的共軍射殺。第三件是一位現居紐約的工程師朋友告訴林語堂，他在抗戰中失去了 4 或 5 位兄弟。其中一位任職國民黨於無錫的游擊區，當他走在街上時為共黨人士從背後射殺。這 3 件事都發生在抗戰時。[121]

林語堂接著指責中共說，如果中共的擴張是為了打擊日軍的愛國主義行為，為何中共不到冀北等無國軍的地方，這麼一來就不會有摩擦了。如果中共擴張的目的只是為增強國軍的戰力，即便其不承認重慶中央政府，至少也可以與當地國軍將領和諧相處。不過，既然中共另有他圖，要他們與國軍並肩作戰等於是緣木求魚。林語堂措詞嚴厲的說：

---

[118] Lin Yutang, *The Vigil of a Nation*, pp. 124-125.

[119] 于斌（1901-1978 年），1936 年任天主教南京教區主教，1946 年升任南京區天主教總主教，1969 年任樞機主教。于斌在抗戰前已從事反共活動。見顧長聲：《傳教士與近代中國》（上海：上海人民出版社，2013 年 1 月，4 版），頁 339-340。

[120] 林語堂書中用的是'brother'，應是指于斌的弟弟于犁伯。

[121] Lin Yutang, *The Vigil of a Nation*, p. 125.

> 中國團結問題意即中共問題。沒有中共問題就沒有中國團結問題。[122]

林語堂說，即使中國最落後的省分也沒有公開或暗中進行叛亂政府的行為。廣西將軍李宗仁與白崇禧、山西將軍閻錫山、「基督將軍」馮玉祥，這些人過去全都與蔣介石進行過無數次的軍事鬥爭，但在抗戰時卻選擇共同抗敵。在上海淞滬會戰中，廣西將軍們傾其所有資源與將士，渾沒考慮保留實力為未來打算。此刻駐守湖北的李宗仁，自抗戰起這 7 年當中一直在最前線，雖然報紙不常提到他。徐永昌的山西軍隊過去與蔣介石持續發生軍事鬥爭，但現在則在重慶總部指導軍事戰略，獲得蔣介石完全的信任。四川「軍閥」則一直在湖南抗日，或者負責西康省的行政及發展。沒有任何一位將軍或者「軍閥」破壞中國團結，沒有人相信雲南、四川及新疆有可能發生叛亂。就是國軍中這種不分派系的無私精神，這種把國家安危看得比自己私人地盤擴張重要的精神，使得中國得以抗日。林語堂氣憤的說，他寧願要最封建無知但支持抗日統一戰線的軍閥，而不要思想最啟蒙卻破壞團結的唯物辯證家。[123]

林語堂接著澄清抗戰時的憲政問題。他認為國共摩擦問題竟莫名其妙的與中國憲政發展問題糾纏在一起，說道：

> 國共摩擦的成因與解決方案是兩件不同的事。[124]

林語堂認為，國共摩擦問題的「解決方案」除了以武力鎮壓之外，唯一可行的方式就是給予中共政治權利，採取和平、合法及民主的手段。但問題是，國共摩擦的「成因」與政府沒有施行憲政根本無關。國共摩擦的成因是軍事

---

[122]Lin Yutang, *The Vigil of a Nation*, p. 126.

[123]Lin Yutang, *The Vigil of a Nation*, pp. 126-127.

[124]Lin Yutang, *The Vigil of a Nation*, p. 127.

上的，是中共背叛了 1937 年 9 月的〈中共中央為公布國共合作宣言〉，[125]違背了當初答允願受國民政府軍事委員會之統轄，軍隊調度違反國民政府軍政部的號令。中共當初如果認為中國沒有實施憲政，就應據此理由拒絕〈國共合作宣言〉；中共當初既然同意了〈國共合作宣言〉，就應該遵守它。中共不該當初明知中國沒有實施憲政，卻還是同意了〈國共合作宣言〉，然後在 7 年後突然發現中國沒有實施憲政，於是以此合理化其組織獨立軍隊的行動。林語堂氣憤的說，如果沒有實施憲政可當作中共叛亂的理由，那中國所有的將領都有權利叛亂，中國乾脆一開始就不要抗戰算了。林語堂甚至哀嘆道，中共就算想在根據地維持個獨立王國的局面，至少在軍事上也該與國軍並肩作戰吧。[126]林語堂認為：

> 中國遲不實施憲政在歷史進程上與中共的叛亂毫無關聯。中共叛亂的成因是其在抗日戰爭中看到發展根據地的機會。[127]

---

[125] 此宣言起草於 1937 年 7 月 4 日，7 月 15 日由中共中央交付國民黨，至 9 月 22 日始經中央社發表。見〈中共中央為公布國共合作宣言〉，中央統戰部、中央檔案館編：《中共中央抗日民族統一戰線文件選編》下冊（北京：檔案出版社，1986 年 5 月，初版），頁 10。國民黨於 7 月即收到中共的宣言，但蔣介石卻遲不予以公布。直至 8 月簽訂《中蘇互不侵犯條約》後，（蘇聯答允資助 3 千萬美元）蔣介石才任命朱德為國民革命軍第八路軍總指揮，彭德懷為副總指揮，最後到 9 月才公布〈中共中央為公布國共合作宣言〉，由此可知蘇聯在國共形成抗日統一戰線中所發生的影響。陳永發則認為蔣介石之所以遲不公布此宣言，是因國共對宣言的原文有不同的解讀。見 Tetsuya Kataoka, *Resistance and Revolution in China: The Communists and the Second United Front* (Berkeley: University of California Press, 1974), p. 55；陳永發：《中國共產革命七十年》上冊，頁 323。

[126] Lin Yutang, *The Vigil of a Nation*, pp. 127-128.

[127] Lin Yutang, *The Vigil of a Nation*, p. 128.

三、民主與國共團結

（一）林語堂論美國對中共的迷思

林語堂認為，美國大眾受中共宣傳的影響而有下列 4 點看法：第一，國民政府故意歧視中共紅軍且以國共摩擦為樂。第二，國民政府並非真心以政治手段解決中共問題與避免國共摩擦。第三，國民政府應予中共紅軍軍火糧食，以便中共用來對付國軍。第四，美國對中國的援助被國民政府用來對付中共而非日本。林語堂斥責這 4 點看法的謬誤。[128]

林語堂說，假若他是個美國人，聽了這些共黨的一面之詞，他定會完全同情中共。這些一面之詞包括：真正在抗日的人是中共，國民政府毫無來由的開始「封鎖」中共英勇抗日戰士，國民政府未給共軍軍餉，某些在重慶的黨派是「法西斯、和平主義（pacifist）及親日的」。林語堂要讀者注意一件事實，即對日抗戰的過去 7 年中，國民政府未曾以一字公開詆毀中共，在美國媒體中也未有中國官方對這國共 6 年來衝突的說法。國民政府對中共問題一直避而不談。[129]

林語堂認為，如果以中共的觀點來看，這種種對國民政府的指控都變得可以了解了。因為對中共來說：「重慶〔政府〕強己則弱，重慶〔政府〕弱己則強。」[130]所以，中共毫不遲疑的告訴全世界，國民政府利用自國外所得的援助物資與中共軍隊作戰，而不是與日本作戰。而這也解釋了在豫湘桂會戰（日本稱為「一號作戰」）日軍沿平漢鐵路而下進入河南，1 個月中穿過了至少 4 百英哩中共游擊區，但為何日軍的火車一輛也沒有出軌，因而導致國軍於河南大敗。[131]

---

[128] Lin Yutang, *The Vigil of a Nation*, p. 129.

[129] Lin Yutang, *The Vigil of a Nation*, p. 129.

[130] Lin Yutang, *The Vigil of a Nation*, p. 129.

[131] Lin Yutang, *The Vigil of a Nation*, pp. 129-130.

林語堂認為，1943 年 5 月共產國際的解散與中共緊接的大量反重慶政府宣傳有關。因美國在戰爭中地位的日漸重要，加上共產國際的解散，中共於是以一副無辜受害者的姿態出現在美國，宣稱美國對國民政府的援助只會被用於反共，宣稱中共不希望國共摩擦，他們是國共摩擦的受害者。那些明知國共摩擦已進行多年的美國作家，卻為了中共政權之故有意蒙蔽美國大眾，只訴說中共的片面之詞。林語堂調侃的說，至少也不應指責國民政府未給共軍軍餉來攻打國軍，但這些美國作家卻無此幽默。中共自 1941 年 1 月 30 日起即禁止國民政府的法幣於其所統治的邊區政府管轄區內流通，中共陝甘寧邊區的法律規定：「凡在邊區境內買賣，不以邊幣交換作價者，以破壞金融論罪，其錢貨沒收之。」[132]然而，在重慶的中共同路人竟天真的向美國人抱怨共軍未獲得國民政府的法幣援助。[133]

於是林語堂總結中共對國民政府的指控有三，這三項完全是對國外宣傳，與其他對國民政府的批評（如無能腐敗、通貨膨脹、無新聞自由）截然不同。第一，美國對中國的援助將被用來對付中共而不是日本。第二，國民政府打算發動內戰。第三，軍政部長何應欽將軍與教育部長陳立夫是和平主義（pacifist）及親日的。[134]

林語堂也指出國民政府對國外媒體諱言中共問題之不當。林語堂建議，當國外記者問起延安被「封鎖」的問題時，國民政府發言人應詳實勾勒出西安戰略地位之重要，因它鎮守往四川的要道。胡宗南部隊一旦撤出，日本人只要佔領西安即可威脅到重慶的安危。[135]國民政府發言人應告訴外國記者，

---

[132]〈陝甘寧邊區破壞金融法令懲罰條例〉，韓延龍、常兆儒編：《中國新民主主義革命時期根據地法制文獻選編》卷 3（北京：中國社會科學出版社，1981 年），頁 63。邊幣是 1941 年陝甘寧邊區銀行所發行的紙幣。

[133] Lin Yutang, *The Vigil of a Nation*, p. 130.

[134] Lin Yutang, *The Vigil of a Nation*, pp. 131-132.

[135] 林語堂認為，中共指責胡宗南率領國軍的精華部隊駐守西安卻不抗日是不公道的，國軍的精華部隊於上海淞滬會戰中已然失去，胡宗南部隊之所以軍容強盛是因他具有帶兵的天賦。林語堂稱讚胡宗南是中國最能幹的將領之一，因其身高不高，每每讓林語堂想起法國的拿破崙將軍。見 Lin Yutang,

「封鎖」除了反日外，另可防止中共自貧瘠的陝北南下至陝西南部肥沃的麥田。一旦西安落入他人之手，河南國軍將與整個華北失去聯繫。但可惜，國民政府發言人只是說：「我不明白『封鎖』是什麼意思？」另外，當外國媒體問到國民政府是否停發共軍軍餉問題時，林語堂認為只須回答國民政府不能資助共軍來攻擊國軍即可，但國民政府發言人卻否認停發軍餉。但當被問到「上次發軍餉給共軍是什麼時候？每月發多少軍餉？」則支吾其詞。外國記者們在不得要領之下，只好到周恩來重慶的辦公室詢問，或者詢問在重慶的共黨人士董必武。這一切都起因於國民政府想維持共軍仍是國軍的假象，於是政府有義務發給共軍軍餉；共軍也欲維持其聽令於政府、為統一戰線而戰的假象。[136]

林語堂告訴讀者，國民政府的反共政策自 1927 年的清黨後就開始，到目前也已經 17 年了。林語堂目的是要讀者明白，國共衝突不是最近這幾年才發生的事。當年南京政府處理共黨的方法，是在南京關了 1 千位政治犯，以及利用情治機構與新聞檢查。現在的重慶政府處理共黨問題，用的還是以前新聞檢查的老辦法，可惜政府雖三緘其口，中共卻老實不客氣的在國外大肆宣揚。林語堂也表明立場：

> ……關於抗戰時中國團結問題，我完全支持〔國民〕政府。[137]

1944 年 2 月 28 日，林語堂在給蔣介石的國是意見中建議：

> 共產黨問題，我以不欲外揚，每有隱諱，正造成共黨宣傳之機，而終隱諱不了。……矯正已經極端外揚之論調，只須明共產黨不守信

The Vigil of a Nation, p. 136.

[136]Lin Yutang, *The Vigil of a Nation*, pp. 132-133.

[137]Lin Yutang, *The Vigil of a Nation*, p. 133.

> 約不履前言，曲直立辨。若斤斤隱諱，必愈不利於中央。一經質問後無辭以對，而成欲蓋彌彰局面。[138]

又建議道：

> 須極端注意利用駐渝西人記者，……善利用之則事半而功倍。記者立場，無非欲得正確消息而已。愈限制扣留，必愈四出搜集捕風捉影之談。及經扣留，心愈不快，然後將扣留材料另法寄出。且與西人交換耳食材料，造成無稽蜚語。然記者亦人耳，只要有正確消息，心便快活，對於我國實無惡意。且記者類皆訓練有素，不如易限制為利導，態度心理定可改移過來。[139]

林語堂之所以要國外知曉中共問題的前因後果，因為這牽涉到美國對中國的援助以及中國戰後的國際地位。

（二）林語堂在陝西省

林語堂在西安時，主動要求參觀拘禁共黨份子的勞動營（集中營），這所中國最大之一的勞動營關了一千位「學生」接受「訓練」，（關在此處的人皆稱為「學生」）皆大學生年紀以上。林語堂本以為是幾棟佈滿鐵絲網的殘破屋宇，不料卻是一所與軍事學院極似的良好場地。雖然或許是為林語堂來訪才特別準備，但林語堂還是稱讚此處是他在中國所見過最整潔的地方。固然設立「集中營」這種場所並不值得誇耀，但他對於沒有發現慘無人道的折磨感到如釋重負。望著這一大群「學生」，林語堂覺得「很了解他們」。「我了解他

---

[138]「林語堂函陳國際宣傳及兵役意見」（1944 年 2 月 28 日），〈國是意見〉，《國民政府》，國史館藏，典藏號：085010906。

[139]「林語堂函陳國際宣傳及兵役意見」（1944 年 2 月 28 日），〈國是意見〉，《國民政府》，國史館藏，典藏號：085010906。

們的心思、想法以及所閱讀書的作者」,「他們與中國其他的男女學生決無不同」,「既然他們是激烈份子，讀的與想的定較一般學生勤奮」，林語堂說道。[140]在向「學生」們演說時，林語堂向他們表示，雖然馬克思主義學說他比不上他們精熟，但對孕育馬克思思想的 19 世紀中葉歐洲思想背景，他可比他們知道得多。林語堂又告訴他們：「馬克思主義者決不會是儒家，因人文主義與唯物主義的觀點是截然不同的。」[141]

林語堂承認，他在勞動營所見僅止於表面，「學生」與他的對談因有官員在旁監視，未必是其心中所想的，無論「學生」們表現得多麼誠懇。但至少沒有人看起來營養不良或滿臉病容。正因如此，1944 年 2 月 28 日，林語堂在給蔣介石的國是意見中建議：「理應於春間鼓勵〔在重慶的西方記者〕旅行視察，使見建設進步。……若西安勞動營，整潔不亞美國，且或過之。正可反證流言，一闢謬見。」[142]針對一些美國人批評「勞動營」顯示出國民政府「法西斯主義」的特徵，林語堂反駁說，如果美國人在他們自己國內發現特務偽裝成愛國者，又該如何自處呢？應該要站在國民政府的立場看事情才是。[143]

林語堂接著評論中共向全世界宣稱其受到駐守西安的胡宗南部隊「封鎖」（blockade）一事。林語堂強調，陝西潼關是華中通往陝西與中國西部唯一交通孔道，[144]西安至潼關這區域一旦被日軍佔領，將直接威脅到重慶的安全，因重慶最易受襲擊之處來自北方。中共游擊隊沒有佔領城鎮的能力，只能在

---

[140] Lin Yutang, *The Vigil of a Nation*, pp. 137-139. 關於中國知識份子的左傾，邵玉銘有詳細論述，見邵玉銘：〈為何中國知識分子左傾？〉，《此生不渝：我的臺灣、美國、大陸歲月》（臺北：聯經出版事業股份有限公司，2013 年 8 月，初版），頁 97-121。

[141] Lin Yutang, *The Vigil of a Nation*, p. 139.

[142]「林語堂函陳國際宣傳及兵役意見」（1944 年 2 月 28 日），〈國是意見〉，《國民政府》，國史館藏，典藏號：085010906。林語堂在書中也提到了他向蔣介石建議此點，見 Lin Yutang, *The Vigil of a Nation*, p. 140.

[143] Lin Yutang, *The Vigil of a Nation*, p. 140. 林語堂也承認他只參觀過這麼一間勞動營，故其他的勞動營是否有如此良好他無法確定。

[144] Lin Yutang, *The Vigil of a Nation*, p. 141.

農村活動，這意味著國軍只要一離開西安，等於把西安與隴海鐵路送給日軍，因自陝北南下的共軍根本守不住西安。所以胡宗南部隊不僅阻止日軍渡過黃河進入陝西，且避免重慶與整個北中國（包括西北與東北）失去聯繫，避免重慶與長江以北的整個華中與華東失去聯繫。西安一旦失去，重慶將失去與新疆、青海、陝西、山西、山東、河北、安徽、江蘇、河南及湖北北部失聯。這正是日軍與中共所希望的結果。[145]

林語堂再次強調，一旦西安落入日軍手中，中共將會如 1944 年 5 月豫湘桂會戰（日本稱為「一號作戰」）中採取不合作的態度，（不論是沒有意願或者無能為力）重慶定然危險。在豫湘桂會戰中，日軍自滿洲沿平漢鐵路而下穿過四百餘英哩的中共游擊區，竟如入無人之境般順利消滅在河南的國軍。蔣介石給共軍切斷日軍補給線的命令被當作耳邊風，致使政府發言人梁寒操第一次暗示中共於抗戰的不合作。[146]林語堂斥責中共沒有善盡國軍盟軍的責任，有機會時就襲擊國軍，沒辦法襲擊時就宣稱被「封鎖」。如果胡宗南部隊真要攻擊共軍，像共軍在別地攻擊國軍一樣，那胡宗南可輕取延安，用不著「封鎖」。況且中共自 1941 年 1 月起把國民政府發行的法幣視為違禁品，中共豈不也在「封鎖」國民政府。國軍另有一支勁軍由陳誠率領，守住長江以南另一條通往重慶的要道，但因沒有妨礙到中共，美國政治評論家也就不以此責備國民政府了，這是不公平的。[147]

（三）林語堂論中國戰時的民主

在談論當時中國的民主問題前，林語堂先談新聞自由問題。林語堂認為新聞自由比普通法律或者憲法的制定都要來的重要，因為「不知如何批評政

---

[145] Lin Yutang, *The Vigil of a Nation*, p. 143.

[146] 林語堂稱梁寒操為「政府發言人」，實則梁寒操 1944 年任國民黨中央海外部部長，見余克禮、朱顯龍主編：《中國國民黨全書》（西安：陝西人民出版社，2001 年 4 月，初版），頁 1156，〈梁寒操〉條目。

[147] Lin Yutang, *The Vigil of a Nation*, pp. 144-145.

府的人民不配享有民主國家。」[148]但林語堂替國民政府辯護說，他認為政府對在重慶的外國記者所實施的新聞檢查，[149]並不比美國政府對在紐約及華盛頓的中國記者所實施的新聞檢查來得嚴重。美國政府對當地的外國記者也實施新聞檢查，因恐這種批評美國的報導被敵國攔截而當作宣傳之用。[150]因為現在是在戰爭當中，有些事情是沒辦法的。雖然林語堂承認在戰時實施新聞檢查有其必要，但他還是感嘆中國戰時的新聞自由已惡化到不合理的程度。不過林語堂很欣慰的說，自 1944 年夏天起新聞檢查已大大鬆弛了。[151]

林語堂接著評論國民政府的政體，他說：

> 國民黨政府的整體性格是家長式的（paternalistic），但我不認為是「法西斯主義的」（fascist）。[152]

林語堂認為國民政府具備了家長制所有的缺點，過於急切於引導人民的思想與行動，對於讓人民自理卻不夠急切。但林語堂辯稱，國民政府並沒有到對思想嚴格管制的程度，也不曾進行武力及恐怖統治。家長式政權統治底下人民的反應，是惱怒或者會心一笑（placid amusement）；極權（totalitarian）統治下人民的反應，是耳語、暗自恐懼、驚嚇屈從以及全民對政府歌功頌德。

---

[148] Lin Yutang, *The Vigil of a Nation*, p. 213.

[149] 不僅國民政府對重慶外國記者實施新聞檢查，《時代》(Time) 周刊記者白修德 (Theodore H. White) 在中國所寫的批評蔣介石與國民政府的報導，常經周刊老闆亨利・魯斯（Henry Luce）的改寫，為的是不願打擊盟國士氣，以及欲詆毀中共。見 Gary S. Messinger, *The Battle for the Mind: War and Peace in the Era of Mass Communication* (Amherst: University of Massachusetts Press, 2011), p. 137.

[150] 關於二次大戰期間的新聞檢查及其影響可見 Gary S. Messinger, The Battle for the Mind: War and Peace in the Era of Mass Communication, pp. 136-142. 關於國民政府在抗戰時所公布的新聞檢查法規以及其由嚴格至放寬的情況，可見 Lee-hsia Hsu Ting 許麗霞，Government Control of the Press in Modern China, 1900-1949 (Cambridge, Massachusetts: Harvard University Press, 1974), pp. 19-25, 143.

[151] Lin Yutang, *The Vigil of a Nation*, pp. 215, 217. 自 1944 年之後，報紙、戲劇與電影等其原稿依然須經新聞檢查，但與軍事政治外交無關的出版品則可選擇出版後再送審，這是與之前最大的不同。見 Lee-hsia Hsu Ting 許麗霞，*Government Control of the Press in Modern China, 1900-1949*, p. 25.

[152] Lin Yutang, *The Vigil of a Nation*, p. 217.

林語堂道：

> 家長制政體還有救，極權政體則無藥可醫。要獲得極權主義的確實證據，那就須至延安。[153]

林語堂無奈的說，或許家長制是國民政府「訓政時期」不可避免的現象，但國民黨在「訓政時期」倒是達成了一些目標：人民發展出一種新的國家意識，更了解三民主義，以及了解國家重建計畫。林語堂又說道：

> 中國抗戰中若無強而有力的國民黨政府，而是如法國般較民主的鬆散政府，我疑心戰爭前線早已因國內分裂而瓦解。[154]

即便國民黨在抗戰時有如此貢獻，林語堂忍不住還是批評國民政府在民主的形式與內涵上皆無重大進展，「人民已被訓政過久了」。[155]

林語堂接著談論何為民主的基礎。他說道：「中國需要的是立即實施權利法案（Bill of Rights）。」[156]林語堂認為政府應多把注意力放在保障人民的言論、集會與信仰的自由，以及人身保護令（habeas corpus）的實施。[157]他堅信民主的發展與公民權的保護是分不開的，因公民權如不被保護，人民便不敢

---

[153] Lin Yutang, *The Vigil of a Nation*, p. 217.

[154] Lin Yutang, *The Vigil of a Nation*, pp. 217-218.

[155] Lin Yutang, *The Vigil of a Nation*, p. 218.

[156] Lin Yutang, *The Vigil of a Nation*, p. 218.

[157] 人身保護令的精神在於人民因犯罪嫌疑被逮捕拘禁時，須在一定時間內送法院審問，以決定拘禁是否合法，此即「提審」。1940 年 4 月國民參政會第一屆第五次會議期間，鄒韜奮等人就表示「……無逮捕人民職權之機關，往往越權。雖有逮捕人民職權之機關，亦往往濫用職權，人民遭害者，因提審法未實行，每含冤莫白，呼籲無門。」見鄒韜奮等：〈嚴禁違法拘捕迅速實行提審法以保障人民身體自由案〉，重慶市政協文史資料研究委員會、中共重慶市委黨校、中國第二歷史檔案館編：《國民參政會紀實：續編》（重慶：重慶出版社，1987 年，初版），頁 151-152。

為自身權益抗爭，故只是表面上的民主。保護公民權的法律一旦施行，人民也不須學習如何民主，自然就會是民主了。林語堂又道：「說中國人民還未準備好民主是沒有道理的。只要權利法案沒有實施，人民就不會準備好。……新聞、言論、信仰與集會的自由是民主的基石。」[158]林語堂說，他看不出來為何新聞自由不能立刻實施，新聞檢查應只限於敵人欲獲取的軍事情報。公民權的保護過去已談過太多次了，甚至被寫進幾年前的憲法草案中。1944 年7 月 15 日公布了新的人身保護令法律，[159]但只要當局沒有確實執行，這些法條都形同具文。是否確實執行人身保護令最終都歸諸於地方當局的態度，故一定要歷經逐漸的教育過程，讓人權思想深植人心。林語堂又說道，即便中國制定了憲法，採用了最開明的法條，建立了各級選舉制，但一旦有人用不正當的手法當選，違法逮捕報刊編輯，這如何稱作民主。故保護公民權實為民主之根本。[160]

林語堂接著談中國憲政民主問題。林語堂形容那些要求中國立刻實施憲政的評論家「天真」（naive），認為他們太過強調憲法那一紙宣言，太過強調選舉制度的建立，忽略建立地方民選政府前的奠基工作，也不注重實施權利法案。[161]林語堂認為，國民政府在建立民選政府前的準備工作上花了不少功夫，「誠意不容質疑」。中國當時的文盲比例極高，要建立地方自治是個艱鉅的挑戰，但國民黨政府以循序漸進的方式來達成。首先，在教育方面，在抗

[158] Lin Yutang, *The Vigil of a Nation*, p. 219.

[159] 1944 年 7 月 15 日，國民政府公布了《保障人民身體自由辦法》，自 8 月 1 日起實施。見聞黎明：《第三種力量與抗戰時期的中國政治》（上海：上海書店出版社，2004 年 10 月，初版），頁 240-241；〈保障人民身體自由辦法〉（1925 年 7 月 21 日-1934 年 12 月 11 日），《國民政府》，國史館藏，典藏號：001-012030-0002；〈保障人民身體自由辦法（一）〉（1943 年 11 月 22 日-1944 年 8 月 2 日），《國民政府》，國史館藏，典藏號：001-100010-0007。

[160] Lin Yutang, *The Vigil of a Nation*, pp. 219-220.

[161] 抗戰時期的自由主義民主人士如西南聯大教授吳之椿，其看法與林語堂類似。吳之椿強調的是「法治」的重要，但對於憲法的態度則認為應先養成憲政文化（他稱之為「人民憲政生活」），若無此前提空有憲法也是無用的。見 Edmund S. K. Fung 馮兆基, *In search of Chinese Democracy: Civil Opposition in Nationist China, 1929-1949* (New York: Cambridge University Press, 2006), pp. 199-200.

戰期間約 5 千萬人學會讀書與寫字。每一「保」（約 100 個家庭）設立一「國民學校」，每一區設立一「中心學校」，每一縣至少有一所中學。[162]第二，推行地方自治。根據戰時公布的「新縣制」，戶長可選舉「甲」議會，甲長可選舉「區」議會，區長可選舉縣議會，縣議會可選舉或罷免「市長」。[163]第三，制憲國民大會原訂 1937 年 11 月 12 日召開，但因抗戰爆發而延期。之前本欲於 1936 年 11 月召開國民大會，已經延期過一次。中國當時尚未有人口普查，也無地方議會（local elective bodies），要舉行全國大選極不容易，故延期是可理解的。[164]

林語堂認為，民主本質上就在於少數服從多數，但少數也可批評多數，就是如此簡單的思維方式。國民黨不民主的地方在於其限制新聞自由，沒有被批評的雅量。共產黨不民主的地方在於其置黨的利益於國家之上，即使在抗戰期間依然不團結。[165]

林語堂給當前國民政府有關民主的建議為：第一，權利法案須立刻且確實執行。第二，立刻給予各黨派憲法上的地位，中國共產黨若肯交出其私人軍隊，也享有與其他各黨同等的地位。第三，國民黨內應發起向「左」的運動，爭取農民、勞工與一般大眾的支持，如此才能與中共相抗。這個運動也就是在國民黨內成立「民生黨」。[166]

---

[162] 林語堂說他是親眼見到這些學校，品質或許不如預期，但至少確實成立了。見 Lin Yutang, *The Vigil of a Nation*, p. 220.

[163] 1939 年 9 月國民政府頒布《縣各級組織綱要》，簡稱新縣制，成為此後籌備地方自治法律規章的依據。可參考主計部統計局：《中華民國統計年鑑》（南京：中國文化事業公司，1948 年 6 月），頁 43；蕭公權：《憲政與民主》（北京：清華大學出版社，2006 年 3 月，初版），頁 82, 84。

[164] Lin Yutang, *The Vigil of a Nation*, pp. 220-221.

[165] Lin Yutang, *The Vigil of a Nation*, p. 222.

[166] 林語堂在此贊成孫科的主張。孫科認為國民黨應回歸到其最初的狀態，也就是國民黨的左派，國民黨才是真正的革命者。林語堂認為今後國民黨須多強調三民主義中的「民生主義」，因過去國民黨被指責為「反動」的原因，在於其不顧農民、勞工與一般大眾的權益。見 Lin Yutang, *The Vigil of a Nation*, pp. 223-224.

（四）林語堂論中國戰時各黨派的團結

林語堂再次強調，所謂中國團結問題只有一個，即是中共問題。要了解中共問題就必須先討論中共政權的特性。林語堂認為，在某個層面上中共毫無疑問是「民主的」，但只在以下幾個方面上可稱為民主：中共理論上是農民與工人的代言人；中共趕在重慶政府前推行地方自治；中共有工會、農會以及婦女聯合會；中共代表農民對抗地主，減輕農民租賃利息。這些都是民主的特徵，但充其量不過是蘇聯式民主，而蘇聯式民主其實是獨裁（dictatorship）。所以，中共政權應被稱為「極權民主」（totalitarian democracy）或「民主極權主義」（democratic totalitarianism）。[167]「民主極權主義」或者「為人民利益服務的極權國家」固然有其具執行改革計畫能力的優點，「問題這是否就是中國要的民主」。[168]林語堂又說道：

> 在重慶，所有階層的人都可自由在公共場所批評政府。但在中共統治地區，農民皆「稱讚」中共政權而無半句違忤。……人民是否敢批評政府，是對政府的最後一項考驗，也是對是否「民主」的一項

[167]劉瑜也同意毛澤東統治下的中國是「極權民主」（totalitarian democracy），她認為毛澤東「群眾路線」和民主的差別在於群眾路線是「沒有自由的民主」（democracy without liberty）。「群眾路線」的問題是缺乏「不同意見」（different opinions）的可能性，言論及結社的自由被摧毀了。在這種狀況下的民主只是一言堂（毛澤東的意見）。當整個國家機器、媒體及經濟系統都被動員來宣傳這唯一的意見，這意見甚至會被群眾吸收接受當成他們自己的意見。所以，「沒有自由的民主」與獨裁（dictatorship）變成相同的東西。「沒有自由的民主」中的人民自主性被剝奪了，因此他們對自身利益的認知往往不明。人民要的變成不是他們需要的，而是當局要他們要的。群眾動員可使群眾產生擁有政治權力的假象，但其實並無「代表性」（representation）。當統治者欲安撫群眾卻不願順群眾的意志時，「群眾動員」常常用來代替「代表性」。劉瑜論文討論的時間為 1942 至 1976 年。選擇 1942 年是因「延安整風運動」於該年發生，1976 年則為毛澤東逝世。見 Yu Liu 劉瑜，“From the Mass Line to the Mao Cult: The Production of Legitimate Dictatorship in Revolutionary China” (Ph. D. dissertation, Columbia University, 2006), pp. 386, 397-398, 400.

[168]Lin Yutang, *The Vigil of a Nation*, pp. 224, 226-227.

絕佳測試。[169]

林語堂又分析道：

> 中國目前正處於十字路口上，決心全力效法西方，但對於國家該選擇蘇聯模式還是盎格魯·撒克遜（Anglo-Saxon）模式卻遲疑未決。人們若願談論這些模式，或把「共產主義」與「民主」當成截然不同的詞彙，將有助於釐清事實。[170]

斯諾於1940年代時就曾寫道：

> 我個人對〔中共政權特徵〕這件事的感覺是，那些期望中共是「不同的」與「只是改革者」的自由派人士，認為中共已放棄採革命手段以達成目標，這些人注定是要幻滅的。[171]

林語堂對中共的看法則是：「我自己對中共特徵的估計是，它是一個有類似西方國家工黨目標的黨，加上極權獨裁的意識型態、手段、組織等。」[172]

林語堂認為中共政權有四大特徵。第一，中共並非共產主義。（並非列寧所說的共產主義）也就是說，比起當今蘇聯中共並非更純粹的共產主義。第二，中共在意識型態上是馬克思主義。也就是說，其思想觀點是唯物辯證法，相信階級鬥爭與社會革命的需要，反對宗教、家庭與所有資產階級制度。在

---

[169] Lin Yutang, *The Vigil of a Nation*, p. 227.

[170] Lin Yutang, *The Vigil of a Nation*, p. 227.

[171] Edgar Snow, *The Battle for Asia*, pp. 290-291. 一些自由主義者（如張東蓀）抗戰後最終選擇支持中國共產黨的原因，正是認為它與蘇聯不同，是土地改革者，在短期和中期並不打算實現共產主義。見 Edmund S. K. Fung 馮兆基, *In search of Chinese Democracy: Civil Opposition in Nationist China, 1929-1949*, pp. 314-316.

[172] Lin Yutang, *The Vigil of a Nation*, p. 229.

中國，對資產階級制度的反對以反儒家的形式出現。第三，中共在思想上是反民族主義的（anti-nationalist）。中國共產黨及其文學皆努力根除中國舊時社會結構與所有傳統。[173]第四，中共是極權獨裁政權，其手段與技巧絕對是蘇聯模式的翻版。[174]第五，中共自始至終皆忠於共產國際。[175]

林語堂又極力證明，中國雖有左傾現象，但這不代表中國人心是向著中共。林語堂承認許多中國青年是所謂的左翼份子，即使在重慶也是勢力龐大。造成這種現象的原因，在於過去20年中國受蘇聯思潮的影響，故大部分作家都左傾。但林語堂辯稱，許多人左傾的原因是因為趕時髦，另一部分人是因受不了左派攻擊只好轉而加入他們。更重要的是，林語堂說：「許多人左傾並非因其私底下是中共黨員，而是因其對國民黨統治無方而不滿。」[176]林語堂感嘆道，現今中國年過30的作家，他們在1920年代求學時期除共產文學外不讀其他的作品。中國青年對西方的認識侷限於可得的翻譯作品上，於是在科學上仍相信機械物理學（mechanistic physics）；在心理學上仍相信佛洛伊德（Sigmund Freud）是最先進的；在歷史學上以談論經濟因素為時髦；在文學上認為厄普頓・辛克萊（Upton Sinclair）是美國當時最重要的作家。林語堂

[173]宋慶齡於1937年4月總結中共的立場時說：「孔子學說是徹頭徹尾地封建的、專制的。」「我們必須認清，在我們的藝術、文學、社會科學和道德領域裡面，儒教的影響是怎樣地根深蒂固。我們必須盡最大的力量，把這些思想意識從我們的生活與思想的每一個角落裡根除出去。」宋慶齡這些文字被林語堂引用來做為中共反民族主義的堅定立場，引文出自斯諾的《為亞洲而戰》（*The Battle for Asia*）頁244，但林語堂筆誤為頁224。另外，斯諾的引文與宋慶齡的原文雖一致，但並非是在宋慶齡文章同一段中，是斯諾雜湊而成。見宋慶齡：〈儒教與現代中國〉，《宋慶齡選集》（北京：中華書局，1966年，初版），頁106-107；Edgar Snow, *The Battle for Asia*, p. 244.

[174]Andrew G. Walder認為毛統治的中國不是極權主義國家。他根據其研究1970年代末期中國工廠的成果，主張共產中國是一個「新傳統社會」（neo-traditional society）。「新傳統社會」是在工作單位（work unit）中建立「侍從主義」（patron-clientelism）；極權主義社會靠的則是意識型態的忠誠，靠的是社會上人際關係的隔絕（social atomization），與毛統治下的中國不符合。見 Andrew G. Walder, *Communist Neo-Traditionalism: Work and Authority in Chinese Industry* (Berkeley: University of California Press, 1988), pp. 3, 6.

[175]Lin Yutang, *The Vigil of a Nation*, pp. 229-231.

[176]Lin Yutang, *The Vigil of a Nation*, p. 232.

又說道，英美留學歸國的作家中沒有一個是共產黨員，甚至沒有一個左傾，此為可注意之現象。[177]受英美教育（尤其英國教育）的人往往採取保守漸進（conservative-evolutionary）的觀點，因他們較尊重傳統與文化價值。英美教育下的人熟知不只一種社會哲學，所知較為全面，也較有批判意識。林語堂認為，毛澤東若擁有哈佛（Harvard）大學博士學位，朱德若是個西點（West Point）軍校畢業生，兩人皆不會如此熱衷於馬克思主義。[178]

1944 年 8 月 5 日重慶《大公報》刊登了總編輯王芸生撰寫的社評〈延安視察的感想〉，為林語堂大篇幅引用。文中提到在多年艱苦抗戰後勝利即將到來，這很大部分要歸功於蔣介石的領導。在戰後重建過程中仍需一堅強的領導，更換政權對中國是不利的。中央政府若有過失應設法改革，而不是推翻它。[179]林語堂贊成王芸生的看法，說道：

> 所有中國人都知道國民黨政府的缺點，然而所有中國人跟《大公報》一樣都相信，在接下來的日子裡，這多年鮮血奮鬥而成的領導「中樞」應被鞏固而不是毀壞。[180]

（五）小結

林語堂這部為國民政府辯護的著作，論點大致是中共不應該於整個國家

---

[177] 或許林語堂當時沒察覺到，時任教西南聯大的詩人聞一多（1899-1946 年）已慢慢左傾，而他正是美國留學生。聞一多左傾的時間大概始自 1943 年，而原因正是林語堂所說的「許多人左傾並非因其私底下是中共黨員，而是因其對國民黨統治無方而不滿。」翟志成在對比馮友蘭與聞一多時，認為聞一多是個仇視中國文化的民族主義者，不具備似馮友蘭的重新發現中國文化價值胸襟，故這種停留在五四反傳統的態度使聞一多的愛國熱情無法持久。可參考邵玉銘：〈為何中國知識分子左傾？〉，《此生不渝：我的臺灣、美國、大陸歲月》，頁 111-121；翟志成：《馮友蘭學思生命前傳（1895-1949）》，頁 168-172.

[178] Lin Yutang, *The Vigil of a Nation*, pp. 232-233.

[179] Lin Yutang, *The Vigil of a Nation*, pp. 238-239.

[180] Lin Yutang, *The Vigil of a Nation*, pp. 241-242.

正面臨日本強敵之際，攻擊國軍且發展自己的地盤，如此行為根本是破壞國內的團結。林語堂支持蔣介石的著眼點在於蔣氏正領導中國進行抗戰，中共攻擊國軍的行為只會削弱中國自身抗戰的能力，且深恐美國聽信中共的宣傳而減少對國民政府的援助。林語堂自稱其以無黨無派的立場進行評論，「不受僱於中國政府」，這點大致可信。他雖於 1944 年 2 月 28 日向侍從室上呈其對國是的意見，但細讀之內容幾乎與《枕戈待旦》所述並無太大差異，並無「機密」可言，更非打小報告。故林語堂支持國民政府是其評估過後自身的決定。

同時我們也看到，林語堂雖因以整體國家利益為重而支持國民政府，但並沒有忽視戰時的民主問題，沒有忘記向政府呼籲人權、言論及新聞自由的重要。[181]林語堂並且認為中共的本質是極權的，是無藥可醫的。[182]

---

[181] 若用李澤厚的話來說，就是林語堂並未因「救亡」（反帝）而忽略了啟蒙（民主）。不過正如馮兆基所指出的，「救亡」並不僅僅是反抗外來侵略，戰時的「啟蒙」（民主運動）也是「救亡」的一種形式。見 Edmund S. K. Fung 馮兆基，*In search of Chinese Democracy: Civil Opposition in Nationist China, 1929-1949*, pp. 8-9.

[182] 在戰後國共對決期間，自由主義知識份子轉而希望在共產黨的統治下社會主義民主可以實現，但林語堂並未做此轉向。關於中國大陸政權易手前自由主義者對社會主義民主的看法，見 Edmund S. K. Fung 馮兆基，*In search of Chinese Democracy: Civil Opposition in Nationist China, 1929-1949*, pp. 327-331.

第七章　結論

1917 年文學革命發生時，林語堂對這個生氣勃勃的思想氣氛感到興奮，他稱這種氣氛為「觸電的經驗」和「對這個運動整個進步的態度感到直覺的同情」。林語堂第一篇發表的文章就是刊登在《新青年》，那是一篇討論中文檢索改革的文章。在留學期間又於《中國留美學生月報》(*The Chinese Students' Monthly*) 鼓吹文學革命。他又說：「現在問題不是我們能不能拯救我們的古老文化，而是是否我們的古老文化可以拯救我們。」「我們只有在遭受外界侵略下沒有滅亡，才談得上保存自己的舊文化。」「現代性」(modernity) 雖有其壞的一面，但中國不得不全部承受。「我們願意保護自己的舊文化，而我們的舊文化卻不可能保護我們。只有現代化才能救中國。」林語堂也不認為中國將因現代化而犧牲它的民族性格和民族遺產；相反的，他認為現代化會把中國人的民族性格趨向於更加新鮮和偉大的發明創造活動。這種對現代化的態度，也就是傳承自五四運動精神的態度。

林語堂不像其他的新文化主要提倡者，如蔡元培、胡適、陳獨秀、魯迅及周作人，他們全部在舊式經書教育訓練中長大，而且都把中國的積弱不振歸諸於傳統文化。林語堂自從 1916 年 9 月任教北京清華學校以後，即開始浸淫於中國文學及哲學的研究。根據林語堂的說法，他是帶著對中國傳統無知的羞愧而進行學習的。林語堂雖受五四運動的影響，但他並不傾向於全盤的反對中國傳統。事實上，他大部份的興趣集中在中國「小傳統」(little tradition) 的小說、有道家氣息的詩和平民隱士的文章。換句話說，他的興趣集中在非新儒學（理學）正統的文學。林語堂根本不承認正統的觀念，他不喜歡宋明理學便出於反正統的心理。整個新文化運動對林語堂最顯著的影響，其實是在於對舊文學的攻擊。新文學改革者攻擊傳統文學理論的核心——文以載道，這個精神變成林語堂文學理想的指導原則和明顯的特徵。我們也不難發現道家思想之所以吸引林語堂的原因。老子的思想主要就是種抗議的聲音：抗議戰爭，抗議苛捐雜稅，抗議虛偽，抗議社會的矯揉造作與僵化，抗議都市生活的膚淺與物質主義。林語堂之所以欣賞辜鴻銘，因其在辜氏身上看到自己的影子，並利用討論辜鴻銘的時機宣揚自己的理念。林語堂與辜鴻銘對儒家的許多看法類似，尤其是儒家於現代社會中普遍的性格與角色。

1920 年代林語堂在北京時，他支持「五卅運動」，並因此與《現代評論》派發生論戰。林語堂不但強調「喚起民眾」的重要，反對「閉門讀書」，而且主張「必談政治」。在「女師大事件」中，林語堂加入學生的示威運動，用旗竿和磚石與警察相鬥，並宣佈「很願意揭竿作亂，以土匪自居。」「三・一八慘案」發生後，林語堂表示：「我們是絕對不妥洽的，與政府妥洽的人妥洽即同於與政府妥洽。」「無論那一國，政府中人大都是壞的」。林語堂支持 1926 年國民黨的北伐，反對與任何軍閥勢力合作，稱廣東國民政府為「中國人惟一出息的政府」。林語堂說，中國一般的年輕人都反對政治破產的北洋政府，他們堅信需要有第三度革命來掃蕩這些軍閥以成立一個真正現代化的政府。國民黨於此時提供了一個詳盡的中國重建計畫，因而吸引了這些政治上覺醒的大學生。

在描述北伐成功後 1930 年代的中國時，林語堂寫道，這時已有顯著的跡象顯示中國終於邁向進步的道路。內戰已經停止了，國內的重建工作也飛快的進行著。因國家統一且政府穩定，財政狀況也慢慢復甦。最令人可喜的是，不論是在民間或是在政府單位裡，都存在著一股新的愛國精神及民族自信心。林語堂贊成孫科的主張，認為國民黨應回歸到其最初的狀態，也就是國民黨的左派，宣稱國民黨才是真正的革命者。林語堂認為今後國民黨須多強調三民主義中的「民生主義」，因過去國民黨被指責為「反動」的原因，在於其不顧農民、勞工與一般大眾的權益。國民黨內應發起向「左」的運動，爭取農民、勞工與一般大眾的支持，如此才能與中共相抗。這個運動也就是在國民黨內成立「民生黨」。林語堂對國民黨的批評中，總是有期望存在，基本上是有其批判邏輯，內容上常是有建設性的。林語堂把民主中國的希望放在國民黨上，這是他為何批評國民黨的原因。

早在 1927 年的一篇文章中，林語堂就表達了不相信馬克思主義，因為它不符合中國社會的實際狀況，「在西方階級鬥爭的定義中，中國實在沒有真的地主和資本家」。按林語堂的說法，共產黨的態度是傳統中國文化「要把它根除且完全的捨棄」，這林語堂如何能接受。林語堂又說：「在中國，孔子和馬克思正在進行一場比賽，我打賭孔子會獲勝。」林語堂把馬克思主義席捲中國之勢，部份歸咎於中國青年對西方的認識侷限於可得的翻譯作品上。相反的，英美教育下的人熟知不只一種社會哲學，所知較為全面，也較有批判意識。林語堂認為，毛澤東若擁有哈佛大學博士學位，朱德若是個西點軍校畢業生，兩人皆不會如此熱衷於馬克思主義。

但不信馬克思主義並不代表就須投靠國民黨，不要忘記林語堂曾參加過中國民權保障同盟。林語堂是在抗戰爆發後才對蔣介石與國民黨表達完全支持，這代表其支持國民黨是出於國家利益，是一種愛國行為。細讀林語堂於《枕戈待旦》指責中共的字句更可證明這個論點，因林語堂是從整個國家利益的角度批評中共的。林語堂感嘆道，中共為爭奪地盤而把黨的利益置於全國團結與對日抗戰之上。對於國共摩擦，林語堂認為如果國民政府軍事委員會的軍隊調度安排有被遵守，根本不會有摩擦發生。林語堂指責中共說，如果中共的擴張是為了打擊日軍的愛國主義行為，為何中共不到冀北等無國軍的地方，這麼一來就不會有摩擦了。如果中共擴張的目的只是為增強國軍的戰力，即便其不承認重慶中央政府，至少也可以與當地國軍將領和諧相處。林語堂又說，中共當初如果認為中國沒有實施憲政，就應據此理由拒絕〈國共合作宣言〉；中共當初既然同意了〈國共合作宣言〉，就應該遵守它。中共不該當初明知中國沒有實施憲政，卻還是同意了〈國共合作宣言〉，然後在 7 年後突然發現中國沒有實施憲政，於是以此合理化其組織獨立軍隊的行動。

林語堂雖批評國民黨政府政體是「家長制」的，但也說：「中國抗戰中若無強而有力的國民黨政府，而是如法國般較民主的鬆散政府，我疑心戰爭前線早已因國內分裂而瓦解。」林語堂對蔣介石的評價也是正面的。他認為蔣介石無論是生活態度或者生活方式都屬於儒家，深受傳統人文主義文化的薰陶。比起年少時，蔣介石現已表現得更加寬容，因經驗的累積也顯得更加成熟。蔣介石具有廣大的見識、歷史的眼光、奠基於中國文化的容忍及成熟的生活哲學，這些特質對未來解決內部衝突實為重要。林語堂也認為，抗戰勝利後重建過程中仍需一堅強的領導，更換政權對中國是不利的。中央政府若有過失應設法改革，而不是推翻它。由此可知，中日戰爭結束後，林語堂也只會支持改革，不會支持共產黨推翻國民政府的革命。

參考書目

一、林語堂本人著作

（一）中文部分

1. 專著

林語堂：《八十自敘》，《林語堂名著全集》卷 10，長春：東北師範大學出版社，1994 年 11 月，初版。

林語堂著，郝志東、沈益洪譯：《中國人》，上海：學林出版社，2007 年 1 月，初版。

林語堂著，黃嘉德譯：《吾國與吾民》，《林語堂名著全集》卷 20，長春：東北師範大學出版社，1994 年 11 月，初版。

《林語堂當代漢英詞典》（http://humanum.arts.cuhk.edu.hk/Lexis/Lindict/）（2013/12/26 點閱）

林語堂：《林語堂經典名著》（1-35 冊），臺北：金蘭文化出版社，1984 年 5 月。

______：《林語堂名著全集》（1-30 卷），長春：東北師範大學出版社，1994 年 11 月，初版。

______：《林語堂散文經典全編》（1-4 卷），北京：九洲圖書出版社，1997 年 8 月，初版。

______：《林語堂自傳》，《林語堂名著全集》卷 10，長春：東北師範大學出版社，1994 年 11 月，初版。

______：《林語堂集》，瀋陽：萬卷出版公司，2013 年，初版。

林語堂著，張振玉譯：《京華煙雲（上）》，《林語堂名著全集》卷 1，長春：東北師範大學出版社，1994 年 11 月，初版。

林語堂著，張振玉譯：《京華煙雲（下）》，《林語堂名著全集》卷 2，長春：東北師範大學出版社，1994 年 11 月，初版。

林語堂著，張振玉譯：《風聲鶴唳》，《林語堂名著全集》卷 3，長春：東北師範大學出版社，1994 年 11 月，初版。

林語堂著，梁守濤、梁綠平譯：《風聲鶴唳》，廣州：花城出版社，1991 年 8 月，初版。

林語堂著，謝綺霞譯：《從異教徒到基督徒》，《林語堂名著全集》卷10，長春：東北師範大學出版社，1994年11月，初版。

林語堂：《無所不談合集》上下冊，臺北：臺灣開明書店，1985年5月，4版。

林語堂著，郁飛譯：《瞬息京華》，長沙：湖南文藝出版社，1991年12月，初版。

2. 專文

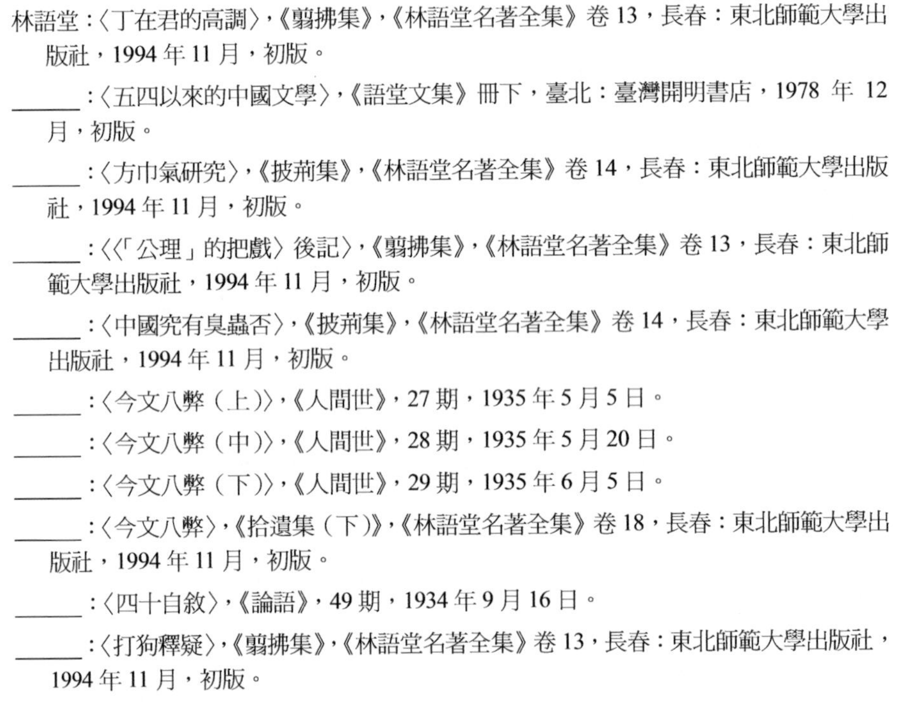

林語堂：〈丁在君的高調〉，《翦拂集》，《林語堂名著全集》卷13，長春：東北師範大學出版社，1994年11月，初版。

______：〈五四以來的中國文學〉，《語堂文集》冊下，臺北：臺灣開明書店，1978年12月，初版。

______：〈方巾氣研究〉，《披荊集》，《林語堂名著全集》卷14，長春：東北師範大學出版社，1994年11月，初版。

______：〈〈「公理」的把戲〉後記〉，《翦拂集》，《林語堂名著全集》卷13，長春：東北師範大學出版社，1994年11月，初版。

______：〈中國究有臭蟲否〉，《披荊集》，《林語堂名著全集》卷14，長春：東北師範大學出版社，1994年11月，初版。

______：〈今文八弊（上）〉，《人間世》，27期，1935年5月5日。

______：〈今文八弊（中）〉，《人間世》，28期，1935年5月20日。

______：〈今文八弊（下）〉，《人間世》，29期，1935年6月5日。

______：〈今文八弊〉，《拾遺集（下）》，《林語堂名著全集》卷18，長春：東北師範大學出版社，1994年11月，初版。

______：〈四十自敘〉，《論語》，49期，1934年9月16日。

______：〈打狗釋疑〉，《翦拂集》，《林語堂名著全集》卷13，長春：東北師範大學出版社，1994年11月，初版。

林語堂：〈外交糾紛〉，《論語》，80期，1936年1月16日。

林語堂：〈外交糾紛〉，《語堂文集》冊上，臺北：臺灣開明書店，1978年12月，初版。

林語堂：〈民國廿二年弔國慶（五言詩）〉，《論語》，28期，1933年11月1日。

林語堂：〈民國廿二年弔國慶〉，《行素集》，《林語堂名著全集》卷14，長春：東北師範大學出版社，1994年11月，初版。

林語堂：〈古書有毒辯〉，《宇宙風》，18期，1936年6月1日。

林語堂：〈半部《韓非》治天下〉，《論語》，3期，1932年10月16日。

林語堂：〈半部《韓非》治天下〉，《披荊集》，《林語堂名著全集》卷14，長春：東北師範大學出版社，1994年11月，初版。

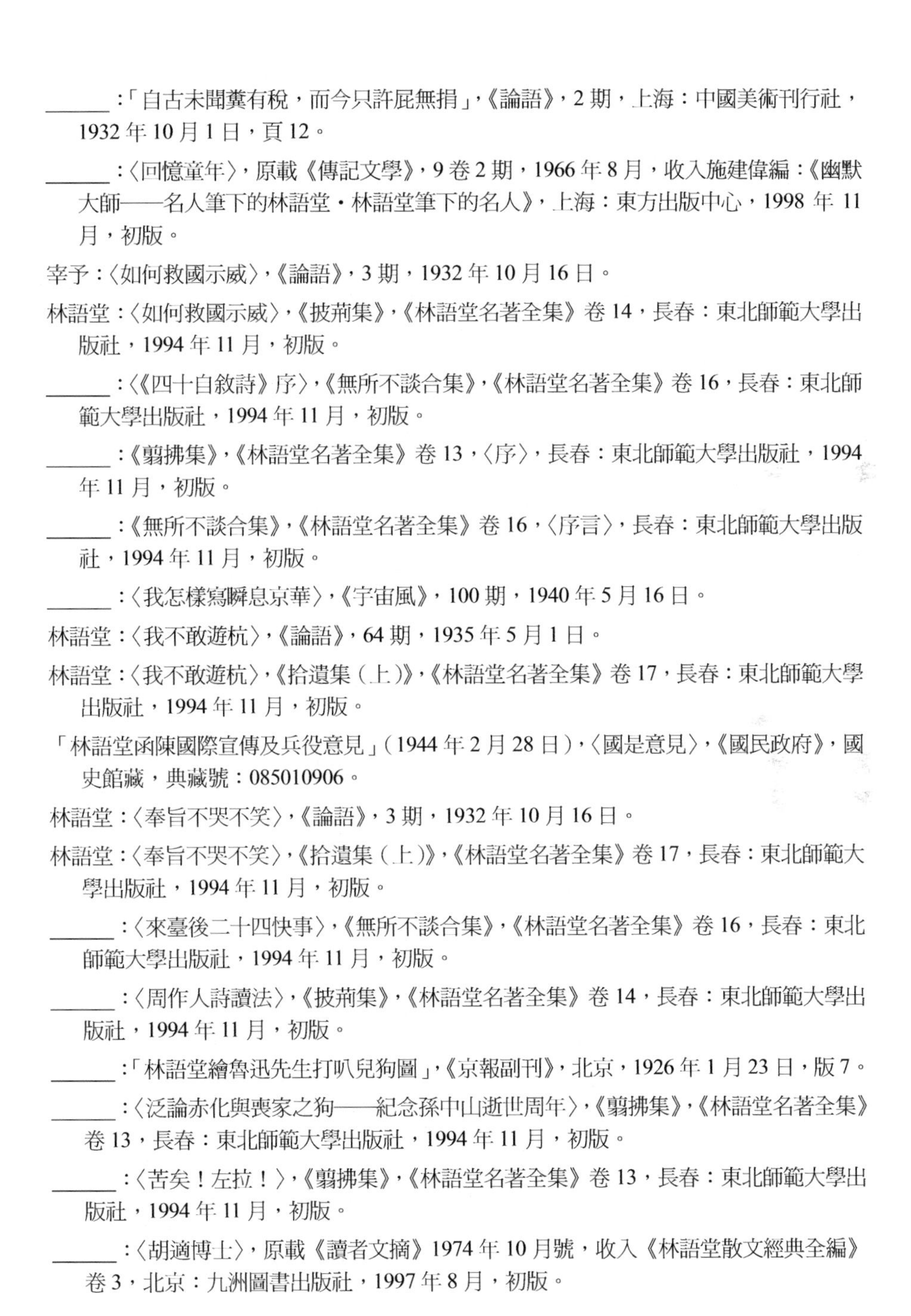

______：「自古未聞糞有稅，而今只許屁無捐」，《論語》，2 期，上海：中國美術刊行社，1932 年 10 月 1 日，頁 12。

______：〈回憶童年〉，原載《傳記文學》，9 卷 2 期，1966 年 8 月，收入施建偉編：《幽默大師——名人筆下的林語堂・林語堂筆下的名人》，上海：東方出版中心，1998 年 11 月，初版。

宰予：〈如何救國示威〉，《論語》，3 期，1932 年 10 月 16 日。

林語堂：〈如何救國示威〉，《披荊集》，《林語堂名著全集》卷 14，長春：東北師範大學出版社，1994 年 11 月，初版。

______：〈《四十自敘詩》序〉，《無所不談合集》，《林語堂名著全集》卷 16，長春：東北師範大學出版社，1994 年 11 月，初版。

______：《翦拂集》，《林語堂名著全集》卷 13，〈序〉，長春：東北師範大學出版社，1994 年 11 月，初版。

______：《無所不談合集》，《林語堂名著全集》卷 16，〈序言〉，長春：東北師範大學出版社，1994 年 11 月，初版。

______：〈我怎樣寫瞬息京華〉，《宇宙風》，100 期，1940 年 5 月 16 日。

林語堂：〈我不敢遊杭〉，《論語》，64 期，1935 年 5 月 1 日。

林語堂：〈我不敢遊杭〉，《拾遺集（上）》，《林語堂名著全集》卷 17，長春：東北師範大學出版社，1994 年 11 月，初版。

「林語堂函陳國際宣傳及兵役意見」（1944 年 2 月 28 日），〈國是意見〉，《國民政府》，國史館藏，典藏號：085010906。

林語堂：〈奉旨不哭不笑〉，《論語》，3 期，1932 年 10 月 16 日。

林語堂：〈奉旨不哭不笑〉，《拾遺集（上）》，《林語堂名著全集》卷 17，長春：東北師範大學出版社，1994 年 11 月，初版。

______：〈來臺後二十四快事〉，《無所不談合集》，《林語堂名著全集》卷 16，長春：東北師範大學出版社，1994 年 11 月，初版。

______：〈周作人詩讀法〉，《披荊集》，《林語堂名著全集》卷 14，長春：東北師範大學出版社，1994 年 11 月，初版。

______：「林語堂繪魯迅先生打叭兒狗圖」，《京報副刊》，北京，1926 年 1 月 23 日，版 7。

______：〈泛論赤化與喪家之狗——紀念孫中山逝世周年〉，《翦拂集》，《林語堂名著全集》卷 13，長春：東北師範大學出版社，1994 年 11 月，初版。

______：〈苦矣！左拉！〉，《翦拂集》，《林語堂名著全集》卷 13，長春：東北師範大學出版社，1994 年 11 月，初版。

______：〈胡適博士〉，原載《讀者文摘》1974 年 10 月號，收入《林語堂散文經典全編》卷 3，北京：九洲圖書出版社，1997 年 8 月，初版。

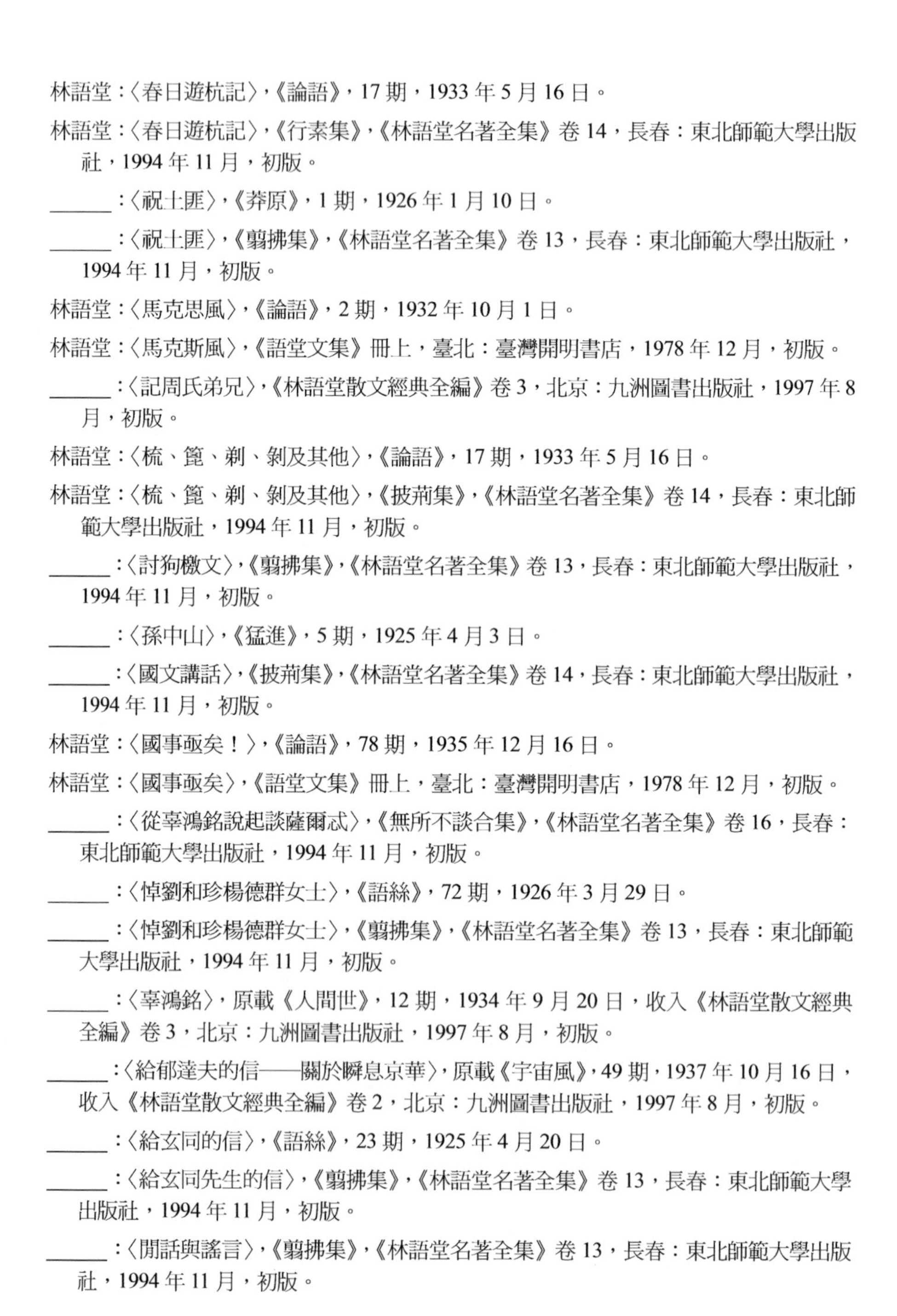

林語堂：〈春日遊杭記〉，《論語》，17 期，1933 年 5 月 16 日。

林語堂：〈春日遊杭記〉，《行素集》，《林語堂名著全集》卷 14，長春：東北師範大學出版社，1994 年 11 月，初版。

______：〈祝土匪〉，《莽原》，1 期，1926 年 1 月 10 日。

______：〈祝土匪〉，《翦拂集》，《林語堂名著全集》卷 13，長春：東北師範大學出版社，1994 年 11 月，初版。

林語堂：〈馬克思風〉，《論語》，2 期，1932 年 10 月 1 日。

林語堂：〈馬克斯風〉，《語堂文集》冊上，臺北：臺灣開明書店，1978 年 12 月，初版。

______：〈記周氏弟兄〉，《林語堂散文經典全編》卷 3，北京：九洲圖書出版社，1997 年 8 月，初版。

林語堂：〈梳、篦、剃、剝及其他〉，《論語》，17 期，1933 年 5 月 16 日。

林語堂：〈梳、篦、剃、剝及其他〉，《披荊集》，《林語堂名著全集》卷 14，長春：東北師範大學出版社，1994 年 11 月，初版。

______：〈討狗檄文〉，《翦拂集》，《林語堂名著全集》卷 13，長春：東北師範大學出版社，1994 年 11 月，初版。

______：〈孫中山〉，《猛進》，5 期，1925 年 4 月 3 日。

______：〈國文講話〉，《披荊集》，《林語堂名著全集》卷 14，長春：東北師範大學出版社，1994 年 11 月，初版。

林語堂：〈國事亟矣！〉，《論語》，78 期，1935 年 12 月 16 日。

林語堂：〈國事亟矣〉，《語堂文集》冊上，臺北：臺灣開明書店，1978 年 12 月，初版。

______：〈從辜鴻銘說起談薩爾忒〉，《無所不談合集》，《林語堂名著全集》卷 16，長春：東北師範大學出版社，1994 年 11 月，初版。

______：〈悼劉和珍楊德群女士〉，《語絲》，72 期，1926 年 3 月 29 日。

______：〈悼劉和珍楊德群女士〉，《翦拂集》，《林語堂名著全集》卷 13，長春：東北師範大學出版社，1994 年 11 月，初版。

______：〈辜鴻銘〉，原載《人間世》，12 期，1934 年 9 月 20 日，收入《林語堂散文經典全編》卷 3，北京：九洲圖書出版社，1997 年 8 月，初版。

______：〈給郁達夫的信——關於瞬息京華〉，原載《宇宙風》，49 期，1937 年 10 月 16 日，收入《林語堂散文經典全編》卷 2，北京：九洲圖書出版社，1997 年 8 月，初版。

______：〈給玄同的信〉，《語絲》，23 期，1925 年 4 月 20 日。

______：〈給玄同先生的信〉，《翦拂集》，《林語堂名著全集》卷 13，長春：東北師範大學出版社，1994 年 11 月，初版。

______：〈閒話與謠言〉，《翦拂集》，《林語堂名著全集》卷 13，長春：東北師範大學出版社，1994 年 11 月，初版。

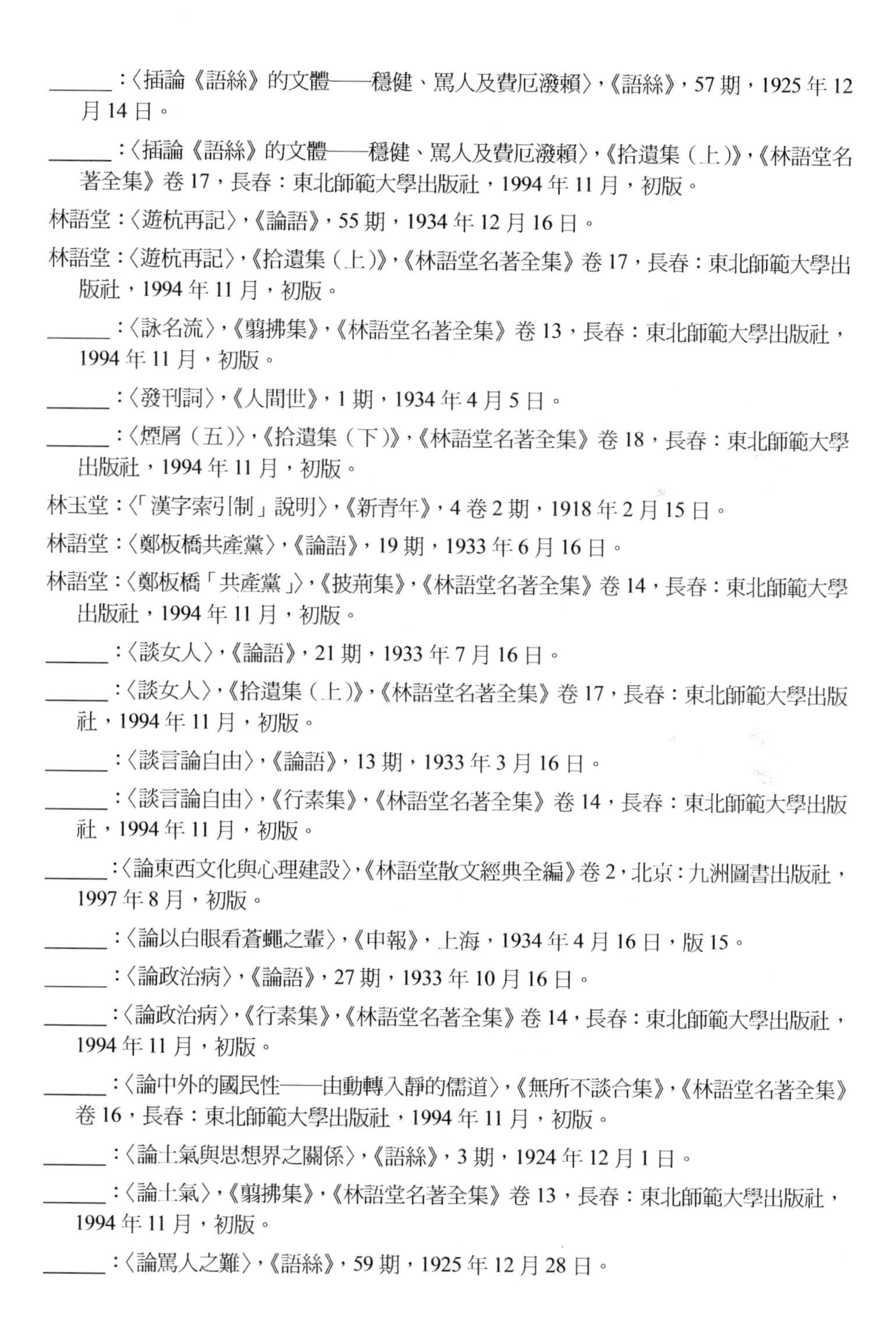

______：〈插論《語絲》的文體——穩健、罵人及費厄潑賴〉，《語絲》，57 期，1925 年 12 月 14 日。

______：〈插論《語絲》的文體——穩健、罵人及費厄潑賴〉，《拾遺集（上）》，《林語堂名著全集》卷 17，長春：東北師範大學出版社，1994 年 11 月，初版。

林語堂：〈遊杭再記〉，《論語》，55 期，1934 年 12 月 16 日。

林語堂：〈遊杭再記〉，《拾遺集（上）》，《林語堂名著全集》卷 17，長春：東北師範大學出版社，1994 年 11 月，初版。

______：〈詠名流〉，《翦拂集》，《林語堂名著全集》卷 13，長春：東北師範大學出版社，1994 年 11 月，初版。

______：〈發刊詞〉，《人間世》，1 期，1934 年 4 月 5 日。

______：〈煙屑（五）〉，《拾遺集（下）》，《林語堂名著全集》卷 18，長春：東北師範大學出版社，1994 年 11 月，初版。

林玉堂：〈「漢字索引制」說明〉，《新青年》，4 卷 2 期，1918 年 2 月 15 日。

林語堂：〈鄭板橋共產黨〉，《論語》，19 期，1933 年 6 月 16 日。

林語堂：〈鄭板橋「共產黨」〉，《披荊集》，《林語堂名著全集》卷 14，長春：東北師範大學出版社，1994 年 11 月，初版。

______：〈談女人〉，《論語》，21 期，1933 年 7 月 16 日。

______：〈談女人〉，《拾遺集（上）》，《林語堂名著全集》卷 17，長春：東北師範大學出版社，1994 年 11 月，初版。

______：〈談言論自由〉，《論語》，13 期，1933 年 3 月 16 日。

______：〈談言論自由〉，《行素集》，《林語堂名著全集》卷 14，長春：東北師範大學出版社，1994 年 11 月，初版。

______：〈論東西文化與心理建設〉，《林語堂散文經典全編》卷 2，北京：九洲圖書出版社，1997 年 8 月，初版。

______：〈論以白眼看蒼蠅之輩〉，《申報》，上海，1934 年 4 月 16 日，版 15。

______：〈論政治病〉，《論語》，27 期，1933 年 10 月 16 日。

______：〈論政治病〉，《行素集》，《林語堂名著全集》卷 14，長春：東北師範大學出版社，1994 年 11 月，初版。

______：〈論中外的國民性——由動轉入靜的儒道〉，《無所不談合集》，《林語堂名著全集》卷 16，長春：東北師範大學出版社，1994 年 11 月，初版。

______：〈論土氣與思想界之關係〉，《語絲》，3 期，1924 年 12 月 1 日。

______：〈論土氣〉，《翦拂集》，《林語堂名著全集》卷 13，長春：東北師範大學出版社，1994 年 11 月，初版。

______：〈論罵人之難〉，《語絲》，59 期，1925 年 12 月 28 日。

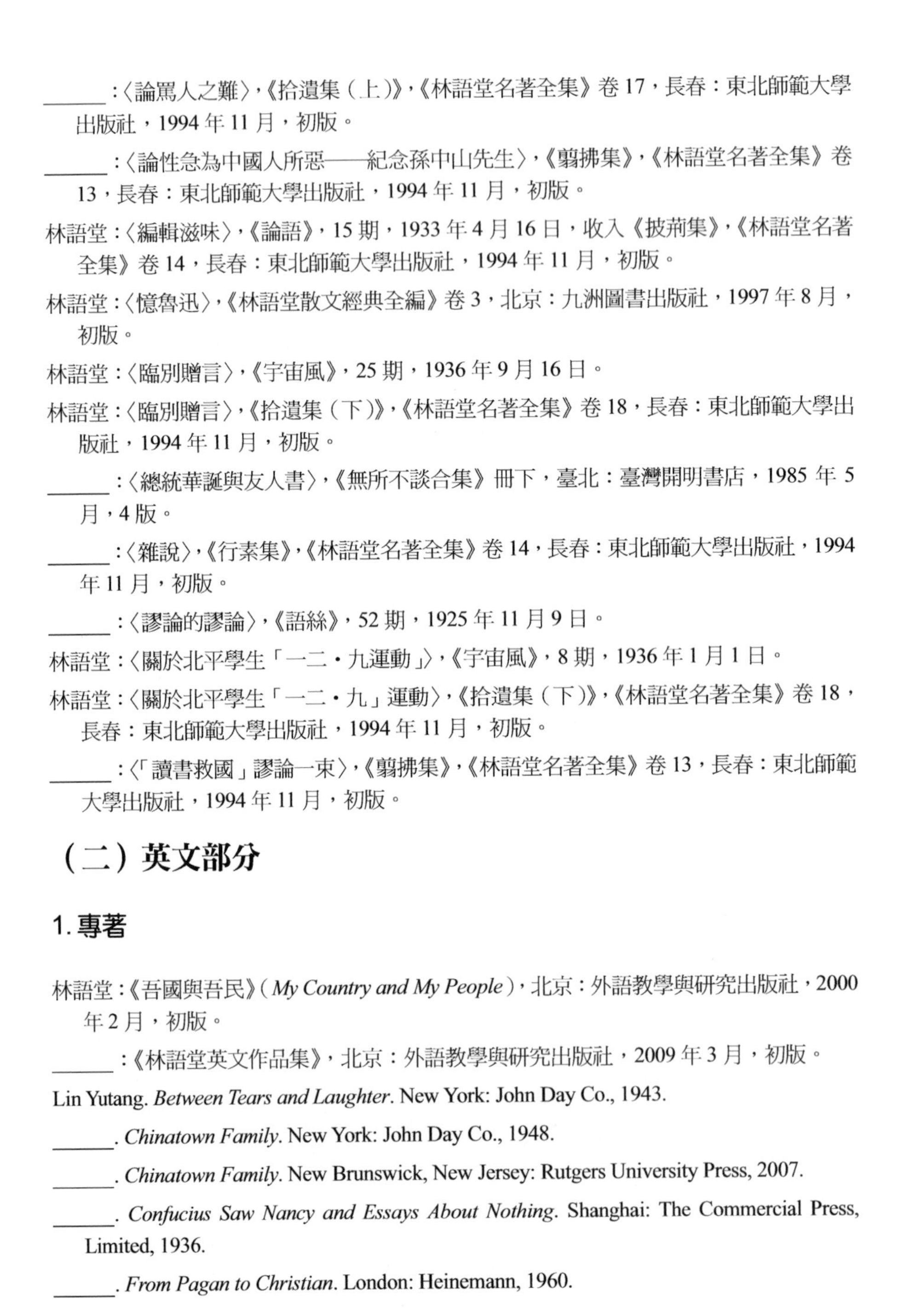

______：〈論罵人之難〉，《拾遺集（上）》，《林語堂名著全集》卷 17，長春：東北師範大學出版社，1994 年 11 月，初版。

______：〈論性急為中國人所惡——紀念孫中山先生〉，《翦拂集》，《林語堂名著全集》卷 13，長春：東北師範大學出版社，1994 年 11 月，初版。

林語堂：〈編輯滋味〉，《論語》，15 期，1933 年 4 月 16 日，收入《披荊集》，《林語堂名著全集》卷 14，長春：東北師範大學出版社，1994 年 11 月，初版。

林語堂：〈憶魯迅〉，《林語堂散文經典全編》卷 3，北京：九洲圖書出版社，1997 年 8 月，初版。

林語堂：〈臨別贈言〉，《宇宙風》，25 期，1936 年 9 月 16 日。

林語堂：〈臨別贈言〉，《拾遺集（下）》，《林語堂名著全集》卷 18，長春：東北師範大學出版社，1994 年 11 月，初版。

______：〈總統華誕與友人書〉，《無所不談合集》冊下，臺北：臺灣開明書店，1985 年 5 月，4 版。

______：〈雜說〉，《行素集》，《林語堂名著全集》卷 14，長春：東北師範大學出版社，1994 年 11 月，初版。

______：〈謬論的謬論〉，《語絲》，52 期，1925 年 11 月 9 日。

林語堂：〈關於北平學生「一二・九運動」〉，《宇宙風》，8 期，1936 年 1 月 1 日。

林語堂：〈關於北平學生「一二・九」運動〉，《拾遺集（下）》，《林語堂名著全集》卷 18，長春：東北師範大學出版社，1994 年 11 月，初版。

______：〈「讀書救國」謬論一束〉，《翦拂集》，《林語堂名著全集》卷 13，長春：東北師範大學出版社，1994 年 11 月，初版。

（二）英文部分

1. 專著

林語堂：《吾國與吾民》（*My Country and My People*），北京：外語教學與研究出版社，2000 年 2 月，初版。

______：《林語堂英文作品集》，北京：外語教學與研究出版社，2009 年 3 月，初版。

Lin Yutang. *Between Tears and Laughter*. New York: John Day Co., 1943.

______. *Chinatown Family*. New York: John Day Co., 1948.

______. *Chinatown Family*. New Brunswick, New Jersey: Rutgers University Press, 2007.

______. *Confucius Saw Nancy and Essays About Nothing*. Shanghai: The Commercial Press, Limited, 1936.

______. *From Pagan to Christian*. London: Heinemann, 1960.

______. *A History of the Press and Public Opinion in China*. Chicago: University of Chicago Press, 1936.

______. *The Importance of Living*. New York: John Day Co., 1937.

______. *Juniper Loa*. Cleveland: World Publishing Co., 1963.

______. *A Leaf in the Storm*. New York: John Day Co., 1941.

______. *Letters of a Chinese Amazon and War-Time Essays*. Shanghai: The Commercial Press, Limited, 1930.

______. *Memoirs of an Octogenarian*. Taipei: Mei Ya Publications, Inc., 1975.

______. *Moment in Peking*. New York: John Day Co., 1939.

______. *My Country and My People*. New and rev. ed. London: Heinemann, 1939.

______. *The Pleasures of a Nonconformist*. Cleveland: World Publishing Co., 1962.

______. *The Vigil of a Nation*. New York: John Day Co., 1944.

2. 專文

Lin Yutang. "China and Its Critics." *Nation (New York)*, vol. 160, no. 12, March 24, 1945, pp. 324-327.

______. "Chinese Letters Since the Literary Revolution (1917)." In *Literary Lectures Presented at the Library of Congress*. Washington: Library of Congress, 1973.

______. "How a Citadel for Freedom Was Destroyed by the Reds." *Life(New York)*, vol. 38, no. 18, May 2, 1955, pp. 138-140, 142, 145-146, 148, 153-154.

______. "Let's Liquidate the Moon." In *Confucius Saw Nancy and Essays About Nothing*. Shanghai: The Commercial Press, Limited, 1936.

Lin Yu-t'ang. "The Literary Revolution and What Is Literature." *The Chinese Students' Monthly (Baltimore)*, vol. XV, no. 4, February 1920, pp. 24-29.

Lin Yu-t'ang. "Literary Revolution, Patriotism, and the Democratic Bias." *The Chinese Students' Monthly (Baltimore)*, vol. XV, no. 8, June 1920, pp. 36-41.

Lin Yutang. "On Sitting in Chairs." In *Confucius Saw Nancy and Essays About Nothing*. Shanghai: The Commercial Press, Limited, 1936.

______. Foreword to Ching-wen Chow 周鯨文, *Ten Years of Storm: The True Story of the Communist Regime in China*, trans. & ed. by Lai Ming 黎明. New York: Holt, Rinehart and Winston, 1960.

______. "Marxism, Sun Yat-Senism, and Communism in China." In *Letters of a Chinese Amazon and War-Time Essays*. Shanghai: The Commercial Press, Limited, 1930.

二、相關研究

（一）中文部分

〈十八集團軍在太行山與敵呼應夾擊國軍事件〉，秦孝儀主編：《中華民國重要史料初編——對日抗戰時期：第五編，中共活動真相（二）》，臺北：中國國民黨中央委員會黨史委員會，1985。

七郎：〈《論語》與我〉，《論語》，59 期，上海：時代圖書公司，1935 年 2 月 16 日。

凡雨：〈翠華山西北抗日游擊幹部訓練班〉，《西安晚報》，西安，2014 年 7 月 13 日，版 8。

子通編：《林語堂評說七十年》，北京：中國華僑出版社，2003 年 1 月，初版。

上海社會科學院歷史研究所編：《五卅運動史料》卷 1，上海：上海人民出版社，1981 年 11 月，初版、卷 2，上海：上海人民出版社，1986 年 8 月，初版。

上海市檔案館編：《五卅運動》（共三輯），上海：上海人民出版社，1991 年 10 月，初版。

〈內政部關於三一八烈士名單及撫恤辦法復呈（1929 年 6 月 13 日）〉，中國第二歷史檔案館編：《中華民國史檔案資料匯編・第 3 輯：民眾運動》，南京：鳳凰出版社，1991 年 6 月，初版。

中國第二歷史檔案館編：《中華民國史檔案資料匯編・第 3 輯：民眾運動》，南京：鳳凰出版社，1991 年 6 月，初版。

中國第二歷史檔案館編：《中華民國史檔案資料匯編・第 5 輯第 1 編：政治（4）》，南京：鳳凰出版社，1994 年 6 月，初版。

中國第二歷史檔案館、南京市檔案館編：《侵華日軍南京大屠殺檔案》，南京：江蘇古籍出版社，1987 年，初版。

中央檔案館、中國第二歷史檔案館、吉林省社會科學院合編：《日本帝國主義侵華檔案資料選編：南京大屠殺》，北京：中華書局，1995 年，初版。

中共上海市委黨史資料徵集委員會主編：《抗日戰爭時期上海學生運動史》，上海：上海翻譯出版公司，1991 年 7 月，初版。

中共中央組織部、中共中央黨史研究室、中央檔案館：《中國共產黨組織史資料：抗日戰爭時期，1937.7-1945.8（卷 3）》，北京：中共黨史出版社，2000 年，初版。

〈中共中央為公布國共合作宣言〉，中央統戰部、中央檔案館編：《中共中央抗日民族統一戰線文件選編》冊下，北京：檔案出版社，1986 年 5 月，初版。

中華全國婦女聯合會婦女運動歷史研究室編：《中國婦女運動歷史資料（1937-1945）》，北京：中國婦女出版社，1991 年，初版。

王兆勝：《林語堂的文化情懷》，北京：中國社會科學出版社，1998 年 12 月，初版。

______：《林語堂：兩腳踏中西文化》，北京：文津出版社，2005 年 1 月，初版。

______：《林語堂與中國文化》，北京：社會科學文獻出版社，2007年12月，初版。

______：《溫暖的鋒芒：王兆勝學術自選集》，北京：中國社會科學出版社，2011年5月，初版。

王宏志：〈新月派綜論〉，《文學與政治之間——魯迅・新月・文學史》，臺北：東大圖書股份有限公司，1994年9月，初版。

王少娣：《跨文化視角下的林語堂翻譯研究》，上海：上海外語教育出版社，2011年11月，初版。

王瑤：《中國新文學史稿》冊上，北京：開明書店，1951年9月，初版。

卞正之：〈「言志」與「載道」〉，陳望道主編：《太白》，1卷9期，上海：生活書店，1935年1月20日。

公汗：〈「招貼即扯」〉，《太白》，1卷11期，1935年2月20日。

不著撰人：〈林語堂昨抵臺〉，《聯合報》，臺北，1966年6月5日，版2。

不著撰人：〈全城忽呈愁慘氣象〉，《晨報》，北京，1926年3月20日，版2。

不著撰人：〈楊杏佛昨日安葬〉，《申報》，上海，1933年7月3日，版11。

不著撰人：〈微風文藝社聲討魯迅林語堂〉，《申報》，上海，1934年7月26日，版16。

毛澤東：〈中國共產黨在民族戰爭中的地位〉，竹內實監修：《毛澤東集》卷6，東京：蒼蒼社，1983年，再版。

______：〈《共產黨人》發刊詞〉，竹內實監修：《毛澤東集》卷7，東京：蒼蒼社，1983年，再版。

______：〈在緊急會議上的發言〉，竹內實監修：《毛澤東集補卷》卷2，東京：蒼蒼社，1984年，初版。

〈五卅殉難者調查表及部分烈士傳略〉，上海社會科學院歷史研究所編：《五卅運動史料》卷1，上海：上海人民出版社，1981年11月，初版。

臺北市立圖書館編：《林語堂先生著述資料目錄》，臺北：臺北市立圖書館，1985年5月。

艾愷：《文化守成主義論——反現代化思潮的剖析》，臺北：時報文化出版事業有限公司，1986年1月1日，初版。

艾曉明：《中國左翼文學思潮探源》，北京：北京大學出版社，2007年1月，初版。

司馬長風：《中國新文學史》上中下卷，臺北：傳記文學出版社，1991年12月。

正中書局編：《回顧林語堂：林語堂先生百年紀念文集》，臺北：正中書局，1994年，初版。

主計部統計局：《中華民國統計年鑑》，南京：中國文化事業公司，1948年6月。

且介：〈論俗人應避雅人〉，《太白》，2卷1期，1935年3月20日。

田漢：〈伊卡拉斯的顛落——讀林語堂先生《論東西文化與心理建設》〉，《田漢全集》卷18，石家莊：花山文藝出版社，2000年12月，初版。

______：〈送抗戰的觀光者——林語堂先生〉，《田漢全集》卷18，石家莊：花山文藝出版社，2000年12月，初版，頁567-574。

北京圖書館編：《民國時期總書目（1911-1949）：哲學‧心理學》，北京：北京圖書館出版社，1991年12月，初版。

北京圖書館編：《民國時期總書目（1911-1949）：文學理論‧世界文學‧中國文學》下冊，北京：書目文獻出版社，1992年11月，初版。

北京地方黨史研究會編著：《「三一八」慘案始末》，北京：文津出版社，2000年11月，初版。

全國圖書館文獻縮微複製中心編：《論語（全20冊）》，北京：全國圖書館文獻縮微複製中心，2005。

西瀅：〈閒話〉，《現代評論》，2卷52期，1925年12月5日。

______：〈閒話〉，《現代評論》，3卷68期，1926年3月27日。

______：〈楊德群女士事件〉，《現代評論》，3卷70期，1926年4月10日。

______：〈閒話的閒話之閒話引出來的幾封信〉，《晨報副刊》，北京，1926年1月30日，版3-4。

阪口直樹著，宋宜靜譯：《十五年戰爭期的中國文學》，臺北：稻鄉出版社，2001年2月，初版。

〈有關共軍襲擊國軍併吞地方團隊之概要說明〉（1975年6月），秦孝儀主編：《中華民國重要史料初編——對日抗戰時期：第五編，中共活動真相（二）》，臺北：中國國民黨中央委員會黨史委員會，1985。

〈朱德等關於毀謗八路軍「游而不擊」及國民黨破壞抗戰等問題致林森、蔣介石等電（1940年1月15日）〉，《中國人民解放軍歷史資料叢書》編輯組編：《八路軍‧文獻》，北京：中國人民解放軍出版社，1994年5月，初版，頁444-446。

朱傳譽主編：《林語堂傳記資料（一～五冊）》，臺北：天一出版社，1979年11月至1981年1月。

朱壽桐：《新人文主義的中國影跡》，北京：中國社會科學出版社，2009年5月，初版。

朱金順：〈語絲社〉，賈植芳主編：《中國現代文學社團流派》卷上，江蘇教育出版社，1989年5月，初版。

伏園：〈京副一週年〉，《京報副刊》，北京，1925年12月5日，版5-8。

______：〈語絲的文體〉，《語絲》，52期，1925年11月9日。

〈江蘇省政府主席韓德勤呈蔣委員長報告蘇北共軍進犯李軍長守維被衝落水生死不明電〉（1940年10月9日），秦孝儀主編：《中華民國重要史料初編——對日抗戰時期：第五編，中共活動真相（二）》，臺北：中國國民黨中央委員會黨史委員會，1985。

江石江：〈林語堂反對左傾提倡幽默的理由〉，《傳記文學》，30卷1期，1977年1月。

江澄格：〈善述其事——林語堂出生地考索〉，《傳記文學》，80 卷 3 期，2002 年 3 月，頁 65-67。

江勇振：《捨我其誰：胡適（第二部・日正當中，1917-1927）》上下冊，杭州：浙江人民出版社，2013 年 8 月，初版。

吳宓：《吳宓日記》冊 9，北京：三聯書店，1999 年，初版。

吳元康：〈五四時期胡適自費資助林語堂留學考〉，《安徽史學》，5 期，2009 年，頁 72-80。

吳興文、秦賢次：〈「當代作家研究資料彙編」之一・林語堂卷（一～十一）〉，《文訊》，21 至 31 期，1985 年 12 月至 1987 年 8 月。

吳經熊、溫源寧等主編：《天下（全 11 冊）》（*T'ien Hsia Monthly*, 1935-1941），北京：國家圖書館出版社，2009 年 11 月，初版。

吳相湘：〈辜鴻銘比較中西文化〉，《民國百人傳》冊 1，臺北：傳記文學出版社，1971 年。

吳慧堅：《重譯林語堂綜合研究》，廣州：花城出版社，2012 年 8 月，初版。

余英時：〈試論林語堂的海外著述〉，《現代學人與學術》，《余英時文集》卷 5，桂林：廣西師範大學出版社，2006 年 2 月，初版。

余克禮、朱顯龍主編：《中國國民黨全書》，西安：陝西人民出版社，2001 年 4 月，初版，頁 1156，〈梁寒操〉條目。

杜運通：〈林語堂代人受過——從魯迅〈論「費厄潑賴」應該緩行〉的一條注釋談起〉，子通編：《林語堂評說七十年》，北京：中國華僑出版社，2003 年 1 月，初版。

邵玉銘：〈為何中國知識分子左傾？〉，《此生不渝：我的臺灣、美國、大陸歲月》，臺北：聯經出版事業股份有限公司，2013 年 8 月，初版，頁 97-121。

李英姿：《傳統與現代的變奏：《論語》半月刊及其眼中的民國》，濟南：齊魯書社，2012 年 11 月，初版。

李敖、汪榮祖：《蔣介石評傳》冊上，長春：時代文藝出版社，2012 年 11 月，初版。

李歐梵：《西潮的彼岸》，南京：江蘇教育出版社，2005 年 11 月，初版。

李勇：《本真的自由：林語堂評傳》，南京：南京師範大學出版社，2005 年 4 月，初版。

李淑珍：〈見山不是山，見山又是山？——論林語堂的二度改宗經驗〉，黃興濤主編：《新史學（第三卷）：文化史研究的再出發》，北京：中華書局，2009 年 12 月，初版。

宋慶齡：〈追憶魯迅先生〉，魯迅博物館等選編：《魯迅回憶錄（散篇）》冊下，北京：北京出版社，1999 年 1 月，初版。

______：〈儒教與現代中國〉，《宋慶齡選集》北京：中華書局，1966 年，初版。

宋美齡著，張沛霖譯：〈記遊匪區〉，《人間世》，25 期，1935 年 4 月 5 日，頁 30-34。

何建明：〈林語堂基督教與道教內在對話初探〉，羅明嘉（Miikka Ruokanen）、黃保羅（Paulos Huang）主編：《基督宗教與中國文化：關於中國處境神學的中國-北歐會議論文集》，北京：中國社會科學出版社，2004 年 11 月，初版。

利亮時：〈陳六使辦學的頓挫：「林語堂事件」〉，《陳六使與南洋大學》，新加坡：南洋理工大學中華語言文化中心，2012 年 10 月。

呂芳上：《從學生運動到運動學生（民國八年至十八年）》，臺北：中央研究院近代史研究所，1994 年 8 月。

呂正操、程子華、楊成武：〈冀中平原抗日游擊戰〉，《中國人民解放軍歷史資料叢書》編輯組編：《八路軍・回憶史料》冊 1，北京：中國人民解放軍出版社，1990 年 10 月，初版。

呂正操：《呂正操回憶錄》，北京：解放軍出版社，1988 年 3 月，初版。

肖一平、王秀鑫：《中國共產黨史稿》冊 3，北京：人民出版社，1983 年 12 月，初版。

沈醉：〈楊杏佛、史量才被暗殺的經過〉，《軍統內幕》，臺北：新銳出版社，1994 年 9 月，初版。

沈從文：〈歡迎林語堂先生〉，《沈從文全集》卷 14，太原：北岳文藝出版社，2002 年 12 月，初版，頁 168-172。

芮瑪麗（Mary C. Wright）著，房德鄰等譯：〈中興的遺產〉，《同治中興：中國保守主義的最後抵抗（1862-1874）》（*The Last Stand of Chinese Conservatism: The T'ung-Chih Restoration, 1862-1874*），北京：中國社會科學出版社，2002 年 1 月，初版，頁 377-395。

阿英：〈林語堂小品序〉，阿英編校：《現代十六家小品》，天津：古籍書店，1990 年 8 月，初版。

邱華苓：〈林語堂《論語》時期幽默文學研究〉，中正大學中國文學研究所，碩士論文，2003 年 6 月。

______：〈林語堂散文研究〉，中國文化大學中國文學研究所，博士論文，2012 年 6 月。

周兆呈：《語言、政治與國家化：南洋大學與新加坡政府關係（1953-1968）》，新加坡：南洋理工大學中華語言文化中心，2012 年 10 月，初版。

周質平：〈胡適與林語堂〉，《光焰不熄：胡適思想與現代中國》，北京：九州出版社，2012 年 6 月，初版。

______：《現代人物與文化反思》，北京：九州出版社，2013 年 4 月，初版。

______：〈張弛在自由與威權之間：胡適、林語堂與蔣介石〉，《二十一世紀》，146 期，2014 年 12 月。

周作人：〈語絲發刊詞〉，阿英編選，趙家璧主編：《中國新文學大系（十）・史料・索引》，臺北：業強出版社，1990 年，臺 1 版。

______：〈地方與文藝〉，《周作人散文全集》卷 3，桂林：廣西師範大學出版社，2009 年 4 月，初版。

______：〈論並非睚眦之仇〉，《周作人散文全集》卷 4，桂林：廣西師範大學出版社，2009 年 4 月，初版。

______：〈我們的閒話（一）〉，《周作人散文全集》卷4，桂林：廣西師範大學出版社，2009年4月，初版。

______：〈狗〉，《周作人散文全集》卷12，桂林：廣西師範大學出版社，2009年4月，初版。

______：〈《語絲》的回憶〉，《周作人散文全集》卷12，桂林：廣西師範大學出版社，2009年4月，初版。

孤桐：〈說輝〉，《甲寅》，1卷7號，1925年8月29日。

孟菊安：〈「不下於開槍殺人者」的「閒話」〉，《京報副刊》，北京，1926年3月30日，版5。

林秀嫺：〈林語堂先生紀念圖書館藏林語堂著作目錄〉，《全國新書資訊月刊》，23期，2000年11月。

林明昌主編：《閒情悠悠——林語堂的心靈世界》，臺北：遠景出版事業有限公司，2005年8月，初版。

林語堂故居編：《跨越與前進：從林語堂研究看文化的相融／相涵國際學術研討會論文集》，臺北：林語堂故居，2007年5月，初版。

《林語堂研究》（季刊），收錄於「林語堂紀念館」（福建漳州薌城區）：www.xcxc.cn/lytjlg/class.asp?newsid=xcxc_lyt_yj（2014/12/4點閱）。

林如斯、林無雙、林妹妹著，林平譯：《戰時重慶風光》（*Dawn Over Chungking*），重慶：重慶出版社，1986年12月，初版。

林太乙：《林語堂傳》，臺北：聯經出版事業公司，1989年11月，初版。

______：《林語堂傳》，《林語堂名著全集》卷29，長春：東北師範大學出版社，1994年11月，初版。

______：《林家次女》，上海：學林出版社，2001年6月，初版。

______：《女王與我》，武漢：湖北人民出版社，2006年1月，初版。

郁達夫：〈散文二集・導言〉，郁達夫編選，趙家璧主編：《中國新文學大系（七）・散文二集》，臺北：業強出版社，1990年，臺1版。

______：〈談翻譯及其他〉，原載《星洲日報星期刊・文藝》，1940年5月26日，收入林語堂著，郁飛譯：《瞬息京華》，長沙：湖南文藝出版社，1991年12月，初版。

段從學：《「文協」與抗戰時期文藝運動》，北京：北京大學出版社，2012年7月，初版。

秋芳：〈可怕與可殺〉，《京報副刊》，北京，1926年3月30日，版6。

俞祖華、趙慧峰：〈比較文化視野裡的中國人形象——辜鴻銘、林語堂對中西國民性的比較〉，《中州學刊》，5期，2000年9月。

胡升華：〈葉企孫先生與「熊大縝案」〉，錢偉長主編：《一代師表葉企孫》，上海：上海科學技術出版社，1995年4月，初版。

胡漢民：〈湯山被囚始末〉，全國政協文史資料委員會編：《中華文史資料文庫》卷9，北京：中國文史出版社，1996年，初版，頁1878-1887。

胡適：〈老章又反叛了！〉，鄭振鐸編選，趙家璧主編：《中國新文學大系（二）．文學論爭集》，臺北：業強出版社，1990年，臺1版。

______：〈愛國運動與求學〉，《現代評論》，2卷39期，1925年9月5日。

胡風：〈林語堂論〉，原載《文學》，4卷1號，1935年1月1日，收入子通編：《林語堂評說七十年》，北京：中國華僑出版社，2003年1月，初版。

〈保障人民身體自由辦法〉（1925年7月21日-1934年12月11日），《國民政府》，國史館藏，典藏號：001-012030-0002。

〈保障人民身體自由辦法（一）〉（1943年11月22日-1944年8月2日），《國民政府》，國史館藏，典藏號：001-100010-0007。

〈陝甘寧邊區破壞金融法令懲罰條例〉，韓延龍、常兆儒編：《中國新民主主義革命時期根據地法制文獻選編》卷3，北京：中國社會科學出版社，1981年。

柯博文（Parks M. Coble）著、馬俊亞譯：《走向「最後關頭」：中國民族國家構建中的日本因素（1931-1937）》（*Facing Japan: Chinese Politics and Japanese Imperialism, 1931-1937*），北京：社會科學文獻出版社，2004年7月。

姜克夫編著：《民國軍事史》卷3上下，重慶：重慶出版社，2009年11月，初版。

姚丹：《西南聯大歷史情境中的文學活動》，桂林：廣西師範大學出版社，2000年5月，初版。

洞富雄（Hora Tomio）著，毛良鴻、朱阿根譯：《南京大屠殺》，上海：上海譯文出版社，1987年8月，初版。

茅盾：〈小說一集．導言〉，茅盾編選，趙家璧主編：《中國新文學大系（三）．小說一集》，臺北：業強出版社，1990年，臺1版。

施萍：《林語堂：文化轉型的人格符號》，北京：北京大學出版社，2005年11月，初版。

施建偉：《林語堂在大陸》，北京：北京十月文藝出版社，1991年8月，初版。

______：《林語堂在海外》，天津：百花文藝出版社，1992年8月，初版。

______：《幽默大師林語堂》，〈前言〉，上海：上海書店出版社，1999年2月，初版。

施建偉編：《林語堂代表作》，〈前言〉，鄭州：河南人民出版社，1990年1月，初版。

施建偉編：《幽默大師——名人筆下的林語堂．林語堂筆下的名人》，上海：東方出版中心，1998年11月，初版。

豈明：〈答伏園論「語絲的文體」〉，《語絲》，54期，1925年11月23日。

______：〈失題〉，《語絲》，56期，1925年12月7日。

______：〈陳源口中的楊德群女士〉，《京報副刊》，北京，1926年3月30日，版4。

海戈：〈與友人論寫幽默〉，邵洵美編選：《論幽默》，上海：時代書局，1949年，初版。

袁小倫：〈村婦・「游擊隊之母」・匪首——讀有關趙洪文國的零星史料〉，《黨史天地》，10期，2001年，頁36-39。

倪偉：《「民族」想像與國家統制：1928-1949年國民黨的文藝政策及文學運動》，臺北：人間出版社，2011年8月，初版。

倪墨炎：〈為林語堂辨正一件事〉，《新民晚報》，上海，1982年2月18日，收入子通編：《林語堂評說七十年》，北京：中國華僑出版社，2003年1月，初版。

徐志摩：〈守舊與『玩』舊〉，鄭振鐸編選，趙家璧主編：《中國新文學大系（二）・文學論爭集》，臺北：業強出版社，1990年，臺1版。

徐懋庸：〈《太白》的停刊〉，《芒種》，2卷1期，1935年10月5日，收入上海文藝出版社編：《中國新文學大系 1927-1937・第19集：史料・索引1》，上海：上海文藝出版社，1989年5月，初版。

唐德剛：《胡適雜憶》，上海：華東師範大學出版社，1999年1月，初版。

唐沅等編：《中國現代文學期刊目錄匯編（全7卷）》，北京：知識產權出版社，2010年3月，初版。

秦賢次：〈林語堂與聖約翰大學〉，林語堂故居編：《跨越與前進：從林語堂研究看文化的相融／相涵國際學術研討會論文集》，臺北：林語堂故居，2007 年 5 月，初版，頁161-174。

耿雲志、周質平：〈在周質平《現代人物與文化反思》出版座談會上的發言〉，《胡適研究通訊》，23期，2013年8月25日。

高鴻：《跨文化的中國敘事：以賽珍珠、林語堂、湯亭亭為中心的討論》，上海：上海三聯書店，2005年8月，初版。

郭沫若：〈啼笑皆是〉，《沸羹集》，《郭沫若全集・文學編》卷19，北京：人民文學出版社，1992年1月，初版，頁400-403。

郭碧娥、楊美雪編：《林語堂先生書目資料彙編》，臺北：臺北市立圖書館，1994年。

陶麗霞：《文化觀與翻譯觀：魯迅、林語堂文化翻譯對比研究》，北京：中國書籍出版社，2013年1月，初版。

陳永發：《中國共產革命七十年》冊上，臺北：聯經出版事業股份有限公司，2001年8月，再版。

陳旭麓、李華興編：《中華民國史辭典》，上海：上海人民出版社，1991年8月，初版，頁497，〈熊式輝〉條目。

陳重編：《四年來的中國共產黨》，大公出版社，1941年4月，初版。

陳金淦：〈評「論語派」〉，《徐州師範學院學報》，3期，1979年。

陳漱渝、陶忻編：《中國民權保障同盟》，北京：中國社會科學出版社，1979年12月，初版。

陳離：《在「我」與「世界」之間：語絲社研究》，上海：東方出版中心，2006 年 6 月，初版。

陳煜斕主編：《林語堂研究論文集》，鄭州：河南人民出版社，2006 年 11 月，初版。

陳煜斕主編：《走近幽默大師》，北京：中國社會科學出版社，2008 年 12 月，初版。

陳煜斕主編：《「語堂世界・世界語堂」：兩岸學術研討會論文集》，北京：中國社會科學出版社，2013 年 11 月，初版。

陳玉堂編著：《中國近現代人物名號大辭典（全編增訂本）》，杭州：浙江古籍出版社，2005 年 1 月，初版，頁 757，〈林語堂〉條目。

陳敬：〈賽珍珠與中國留學生〉，李喜所主編：《留學生與中外文化》，天津：南開大學出版社，2005 年 8 月，初版。

埃文斯・福代斯・卡爾遜（Evans Fordyce Carlson）著，祁國明、汪杉譯：《外國人看中國抗戰：中國的雙星》（*Twin Stars of China*），北京：新華出版社，1987 年 9 月，初版。

埜容：〈人間何世？〉，《申報》，上海，1934 年 4 月 14 日，版 19。

淵泉：〈空前之慘事〉，《晨報》，北京，1926 年 3 月 19 日，版 2。

______：〈政府之責任〉，《晨報》，北京，1926 年 3 月 20 日，版 2。

______：〈不可輕輕放過〉，《晨報》，北京，1926 年 3 月 21 日，版 2。

______：〈群眾領袖安在？〉，《晨報》，北京，1926 年 3 月 22 日，版 2。

______：〈校長之責任〉，《晨報》，北京，1926 年 3 月 23 日，版 2。

許壽裳：《亡友魯迅印象記》，魯迅博物館等選編：《魯迅回憶錄（專著）》冊上，北京：北京出版社，1999 年 1 月，初版。

梁實秋：〈清華八年〉，《梁實秋散文》集 1，北京：中國廣播電視出版社，1989 年 9 月，初版。

梅中泉：〈《林語堂名著全集》總序〉，林語堂著，張振玉譯：《京華煙雲（上）》，《林語堂名著全集》卷 1，長春：東北師範大學出版社，1994 年 11 月，初版。

章克標：〈林語堂在上海〉，原載《文匯月刊》，1989 年 10 月號，收入施建偉編：《幽默大師——名人筆下的林語堂・林語堂筆下的名人》，上海：東方出版中心，1998 年 11 月，初版。

張學良口述，唐德剛撰寫：《張學良口述歷史》，北京：中國檔案出版社，2007 年。

張憲文、方慶秋、黃美真編：《中華民國史大辭典》，南京：江蘇古籍出版社，2001 年 8 月，初版，頁 1872-1873，〈熊式輝〉條目。

張歆海、劉大鈞、桂中樞主編：《中國評論週報（全 24 冊）》（*The China Critic*, 1928-1946），北京：國家圖書館出版社，2010 年 8 月，初版。

張世珍：《論語時期的林語堂研究》，臺北：文史哲出版社，1993 年 4 月，初版。

密爾頓（John Milton）著，吳之椿譯：《論出版自由》（*Areopagitica*），北京：商務印書館，

1958年9月，初版。

萬平近：《林語堂論》，西安：陝西人民出版社，1987年3月，初版。

______：《林語堂評傳》，上海：上海遠東出版社，2008年3月，初版。

舒乙：〈家在語堂先生院中〉，《回顧林語堂：林語堂先生百年紀念文集》，臺北：正中書局，1994年，初版。

馮並：《中國文藝副刊史》，北京：華文出版社，2001年5月，初版。

馮智強：《中國智慧的跨文化傳播：林語堂英文著譯研究》，青島：中國海洋大學出版社，2011年8月，初版。

馮雪峰：《回憶魯迅》，魯迅博物館等選編：《魯迅回憶錄（專著）》冊中，北京：北京出版社，1999年1月，初版。

傅一勤：〈淺評林語堂《當代漢英詞典》〉，原載《中外文學》，2卷4期，1973年，收入《傅一勤中英語言學論文集》，臺北縣：輔仁大學出版社，2004年11月，初版。

彭歌：〈林語堂、筆會與東西文化交流〉，《回顧林語堂：林語堂先生百年紀念文集》，臺北：正中書局，1994年，初版。

黃瑤主編：《羅榮桓年譜》，北京：人民出版社，2002年11月，初版。

黃仁宇：《從大歷史的角度讀蔣介石日記》，北京：九州出版社，2008年1月，初版。

黃建國：〈關於「論語派」和左翼文藝陣營批判「論語派」的歷史估價問題〉，《天津師大學報》，2期，1991年。

黃興濤：《文化怪傑辜鴻銘》，北京：中華書局，1995年5月，初版。

______：《文化怪傑：辜鴻銘評傳》，臺北：知書房出版社，2001年7月，初版。

黃肇珩：〈林語堂歸去來兮〉，《聯合報》，臺北，1966年6月27日，版3。

辜鴻銘：〈東西文明異同論〉，《辜鴻銘論集》，黃興濤編：《辜鴻銘文集》冊下，海口：海南出版社，1996年8月，初版。

______：〈憲政主義與中國〉，黃興濤編：《辜鴻銘文集》冊下，海口：海南出版社，1996年8月，初版。

______：〈義利辨〉，《讀易草堂文集》，黃興濤編：《辜鴻銘文集》冊下，海口：海南出版社，1996年8月，初版。

鄒韜奮等：〈嚴禁違法拘捕迅速實行提審法以保障人民身體自由案〉，重慶市政協文史資料研究委員會、中共重慶市委黨校、中國第二歷史檔案館編：《國民參政會紀實：續編》，重慶：重慶出版社，1987年，初版。

〈華北抗戰的總結——朱總司令在延安幹部會上報告〉（1940年6月20日），中國人民大學中共黨史系資料室編：《中共黨史教學參考資料：抗日戰爭時期（中）》，北京：中國人民大學中共黨史系資料室，1980。

稚暉：〈官歟—共產黨歟—吳稚暉歟〉，《京報副刊》，北京，1925年12月1日，版2。

董秋芳：〈陳源教授的報復〉，《語絲》，82期，1926年6月7日。

董保中：〈漫談新月〉，《文學・政治・自由》，臺北：爾雅出版社，1981年10月，再版。

______：〈現代中國作家對文學與政治的論爭〉，《文學・政治・自由》，臺北：爾雅出版社，1981年10月，再版。

______：〈現代中國文學之政治影響的商榷〉，《文學・政治・自由》，臺北：爾雅出版社，1981年10月，再版。

董燕：《林語堂的人文關懷》，北京：中國政法大學出版社，2012年12月，初版。

董娜：《基於語料庫的「譯者痕迹」研究：林語堂翻譯文本解讀》，北京：中國社會科學出版社，2010年4月，初版。

楊奎松：《西安事變新探——張學良與中共關係之研究》，臺北：東大圖書股份有限公司，1995年，初版。

楊劍龍：《論語派的文化情致與小品文創作》，上海：上海書店出版社，2008年8月，初版。

〈經典節目：京華煙雲〉，收錄於「中華電視公司臺史館」：http://web.cts.com.tw/ctsmuseum/c1-7701.htm（2014/12/1點閱）。

聞黎明：《第三種力量與抗戰時期的中國政治》，上海：上海書店出版社，2004年10月，初版。

熊式輝：《海桑集：熊式輝回憶錄（1907-1949）》，香港：星克爾出版有限公司，2010年1月，初版。

熊月之、周武主編：《聖約翰大學史》，上海：上海人民出版社，2007年5月，初版。

翟志成：《馮友蘭學思生命前傳（1895-1949）》，臺北：中央研究院近代史研究所，2007年8月，初版。

鄭建英：〈朱瑞〉，胡華主編：《中共黨史人物傳》卷15，西安：陝西人民出版社，1984年。

鄭一民：〈張蔭梧與河北民軍〉，全國政協文史資料委員會編：《文史資料選輯》輯111，北京：中國文史出版社，1987年7月。

廖沫沙：〈我在三十年代寫的兩篇雜文〉，《廖沫沙文集》卷2，北京：北京出版社，1986年6月，初版。

漳州師範學院中文系中國現當代文學學科編：《漳洲籍現代著名作家論集》，北京：人民文學出版社，2006年11月，初版。

劉國銘主編：《中國國民黨百年人物全書》下冊，北京：團結出版社，2005年12月，初版，頁1665，〈趙侗〉條目。

劉心皇：《現代中國文學史話》，臺北：正中書局，1971年8月，初版。

劉炎生：《林語堂評傳》，南昌：百花洲文藝出版社，2010年3月，再版。

______：《中國現代文學論爭史》，廣州：廣東人民出版社，1999年12月，初版。

劉鋒傑、薛雯、尹傳蘭著：《文學政治學的創構：百年來文學與政治關係論爭研究》，上海：

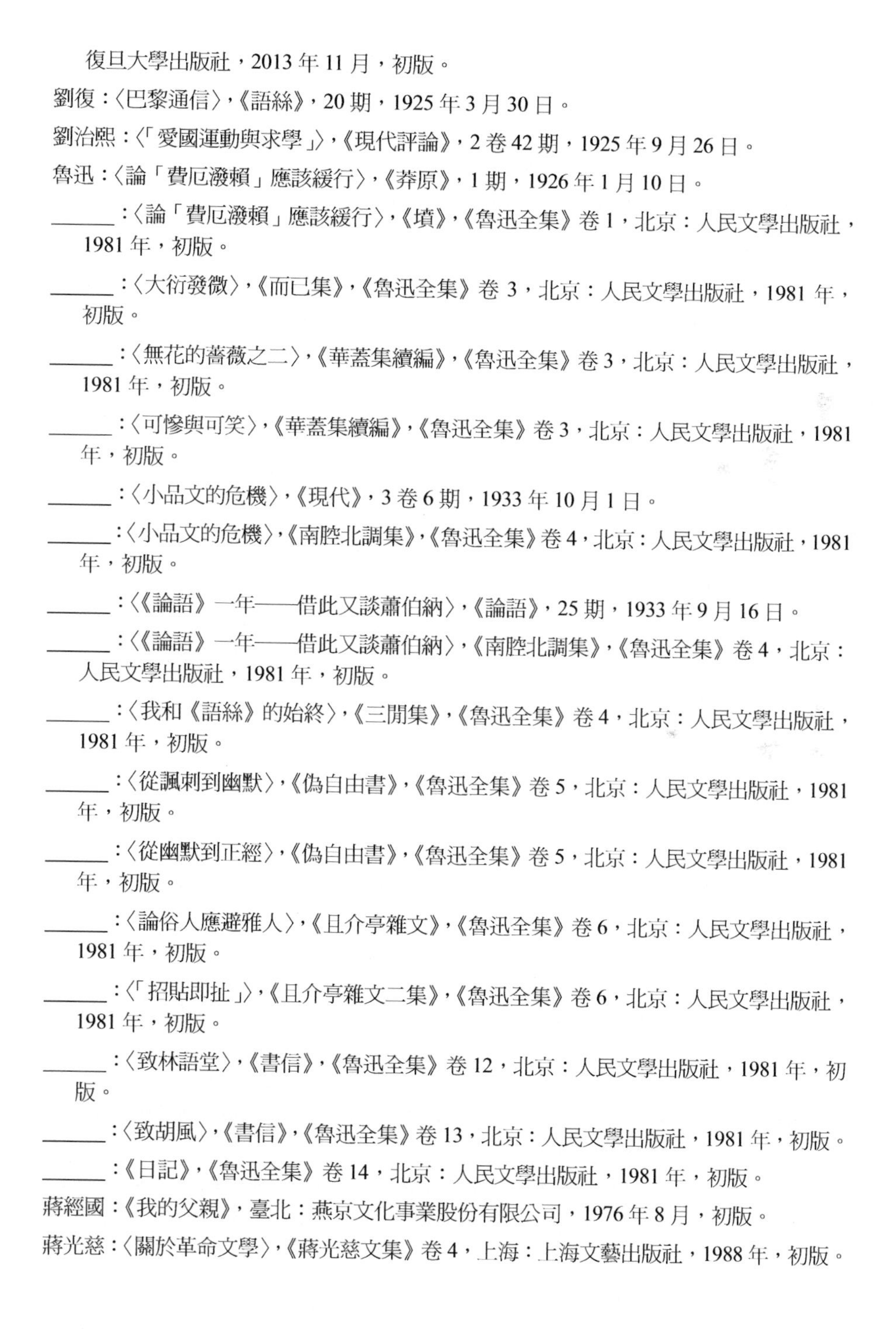

復旦大學出版社，2013 年 11 月，初版。

劉復：〈巴黎通信〉，《語絲》，20 期，1925 年 3 月 30 日。

劉治熙：〈「愛國運動與求學」〉，《現代評論》，2 卷 42 期，1925 年 9 月 26 日。

魯迅：〈論「費厄潑賴」應該緩行〉，《莽原》，1 期，1926 年 1 月 10 日。

______：〈論「費厄潑賴」應該緩行〉，《墳》，《魯迅全集》卷 1，北京：人民文學出版社，1981 年，初版。

______：〈大衍發微〉，《而已集》，《魯迅全集》卷 3，北京：人民文學出版社，1981 年，初版。

______：〈無花的薔薇之二〉，《華蓋集續編》，《魯迅全集》卷 3，北京：人民文學出版社，1981 年，初版。

______：〈可慘與可笑〉，《華蓋集續編》，《魯迅全集》卷 3，北京：人民文學出版社，1981 年，初版。

______：〈小品文的危機〉，《現代》，3 卷 6 期，1933 年 10 月 1 日。

______：〈小品文的危機〉，《南腔北調集》，《魯迅全集》卷 4，北京：人民文學出版社，1981 年，初版。

______：〈《論語》一年──借此又談蕭伯納〉，《論語》，25 期，1933 年 9 月 16 日。

______：〈《論語》一年──借此又談蕭伯納〉，《南腔北調集》，《魯迅全集》卷 4，北京：人民文學出版社，1981 年，初版。

______：〈我和《語絲》的始終〉，《三閒集》，《魯迅全集》卷 4，北京：人民文學出版社，1981 年，初版。

______：〈從諷刺到幽默〉，《偽自由書》，《魯迅全集》卷 5，北京：人民文學出版社，1981 年，初版。

______：〈從幽默到正經〉，《偽自由書》，《魯迅全集》卷 5，北京：人民文學出版社，1981 年，初版。

______：〈論俗人應避雅人〉，《且介亭雜文》，《魯迅全集》卷 6，北京：人民文學出版社，1981 年，初版。

______：〈「招貼即扯」〉，《且介亭雜文二集》，《魯迅全集》卷 6，北京：人民文學出版社，1981 年，初版。

______：〈致林語堂〉，《書信》，《魯迅全集》卷 12，北京：人民文學出版社，1981 年，初版。

______：〈致胡風〉，《書信》，《魯迅全集》卷 13，北京：人民文學出版社，1981 年，初版。

______：《日記》，《魯迅全集》卷 14，北京：人民文學出版社，1981 年，初版。

蔣經國：《我的父親》，臺北：燕京文化事業股份有限公司，1976 年 8 月，初版。

蔣光慈：〈關於革命文學〉，《蔣光慈文集》卷 4，上海：上海文藝出版社，1988 年，初版。

蕭公權：《憲政與民主》，北京：清華大學出版社，2006 年 3 月，初版。

蕭三：〈肖三給左聯的信〉，馬良春、張大明合編：《三十年代左翼文藝資料選編》，成都：四川人民出版社，1980 年 11 月，初版。

賴慈芸，〈兩岸三地一起來：林語堂真的有翻譯勵志文集嗎？〉，收錄於其「個人網站」：http://tysharon.blogspot.tw/2013/08/blog-post_2202.html（2014/12/1 點閱）。

賴勤芳：《中國經典的現代重構：林語堂「對外講中」寫作研究》，北京：人民出版社，2013 年 9 月，初版。

錢鎖橋：〈啟蒙與救國——胡適、魯迅和林語堂〉，林明昌主編：《閒情悠悠——林語堂的心靈世界》，臺北：遠景出版事業有限公司，2005 年 8 月，初版。

錢鎖橋編：《華美文學：雙語加注編目》，天津：南開大學出版社，2011 年 5 月，初版。

錢玄同：〈寫在半農給啟明的信底後面〉，《語絲》，20 期，1925 年 3 月 30 日。

______：〈中山先生是『國民之敵』〉，《語絲》，22 期，1925 年 4 月 13 日。

______：〈回語堂的信〉，《語絲》，23 期，1925 年 4 月 20 日。

韓信夫、姜克夫主編：《中華民國史・大事記》卷 6，北京：中華書局，2011 年 7 月。

韓信夫、姜克夫主編：《中華民國史・大事記》卷 10，北京：中華書局，2011 年 7 月。

《黨的建設》，臺北：陽明山莊，1951 年 2 月。

蘇雲峰：《從清華學堂到清華大學（1911-1929）》，臺北：中央研究院近代史研究所，1996 年 8 月。

顧長聲：《傳教士與近代中國》，上海：上海人民出版社，2013 年 1 月，4 版。

龔鵬程、陳信元主編：《林語堂的生活與藝術研討會論文集》，臺北：臺北市政府文化局，2000 年 12 月。

龔德柏：《龔德柏回憶錄》冊上，臺北：龍文出版社，1989 年 6 月，初版。

（二）英文部分

褚東偉：《翻譯家林語堂》（*Lin Yutang As Author-Translator*），上海：上海外語教育出版社，2012 年 8 月，初版。

Aldridge, A. Owen. "Irving Babbitt and Lin Yutang." *Modern Age*, vol. 41, no. 4, Fall 1999, pp. 318-327.

The Ambassador in China (Gauss) to the Secretary of State, Chungking, May 18, 1944. In *Foreign Relations of the United States, Diplomatic Papers 1944*. 7 vols. Washington, D. C.: Government Printing Office, 1967, 6 (China), p. 425.

Anderson, Arthur James. "Lin Yutang: A Bibliography of His English Writings and Translations." In *Memoirs of an Octogenarian*, by Lin Yutang. Taipei: Mei Ya Publications, Inc., 1975, Appendix.

"The Archives at Pearl S. Buck International," Pearl S. Buck International, accessed December 2, 2014, http://www.psbi.org/archivecollection/.

Bady, Paul. "The Modern Chinese Writer: Literary Incomes and Best Sellers." *China Quarterly*, vol. 88, December 1981.

Barme, Geremie R. *An Artistic Exile: A Life of Feng Zikai (1898-1975)*. Berkeley: University of California Press, 2002.

Benoit, Alan. "Lin Yutang's New Novel." *New Masses (New York)*, vol. 42, no. 10, March 10, 1942, pp. 24-25.

Benton, Gregor. *New Fourth Army: Communist Resistance Along the Yangtze and the Huai*, 1938-1941. Berkeley: University of California Press, 1999.

Bisson, Thomas Arthur. "The Dream of China." *Saturday Review of Literature (New York)*, vol. XXIII, no. 24, April 5, 1941, p. 20.

Buck, Pearl S. Introduction to *With Love and Irony*, by Lin Yutang. New York: John Day Co., 1940.

Chan, Wing-tsit 陳榮捷. "Lin Yutang, Critic and Interpreter." *The English Journal*, vol. 36, no. 1, January, 1947.

Chang, Iris 張純如. *The Rape Of Nanking: the Forgotten Holocaust of World War II*. New York: Basic Books, 2011.

Chen, Pai-ta 陳伯達. "Critique of Chiang Kai-shek's Book: 'China's Destiny'." *The Communist (New York)*, vol. XXIII, no. 1, January 1944.

Chen, Shiwei. "Government and Academy in Republican China: History of Academia Sinica, 1927-1949." Ph. D. dissertation, Harvard University, 1998.

Chen, Yung-fa 陳永發. *Making Revolution: the Communist Movement in Eastern and Central China*, 1937-1945. Berkeley: University of California Press, 1986.

Chou, Chih-p'ing 周質平. *Yuan Hung-tao and the Kung-an school*. New York: Cambridge University Press, 1988.

Chow, Tse-tsung 周策縱. *The May Fourth Movement: Intellectual Revolution in Modern China*. Cambridge, Massachusetts: Harvard University Press, 1960.

Cohen, Paul A. *Discovering History in China: American Historical Writing on the Recent Chinese Past*. New York: Columbia University Press, 2010.

"Daniel Defoe." In *Encyclopedia of World Biography*, 2nd ed. vol. 4. Detroit: Gale, 1998, pp. 458-459.

Davis, Jessica Milner and Jocelyn Chey eds. *Humour in Chinese Life and Letters: Classical and Traditional Approaches*. Hong Kong: Hong Kong University Press, 2011.

Davis, Jessica Milner and Jocelyn Chey eds. *Humour in Chinese Life and Culture: Resistance and Control in Modern Times*. Hong Kong: Hong Kong University Press, 2013.

Denton, Kirk A. and Michel Hockx eds. *Literary Societies of Republican China*. Lanham, Maryland: Lexington Books, 2008.

"Dr. Lin Yutang Going To U. S. On Monday." *China Press (Shanghai)*, Aug 9, 1936, p. 9.

Du, Chunmei 杜春媚. "Gu Hongming and the Re-invention of Chinese Civilization." Ph. D. dissertation, Princeton University, 2009.

"Forty Years' Fortune." *North China Herald (Shanghai)*, vol. 214, issue 3779, January 10, 1940, p. 71.

Fung, Edmund S. K.馮兆基 *In search of Chinese Democracy: Civil Opposition in Nationist China, 1929-1949*. New York: Cambridge University Press, 2006.

Grieder, Jerome B. *Hu Shih and the Chinese Renaissance: Liberalism in the Chinese Revolution, 1917-1937*. Cambridge, Massachusetts: Harvard University Press, 1970.

Ha Jin 哈金. *The Writer as Migrant*. Chicago: University of Chicago Press, 2008.

Harrison, Henrietta. "War, nationalism and identity." In *China: Inventing the nation*. London: Arnold, 2001.

Hockx, Michel. "The Literary Association (Wenxue yanjiu hui, 1920-1947) and the Literary Field of Early Republican China." *China Quarterly*, no. 153, March 1998.

Hsia, Tsi-an 夏濟安. "The Phenomenon of Chiang Kuang-tz'u." In *The Gate of Darkness: Studies on the Leftist Literary Movement in China*. Seattle: University of Washington Press, 1968.

Hu Shih. *The Chinese Renaissance*. New York: Paragon Book Reprint Corp., 1963.

______. "The Renaissance in China." *Journal of the Royal Institute of International Affairs*, vol. V., 1926.收入 Chih-P'ing Chou 周質平, ed., English Writings of Hu Shih. Heidelberg: Springer, 2013. vol. 2, Chinese Philosophy and Intellectual History.

Israel, John. *Lianda: a Chinese University in War and Revolution*. Stanford: Stanford University Press, 1998.

Kataoka, Tetsuya. *Resistance and Revolution in China: The Communists and the Second United Front*. Berkeley: University of California Press, 1974.

Keaveney, Christopher T. *The Subversive Self in Modern Chinese Literature: The Creation Society's Reinvention of the Japanese Shishosetsu*. New York: Palgrave Macmillan, 2004.

Ku, Hung-ming. *The Spirit of the Chinese People*. Taipei, Taiwan: Committee for the Publication of Dr. Ku Hung-ming's Works, 1956.

Lai, Sherman Xiaogang 賴曉剛. "A Springboard to Victory: Shandong Province and Chinese Communist Military and Financial Strength, 1937-1945." Kingston, Ontario, Canada: Ph. D. dissertation, Queen's University, 2008.

______. *A Springboard to Victory: Shandong Province and Chinese Communist Military and Financial Strength, 1937-1945*. Leiden: Brill, 2011.

Lary, Diana. *The Chinese People at War: Human Suffering and Social Transformation, 1937-1945*. New York: Cambridge University Press, 2010.

Lau, Yee Cheung 劉義章. "Hu Han-min 胡漢民: a Scholar-Revolutionary in Contemporary China." Ph. D. dissertation, The University of California at Santa Barbara, 1986.

Laughlin, Charles A. *The Literature of Leisure and Chinese Modernity*. Honolulu: University of Hawai'i Press, 2008.

______. "The *Analects* Group and the Genre of *Xiaopin*." In *Literary Societies of Republican China*, ed. by Kirk A. Denton and Michel Hockx. Lanham, Maryland: Lexington Books, 2008.

Lazarus, H.P. "War and the Writer." *Nation (New York)*, vol. 154, no. 4, January 24, 1942.

Levenson, Joseph R. *Liang Ch'i-ch'ao and the Mind of Modern China*. Berkeley: University of California Press, 1970.

Li, Kay Wan-kay. "Bernard Shaw's Passage to China: Literary Transmission as a Process of Cultural Globalization." Ph. D. dissertation, York University, 2000.

Li, Laura Tyson. *Madame Chiang Kai-shek: China's Eternal First Lady*. New York: Grove Press, 2006.

Lin, Adet, Anor Lin, and Meimei Lin. *Dawn Over Chungking*. New York: John Day Co., 1941.

Lin, Adet 林如斯. "The Decision to Go Home." In *Dawn Over Chungking*. New York: John Day Co., 1941.

Lin, Adet 林如斯. "Visit to the Generalissimo." In *Dawn Over Chungking*. New York: John Day Co., 1941, pp. 220-222.

Lin, Anor 林太乙. "The Day We Left Shanghai." In *Our family*, by Adet Lin 林如斯 and Anor Lin 林太乙. New York: John Day Co., 1939.

Lin, Anor 林太乙. "The Generalissimo and Madame Chiang." In *Dawn Over Chungking*. New York: John Day Co., 1941, pp. 223-225.

"Lin Yutang, Quitting Singapore, Says Red Terror Rules Schools." *New York Times*, April 18, 1955, p. 4.

"Lin Yutang, Scholar-Philosopher, Dies." *New York Times*, March 27, 1976, pp. 1, 28.

Liu, Rain Yang. "Lin Yutang: Astride the Cultures of East and West." In *Salt and Light, Volume 3: More Lives of Faith That Shaped Modern China*, ed. by Carol Lee Hamrin and Stacey Bieler. Eugene, Oregon: Pickwick Publications, 2011.

Liu, Lydia H. 劉禾 *Translingual Practice: Literature, National Culture, and Translated Modernity—China*, 1900-1937. Stanford: Stanford University Press, 1995.

Liu, Yu 劉瑜. "From the Mass Line to the Mao Cult: The Production of Legitimate Dictatorship in Revolutionary China." Ph. D. dissertation, Columbia University, 2006.

Long, Kelly Ann. "To the Yen-An Station: the Life and Writing of Helen Foster Snow (A. K. A. Nym Wales)." Ph. D. dissertation, The University of Colorado, 1998.

______. *Helen Foster Snow: an American Woman in Revolutionary China*. Boulder: University Press of Colorado, 2006.

Lu, Fang. "Constructing and Reconstructing Images of Chinese Women in Lin Yutang's Translations, Adaptations and Rewritings." Ph. D. dissertation, Simon Fraser University, 2008.

Mao, Tze-tung. "The Balance of Forces and Our Tasks." In *Friction Aids Japan: Documents Concerning Instances of Friction, 1939-1940*. Chungking, China: New China Information Committee, 1940.

Marcia, James E. "Identity in Adolescence." In *Handbook of Adolescent Psychology*, ed. by Joseph Adelson. New York: Wiley, 1980.

McDougall, Bonnie S. *Love-Letters and Privacy in Modern China: The Intimate Lives of Lu Xun and Xu Guangping*. New York: Oxford University Press, 2002.

Menon, Krishna. *Twilight in China*. Bombay: Bharatiya Vidya Bhavan, 1972.

Messinger, Gary S. *The Battle for the Mind: War and Peace in the Era of Mass Communication*. Amherst: University of Massachusetts Press, 2011.

Miles, Steven B. "Independence and Orthodoxy: Lin Yutang and Chinese Journalism in the Republican Era, 1923-1936." M. A. thesis, The University of Texas at Austin, 1990.

Miller, Mark. "The Yusi Society." In *Literary Societies of Republican China*, ed. by Kirk A. Denton and Michel Hockx. Lanham, Maryland: Lexington Books, 2008.

Mitter, Rana. *China's War with Japan, 1937-1945: the Struggle for Survival*. London: Penguin Books, 2014.

"New Books of Interest in the Far East: Lin Yutang's Novel." *China Weekly Review (Shanghai)*, Dec 16, 1939, p. 121.

諾貝爾獎官方網站（"Nomination Database – Literature". Nobelprize.org. Nobel Media AB 2013. Web. 7 Nov 2013. <http://www.nobelprize.org/nomination/archive/literature/nomination.php?string=yutang&action=simplesearch&submit.x=0&submit.y=0>）

Plating, John D. *The Hump: America's Strategy for Keeping China in World War II*. College Station: Texas A&M University Press, 2011.

Pollard, David E. "Lu Xun's *Zawen*." In *Lu Xun and His Legacy*, ed. by Leo Ou-fan Lee 李歐梵. Berkeley: University of California Press, 1985.

Powell, John B. *My Twenty-Five Years in China*. New York: The Macmillan Co., 1945.

Qian, Jun. "Lin Yutang: Negotiating Modernity Between East and West." Ph. D. dissertation, The University of California at Berkeley, 1996.

Qian, Suoqiao 錢鎖橋. *Liberal Cosmopolitan: Lin Yutang and Middling Chinese Modernity*. Leiden: Brill, 2011.

______. "Discovering Humour in Modern China: The Launching of the *Analects Fortnightly* Journal and the 'Year of Humour' (1933)." In *Humour in Chinese Life and Letters: Classical and Traditional Approaches*, ed. by Jessica Milner Davis and Jocelyn Chey. Hong Kong: Hong Kong University Press, 2011.

Sample, Joseph C. "Lin Yutang and the Revolution of Modern Chinese Humor." M. A. thesis, Texas A&M University, 1993.

______. "Contextualizing Lin Yutang's essay 'On Humour': Introduction and Translation." In *Humour in Chinese Life and Letters: Classical and Traditional Approaches*, ed. by Jessica Milner Davis and Jocelyn Chey. Hong Kong: Hong Kong University Press, 2011.

Scott, James C. *Weapons of the Weak: Everyday Forms of Peasant Resistance*. New Haven: Yale University Press, 1987.

Shaffer, Robert. "Pearl S. Buck and the American Internationalist Tradition." Ph. D. dissertation, Rutgers University, 2003.

Shen, Shuang 沈雙. "Self, Nations, and the Diaspora—Re-reading Lin Yutang, Bai Xianyong, and Frank Chin." Ph. D. dissertation, The City University of New York, 1998.

______. *Cosmopolitan Publics: Anglophone Print Culture in Semi-colonial Shanghai*. New Brunswick, New Jersey: Rutgers University Press, 2009.

Snow, Edgar. *The Battle for Asia*. New York: World Publishing Co., 1942.

______. "China to Lin Yutang." *Nation (New York)*, vol. 160, no. 7, February 17, 1945, pp. 180-183.

______. "China to Lin Yutang—II." *Nation (New York)*, vol. 160, no. 13, March 31, 1945, p. 359.

Snow, Helen Foster. *My China Years*. New York: William Morrow, 1984.

So, Richard Jean. "Collaboration and Translation: Lin Yutang and the Archive of Asian American Literature." *Modern Fiction Studies*, vol. 56, no. 1, Spring 2010, pp. 40-62.

Sohigian, Diran John. "The Life and Times of Lin Yutang." Ph. D. dissertation, Columbia University, 1991.

Strauss, Julia C. "The Evolution of Republican Government." In *Reappraising Republican China*, ed. by Frederic Wakeman, Jr. and Richard Louis Edmonds. New York: Oxford University Press, 2000.

Taylor, Jay. *The Generalissimo: Chiang Kai-shek and the Struggle for Modern China*. Cambridge, Massachusetts: Harvard University Press, 2009.

Tien, Hung-mao 田弘茂. *Government and Politics in Kuomintang China, 1927-1937*. Stanford: Stanford University Press, 1972.

Ting, Lee-hsia Hsu 許麗霞. *Government Control of the Press in Modern China, 1900-1949*. Cambridge, Massachusetts: Harvard University Press, 1974.

Totani, Yuma. "Legal Responses to World War II Sexual Violence: The Japanese Experience." In *Sexual Violence in Conflict Zones: From the Ancient World to the Era of Human Rights*, ed. by Elizabeth D. Heineman. Philadelphia: University of Pennsylvania Press, 2011.

Tsai, Weipin 蔡維屏. *Reading Shenbao: Nationalism, Consumerism and Individuality in China, 1919-37*. New York: Palgrave Macmillan, 2010.

Tu, Chuande. "The 1945-1946 GMD-CCP Peace Talks and the Origins of the Chinese Civil War." Ph. D. dissertation, University of Wisconsin-Madison, 2000.

Tung, Constantine 董保中. "The Search for Order and Form: The Crescent Moon Society and the Literary Movement of Modern China, 1928-1933." Ph. D. dissertation, Claremont Graduate School and University Centre, 1970.

Van Gelder, Robert. "An Interview With Doctor Lin Yutang." *New York Times Book Review*, May 4, 1941, pp. 2, 18.

Van Slyke, Lyman. "The Chinese Communist movement during the Sino-Japanese War, 1937-1945." In *The Nationalist Era in China, 1927-1949*. New York: Cambridge University Press, 1991.

Wakeman Jr., Frederic E. *The Shanghai Badlands: Wartime Terrorism and Urban Crime, 1937-1941*. Cambridge: Cambridge University Press, 1996.

Walder, Andrew G. *Communist Neo-Traditionalism: Work and Authority in Chinese Industry*. Berkeley: University of California Press, 1988.

Wales, Nym [Helen Foster Snow]. "One Leaf Among Millions." *Saturday Review of Literature (New York)*, vol. XXIV, no. 32, November 29, 1941, p. 7.

Wang, David Der-Wei 王德威. "Chinese literature from 1841 to 1937." In *The Cambridge History of Chinese Literature vol. II From 1375*, ed. by Kang-i Sun Chang 孫康宜. New York: Cambridge University Press, 2010.

Wasserstrom, Jeffrey Nathan. "Taking It to the Streets: Shanghai Students and Political Protest, 1919-1949." Ph. D. dissertation, The University of California at Berkeley, 1989.

Wen Yuan-ning 溫源寧. "Ku Hung-ming." *Tien Hsia Monthly (Shanghai)*, vol. IV, no. 4, April 1937.

Weston, Timothy B. *The Power of Position: Beijing University, Intellectuals, and Chinese Political Culture, 1898-1929*. Berkeley: University of California Press, 2004.

Witchard, Anne. *Lao She in London*. Hong Kong: Hong Kong University Press, 2012.

Wong, V. L. "Low Library; A History (1894-1923)." *The St. John's Echo (Shanghai)*, vol. 35, no. 2, February 1924.

Wong, Wang-chi 王宏志. *Politics and Literature in Shanghai: The Chinese League of Left-Wing Writers, 1930-1936*. Manchester: Manchester University Press, 1991.

Woods, Katherine. "Forty Crowded Years in China's Forty Centuries." *New York Times Book Review*, November 19, 1939, p. 2.

______. "Chinese Tales." *New York Times Book Review*, July 20, 1941, p. 7.

______. "China at War: A Leaf in the Storm." *New York Times Book Review*, November 23, 1941, p. 6.

Xu, Yihua 徐以驊. "St. John's University, Shanghai as an Evangelising Agency." *Studies in World Christianity*, vol. 12, no. 1, 2006.

Ye, Bin. "Searching for the Self: Zhang Shizhao and Chinese Narratives (1903-1927)." Ph. D. dissertation, The University of California at Berkeley, 2009.

Yeh, Wen-hsin 葉文心. *The Alienated Academy: Culture and Politics in Republican China, 1919-1937*. Cambridge, Massachusetts: Harvard University Asia Center, 2000.

Yin, Xiao-huang 尹曉煌. *Chinese American Literature Since the 1850s*. Urbana: University of Illinois Press, 2000.

______. "Worlds of Difference: Lin Yutang, Lao She, and the Significance of Chinese- Language Writing in America." In *Multilingual America: Transnationalism, Ethnicity, and the Languages of American Literature*, ed. by Werner Sollors. New York: New York University Press, 1998, pp. 176-187.

Yoshida, Takashi. "A Battle over History: The Nanjing Massacre in Japan." In *The Nanjing Massacre in History and Historiography*, ed. by Joshua A. Fogel. Berkeley: University of California Press, 2000.

Zurndorfer, Harriet. "Wartime Refugee Relief in Chinese Cities and Women's Political Activism, 1937-1940." In *New Narratives of Urban Space in Republican Chinese Cities: Emerging Social, Legal and Governance Orders*, ed. by Billy K. L. So and Madeleine Zelin. Leiden: Brill, 2013, pp. 65-91.

附錄：林語堂生平大事年表

一八九五年，一歲
十月十日，林語堂出生於福建省平和（漳州）縣坂仔村，取名和樂。父親林至誠是位牧師，育有六子二女，林語堂排行倒數第二。
一九〇一年，七歲
入坂仔村銘新小學，這是一所教會辦的學校。
一九〇五年，十一歲
入廈門鼓浪嶼教會小學。
一九〇八年，十四歲
入廈門教會中學尋源書院。
一九一一年，十七歲
入上海聖公會所辦的聖約翰大學就讀。
一九一六年，二十二歲
以第二名的成績從聖約翰大學畢業，並受聘為北京清華學校的英文教員。開始浸淫於中國文學及哲學的研究。
一九一九年，二十五歲
與廖翠鳳結婚，夫婦倆一同搭船赴美，林語堂入哈佛大學比較文學研究所。
一九二〇年，二十六歲
清華留美學生監督無故取消林語堂的半官費，使得他被迫應基督教青年會之請，前往法國爲華工服務，教其讀書識字。
一九二一年，二十七歲
獲得哈佛大學碩士學位，進萊比錫大學攻讀博士。
一九二二年，二十八歲
以博士論文《古代中國語音學》獲得博士學位。
一九二三年，二十九歲
回到中國擔任北京大學英文系教授，兼北京師範大學英文系講師。

一九二四年，三十歲
《語絲》周刊創刊，林語堂為其主要作家之一。
一九二六年，三十二歲
因其激烈言論遭到北洋軍閥政府通緝，遂舉家離北京南下，任廈門大學教授。
一九二七年，三十三歲
因與廈門大學校方不合而離開廈門，隨後赴武漢革命政府，任外交部秘書。不久因「對那些革命家感到膩煩」，離開政府前往上海，任職於中央研究院的英文主編。
一九二八年，三十四歲
五月，英文《中國評論週報》（*The China Critic Weekly*）在上海創刊。一年半後，林語堂成為《中國評論週報》最重要的撰述人兼專欄作家。十二月，處女作《剪拂集》由上海北新書局出版，收一九二四到一九二六年間所作雜文共二十九篇，顯示出年輕時代革命左傾的一面。
一九三〇年，三十六歲
一月，《林語堂時事述譯彙刊》（*Letters of a Chinese Amazon and War-Time Essays*）出版，收有謝冰瑩的〈從軍日記〉譯文五篇。七月三日，開始為《中國評論週報》新闢的專欄「小評論」（*The Little Critic*）寫稿，引起賽珍珠的注意。八月，《開明英文文法》（上冊）出版，一九三三年出版下冊。
一九三二年，三十八歲
創辦並主編《論語》半月刊，提倡幽默文學，贏得「幽默大師」的稱呼。又與宋慶齡、蔡元培、楊銓共同發起成立中國民權保障同盟，任宣傳主任，且為領導機構中央執行委員會委員之一。
一九三三年，三十九歲
二月十七日，蕭伯納訪華抵滬，與宋慶齡、林語堂、蔡元培、魯迅等共進午餐。《論語》第十二期則製作了迎蕭的專號以為紀念。 六月十八日，楊銓在上海遭人槍擊身亡，中國民權保障同盟的運作倏然停止。本年《語言學論叢》出版。
一九三四年，四十歲
創辦《人間世》半月刊，提倡「以自我為中心，以閒適為格調」的小品文，抒寫性靈。結果引來左派文人的攻擊。左派也辦了自己的小品文雜誌《太白》以為抗衡。本年林語堂的《大荒集》和《行素集》出版。
一九三五年，四十一歲
創辦《宇宙風》半月刊。林語堂期望將它辦成一種具有西洋雜誌文體及風格的純散文刊物。又出版《英文小品甲集》（*The Little Critic: Essays, Satires and Sketches on China*, First Series, 1930-1932）和《英文小品乙集》（*The Little Critic: Essays, Satires and Sketches on China*, Second Series, 1933-1935）。同時，《吾國與吾民》（*My Country and My People*）在國外出版，使林語堂成為國際知名的作家。

一九三六年，四十二歲
林語堂全家搭乘郵輪離滬赴美。居於紐約，致力寫作。（直到一九六六年才回臺定居）同年，《披荊集》出版。又出版《子見南子及英文小品文集》（*Confucius Saw Nancy and Essays About Nothing*）和《中國新聞與論史》（*A History of the Press and Public Opinion in China*）。
一九三七年，四十三歲
《生活的藝術》（*The Importance of Living*）出版，此書是林語堂所有著作中，譯本最多、銷路最廣的作品。
一九三八年，四十四歲
《孔子的智慧》（*The Wisdom of Confucius*）出版。
一九三九年，四十五歲
長篇小說《京華煙雲》（*Moment in Peking*）出版。此書為林語堂最引以為傲的作品，日後且被提名為諾貝爾文學獎的候選作品。
一九四〇年，四十六歲
《諷頌集》（*With Love and Irony*）出版。五月，林語堂全家從美國到重慶居住，一直到八月才離開。林語堂接受了蔣介石「侍從室顧問」的頭銜。
一九四一年，四十七歲
長篇小說《風聲鶴唳》（*Leaf in the Storm*）出版。
一九四二年，四十八歲
《中國印度之智慧》（*The Wisdom of China and India*）出版。
一九四三年，四十九歲
政論集《啼笑皆非》（*Between Tears and Laughter*）出版，以抨擊中國對日抗戰時英美的遠東政策破題。十月，林語堂未攜家人獨自抵達重慶，一直到一九四四年二月左右才回美國。
一九四四年，五十歲
抗戰遊記《枕戈待旦》（*The Vigil of a Nation*）出版，內容褒獎重慶政府的政績和戰績，引起美國親共份子的不快。
一九四七年，五十三歲
發明中文打字機。《蘇東坡傳》（*The Gay Genius: The Life and Times of Su Tungpo*）出版，這是林語堂最偏愛的一本著作。同年，赴法國出任聯合國教科文組織美術與文學組主任，不久辭職。
一九四八年，五十四歲
《老子的智慧》（*The Wisdom of Laotse*）和小說《唐人街》（*Chinatown Family*）出版。
一九五〇年，五十六歲
《美國的智慧》（*On the Wisdom of America*）出版。

一九五二年，五十八歲
《天風》月刊在紐約創刊，天風社發行，林語堂為社長，林太乙及其夫婿黎明主編。本年又出版《英譯重編傳奇小說》（*Famous Chinese Short Stories*）。
一九五三年，五十九歲
長篇小說《朱門》（*The Vermilion Gate*）出版。《京華煙雲》、《風聲鶴唳》和《朱門》這三部小說，稱為林氏三部曲。
一九五四年，六十歲
赴新加坡，出任南洋大學校長。
一九五五年，六十一歲
辭去南洋大學校長之職。小說《遠景》（*Looking Beyond*）出版。
一九五七年，六十三歲
《武則天傳》（*Lady Wu*）出版。
一九五八年，六十四歲
政論集《匿名》（*The Secret Name*）出版。同年，林語堂第一次來臺訪問，應邀在臺灣大學作「《紅樓夢》考證」的學術演講。
一九五九年，六十五歲
《從異教徒到基督徒》（*From Pagan to Christian*）出版。
一九六一年，六十七歲
訪問中南美洲六國，並發表演講。小說《紅牡丹》（*The Red Peony*）出版。
一九六二年，六十八歲
《不羈》（*The Pleasures of a Nonconformist*）出版。此書收有林語堂訪問中南美洲六國時發表演講的講詞。
一九六三年，六十九歲
自傳小說《賴柏英》（*Juniper Loa*）出版。
一九六四年，七十歲
反共小說《逃向自由城》（*The Flight of the Innocents*）出版。
一九六五年，七十一歲
以「無所不談」為專欄的名稱，從二月開始替中央社寫文章。這是在中斷三十年後，重返中文的寫作。
一九六六年，七十二歲
《無所不談一集》和《平心論高鶚》出版。在六月時，林語堂正式來臺灣定居，租屋於陽明山。

一九六七年，七十三歲
《無所不談二集》出版。
一九六九年，七十五歲
繼羅家倫擔任「中華民國筆會」會長。
一九七二年，七十八歲
林語堂視為其寫作生涯的巔峰之作《林語堂當代漢英詞典》由香港中文大學出版。
一九七四年，八十歲
發表《八十自敘》(*Memoirs of an Octogenarian*)。《無所不談合集》出版。
一九七五年，八十一歲
被推舉為國際筆會副會長。《京華煙雲》被推舉為諾貝爾文學獎的候選作品。
一九七六年，八十二歲
三月二十六日，晚上十點十分，逝世於香港。四月一日，安葬於陽明山仰德大道住所後院。

國家圖書館出版品預行編目(CIP) 資料

愛國作家林語堂 : 林語堂政治態度轉變之研究
(1895-1945年) / 蔡元唯著. -- 初版. -- 臺北
市 : 元華文創, 民107.08
面 ; 公分

ISBN 978-986-393-994-8(平裝)

1.林語堂 2.政治思想

570.92 107011238

愛國作家林語堂
——林語堂政治態度轉變之研究（1895-1945年）

蔡元唯 著

發 行 人：陳文鋒
出 版 者：元華文創股份有限公司
聯絡地址：100 臺北市中正區重慶南路二段 51 號 5 樓
電 話：(02) 2351-1607
傳 真：(02) 2351-1549
網 址：www.eculture.com.tw
E-mail：service@eculture.com.tw
出版年月：2018（民 107）年 08 月 初版
定 價：新臺幣 470 元

ISBN：978-986-393-994-8(平裝)

總 經 銷：易可數位行銷股份有限公司
地 址：231 新北市新店區寶橋路 235 巷 6 弄 3 號 5 樓
電 話：(02) 8911-0825 傳 真：(02) 8911-0801